# 中国国家非通用语言文字
# 立法研究

杨解君　蒋都都 ◎ 著

中国社会科学出版社

## 图书在版编目(CIP)数据

中国国家非通用语言文字立法研究/杨解君，蒋都都著.—北京：中国社会科学出版社，2021.10

（语言文字法研究丛书）

ISBN 978-7-5203-8775-0

Ⅰ.①中… Ⅱ.①杨…②蒋… Ⅲ.①语言文字符号—立法—研究—中国 Ⅳ.①D922.164

中国版本图书馆CIP数据核字（2021）第147045号

| 出 版 人 | 赵剑英 |
|---|---|
| 责任编辑 | 梁剑琴 |
| 责任校对 | 闫 萃 |
| 责任印制 | 郝美娜 |

| 出　　版 | 中国社会科学出版社 |
|---|---|
| 社　　址 | 北京鼓楼西大街甲158号 |
| 邮　　编 | 100720 |
| 网　　址 | http://www.csspw.cn |
| 发 行 部 | 010-84083685 |
| 门 市 部 | 010-84029450 |
| 经　　销 | 新华书店及其他书店 |

| 印刷装订 | 北京市十月印刷有限公司 |
|---|---|
| 版　　次 | 2021年10月第1版 |
| 印　　次 | 2021年10月第1次印刷 |

| 开　　本 | 710×1000 1/16 |
|---|---|
| 印　　张 | 16.75 |
| 插　　页 | 2 |
| 字　　数 | 273千字 |
| 定　　价 | 98.00元 |

凡购买中国社会科学出版社图书，如有质量问题请与本社营销中心联系调换
电话：010-84083683

版权所有　侵权必究

# 总序　推进语言文字法治建设，铸牢中华民族共同体意识

"语言文字法研究丛书"是受教育部哲学社会科学研究重大课题攻关项目"国家语言文字事业法律法规体系健全与完善研究"的资助，由中国社会科学出版社悉心推出的语言文字立法研究领域的系列学术成果，目的在于为语言文字依法治理的中国实践提供理论支撑，推动中国语言文字法治建设不断进步，推进语言文字治理体系和治理能力现代化。

"多元一体"是中华民族的文化格局和特色。习近平总书记指出："我们讲中华民族多元一体格局，一体包含多元，多元组成一体，一体离不开多元，多元也离不开一体，一体是主线和方向，多元是要素和动力，两者辩证统一。"习近平总书记关于"多元一体"的重要论述高屋建瓴，为新时代健全与完善国家语言文字事业法律法规体系提供了根本遵循和行动指南。在"多元一体"文化格局引领下，我国需要建立起以《国家通用语言文字法》为"一体"、为主线，以"非通用语言文字法"为"多元"、为动力的语言文字法体系，从而为我国语言文字事业的发展和繁荣奠定坚实的文化法制基础。

我国是一个多民族、多语言、多文种的国家，推广普及国家通用语言文字是实现文化认同，提升国家软实力，铸牢中华民族共同体意识的基本国策。诚如有论者指出，通用语言文字推广普及是维护国家统一的治政基本策略，是中华民族共同体的重要表征，是铸牢中华民族共同体意识的基础工程。基于此，关于《国家通用语言文字法》的贯彻实施、修订与完善的学术研究，旨在维护国家的语言文字主权和尊严，促进各民族、各地区经济文化交流，提高民族地区教育质量和水平。同时，关于非通用语言文字立法的研究，旨在赋予少数民族语言、汉语方言、手语盲文、繁体字、异体字、外来语、网络语言文字等非通用语言文字应有的法律地位和

支持，从而为实现语言文字的多样化发展提供长期而永续的支持。

"他山之石，可以攻玉"。境外语言文字立法，在确立一种或多种语言的官方语言地位、强化少数族群和特殊人群的语言权利保障、维护语言文化多样性、提供公共语言服务、实现语言文字规范化等诸多方面，发挥了至关重要的作用，其成功的经验或失败的教训值得我们借鉴吸取。基于此，我们对主要代表性国家或地区语言文字立法的现状、特点和利弊得失进行研究，并选译了部分国外法律法规，以期加深对人类语言文字法治发展的认识，为我国语言文字事业的法制建设发掘有益的经验与启示。

国家语言文字事业的科学立法、严格执法、公正司法和全民守法是铸牢中华民族共同体意识不可或缺的文化法制根基，让我们共同努力，在语言文字法研究领域持续深耕，为推动语言文字事业的依宪依法治理、开拓语言文字事业发展新局面贡献智慧和心力。

杨解君

# 序　言

在"多元一体"的语言文字大家庭中,"一体"是主线和方向,"多元"是要素和动力,两者辩证统一。"一体"的"主线和方向"引领着语言文字大家庭的共通性,其核心要义在于推广普及国家通用语言文字,这是铸牢中华民族共同体意识的语言法制基础。"多元"的"要素和动力"要求尊重语言文字的多样性,对少数民族语言、汉语方言、手语盲文等非通用语言实施存续保护。也就是说,推广普通话与保护母语乡音并行不悖、相辅相成。

我国语言资源的多样性,是体现中华文化多样性和丰富性的重要载体。我国种类繁多的少数民族语言,寄托着乡愁的方言,便利特殊人群的手语盲文,传承守正创新传统文化的繁体字和异体字,展示包容和开放精神的外来语以及富有时代气息的网络语言文字,无不是统一的多民族国家形成和发展的历史谱系与文化多样性、开放性和时代性的体现。这些非通用语言文字,既有老祖宗留给我们的宝贵财富,又有因应时代发展的新生事物,都是需要像花朵一样精心呵护的人类语言资源。

以少数民族语言的存续保护为例。在"多元一体"的文化格局指引下,一方面,要在少数民族聚居地区大力推行国家通用语言。习近平总书记在2014年9月召开的中央民族工作会议上指出:"语言相通是人与人相通的重要环节,语言不通就难以沟通。既要求少数民族学习国家通用语言,也鼓励在民族地区生活的汉族群众学习少数民族语言。少数民族学好国家通用语言,对就业、接受现代科学文化知识、融入社会都有利。"另一方面,要加强对少数民族语言尤其是濒危语言的保护,推进语言资源保护工程,加强"双语"教育,培养"双语"人才,实施"语言文字筑桥工程",使得各民族语言文字始终在相互对话、沟通和碰撞中交汇、交融、交流,强化各民族间文化认同,最终铸牢"你中有我,我中有你"

的中华民族共同体意识。

  自中华人民共和国成立以来，我国语言文字法制建设取得了突出成绩，普通话推广和教育卓有成效。然而，我国的非通用语言文字立法严重滞后，公民的非通用语言文字权利保障仍有待提升。对非通用语言文字进行立法，既是规范和保护、促进非通用语言文字发展的现实之需，也是坚持依宪治国、依宪执政的必然要求。非通用语言文字立法，应关切实质民主原则下的少数群体和弱势群体的语言权利，确保推广普及通用语言文字与语言多样性的均衡。鉴于此，本书专门研究除国家通用语言文字外的非通用语言文字立法问题。本书首先论述非通用语言文字立法理论基础与现实基础，然后以各论的形式分别论述了汉语方言、少数民族语言文字、手语盲文、网络语言文字、繁体字与异体字以及外来语的立法理论与实践问题。

作者谨识

# 目　录

**导论** ……………………………………………………………… (1)
　一　著述缘由：我国语言文字法律事业的非均衡发展………… (1)
　二　概念范畴："国家通用"与"国家非通用"之关系………… (3)
　三　本书写作目标…………………………………………………… (4)
　四　本书的主要内容………………………………………………… (6)

**第一章　我国非通用语言文字立法的基础分析**………………… (8)
　第一节　我国非通用语言文字立法的理论基础………………… (8)
　　一　民主之需与少数群体语言文字权利保护………………… (8)
　　二　人权保障与弱势群体语言权利的平等保护……………… (11)
　　三　国家语言管理与公民非通用语言权之均衡……………… (13)
　第二节　我国非通用语言文字立法的现实基础………………… (15)
　　一　我国非通用语言文字立法的宪法基础…………………… (15)
　　二　作为实践经验的我国非通用语言文字立法现状………… (18)

**第二章　汉语方言立法研究**……………………………………… (21)
　第一节　汉语方言的特征………………………………………… (21)
　　一　弱政治性…………………………………………………… (22)
　　二　多层次性、不均衡性与种类多样性……………………… (23)
　　三　不成熟的文字体系………………………………………… (24)
　第二节　汉语方言法律保护面临的问题………………………… (26)
　　一　方言生态濒危且生存空间渐窄…………………………… (26)
　　二　方言保护力量薄弱………………………………………… (28)
　　三　方言价值的有限性………………………………………… (30)
　　四　方言保护措施未能标本兼治……………………………… (31)
　第三节　汉语方言法律保护的必要性…………………………… (32)
　　一　方言文化属性的特殊需求………………………………… (32)

二　语言平等的应有之义……………………………………（33）

第四节　汉语方言法律保护的定位……………………………（34）
　　一　价值定位：公民语言自由与情感保障……………………（34）
　　二　总体目标定位：保持最基本的文化（语言）多样性……（35）
　　三　基本工作定位：濒危语言的重点抢救与方言生态现状的
　　　　维持………………………………………………………（36）

第五节　汉语方言法律保护的具体路径…………………………（37）
　　一　禁止过度：放松行政管制………………………………（38）
　　二　拯救濒危方言：扩容行政给付…………………………（39）
　　三　柔性保护：引入行政指导………………………………（40）
　　四　借水行舟：文化法的协同保护…………………………（40）
　　五　合作治理：公众参与和公私协力………………………（44）

第六节　结论与建议………………………………………………（44）
　　一　结论………………………………………………………（44）
　　二　汉语方言保护的立法建议………………………………（45）

第三章　我国少数民族语言文字立法研究……………………………（46）

第一节　少数民族语言文字法制现状及其成就…………………（46）
　　一　多维度的少数民族语言文字法体系初步建成…………（46）
　　二　少数民族语言文字保护工作成就非凡…………………（48）

第二节　少数民族语言文字在司法中的地位及其实现…………（49）
　　一　少数民族语言文字作为司法语言地位的确立…………（50）
　　二　"使用本民族语言文字进行诉讼"的内涵及其限度……（52）
　　三　使用少数民族语言文字诉讼的司法实践及制度缺失…（56）
　　四　少数民族诉讼语言权保障的必要性与实现路径………（61）

第三节　少数民族语言文字保护存在的问题及其原因分析……（66）
　　一　少数民族语言文字保护存在的问题……………………（66）
　　二　少数民族语言文字保护问题的成因分析………………（68）

第四节　少数民族语言文字法律体系构建与制度完善…………（74）
　　一　制定全国统一的少数民族语言文字法…………………（74）
　　二　加强自治地方的少数民族语言文字立法………………（75）
　　三　提升我国少数民族语言文字立法质量…………………（76）
　　四　建立和完善相关具体制度………………………………（77）

## 第四章 手语盲文立法研究 (81)

### 第一节 我国手语盲文的法制现状与主要问题 (81)
一 手语盲文的法制现状 (82)
二 我国手语盲文事业发展存在的主要问题 (85)

### 第二节 手语盲文问题的原因分析 (93)
一 手语盲文作为沟通工具的特殊性 (93)
二 手语盲文发展的推动力不足 (94)
三 对视听障碍者权利保护的意识缺乏 (95)

### 第三节 解决手语盲文问题的立法之途 (96)
一 立法先行：为手语盲文的全面发展铺设轨道 (96)
二 核心问题：攻克技术难题，创制成熟的手语盲文方案 (98)
三 权利落实：手语盲文的教育推广和无障碍服务 (100)

## 第五章 网络语言文字立法研究 (105)

### 第一节 我国网络语言文字的现状和问题 (106)
一 网络语言文字的兴起 (106)
二 网络语言文字的表现 (107)
三 网络语言文字发展中的问题 (109)
四 网络语言文字不当应用引发的弊害 (116)

### 第二节 我国网络语言文字的立法现状 (121)
一 网络语言文字的法律规制滞后 (121)
二 网络语言文字立法缺乏系统性和协调性 (123)
三 网络出版物语言文字使用的法律规制局限 (124)

### 第三节 网络语言文字的使用自由及其限制 (126)
一 问题的提出：网络语言文字使用的自由与限制 (126)
二 网络语言文字使用限制的正当性考量 (130)
三 网络语言文字使用的法律限制及技术规制 (134)

### 第四节 网络语言文字的法律规制：以网络广告语言文字为例 (137)
一 问题的提出 (138)
二 网络广告语言的法律规制现状 (140)
三 网络广告对现行广告语言文字法律规制的挑战 (144)
四 网络广告语言法律规制的调适及其路径 (148)

第五节　完善我国网络语言文字法律规制的对策……………（154）
　　一　网络语言文字法律规制的总体思路…………………（154）
　　二　网络语言文字立法和执法方面的具体建议…………（156）
第六章　其他非通用语言文字立法探讨……………………（159）
　第一节　关于繁体字、异体字的立法探讨…………………（159）
　　一　我国大陆地区繁体字、异体字的规范问题…………（159）
　　二　与港澳台地区繁体字之间的关系协调问题…………（161）
　第二节　外来语的立法探讨…………………………………（162）
　　一　外来语是否需要立法加以规范………………………（162）
　　二　立法对外来语应如何规范……………………………（162）
　　三　外来语的具体规范措施………………………………（163）
第七章　我国非通用语言文字的法律体系与制度建构……（165）
　第一节　非通用语言文字的法律体系………………………（165）
　　一　制定国家非通用语言文字法…………………………（166）
　　二　加强行政法规、地方性法规和自治法规的体系建设……（166）
　第二节　非通用语言文字法的主要框架……………………（167）
　第三节　非通用语言文字法的主要内容……………………（167）
　　一　非通用语言文字法的目的……………………………（167）
　　二　非通用语言文字法的基本原则………………………（168）
　　三　非通用语言文字的法律主体…………………………（169）
　　四　法律责任与权利救济…………………………………（171）
附录1　《中华人民共和国国家非通用语言文字法(试拟稿)》……（173）
附录2　《中华人民共和国少数民族语言文字法（试拟稿)》………（185）
附录3　《中华人民共和国手语和盲文使用法（试拟稿)》…………（195）
附录4　《中华人民共和国汉语方言条例(行政法规试拟稿)》……（202）
附录5　汉语方言相关文件规定………………………………（206）
附录6　少数民族语言文字法律法规及重要规范性文件规定……（213）
附录7　盲文手语相关法律法规规定…………………………（222）
附录8　外来语现行规定………………………………………（242）
参考文献…………………………………………………………（248）

# 导　　论

## 一　著述缘由：我国语言文字法律事业的非均衡发展

自 2000 年《国家通用语言文字法》实施以来，我国语言文字事业发展取得了丰硕的成果。该法对于提高国民素质和国民语言能力、促进教育发展，加强语言文字的规范化管理、推行依法行政、营造和谐语言生活环境，促进经济发展和社会进步、维护民族团结和国家统一、增强国家软实力和民族凝聚力，都具有积极的推动作用。[①] 不过，在看到成就的同时我们也应意识到现实的不足。国家通用语言文字的法制建设和成就，对于我国整个语言文字事业的发展来说，只是"半壁江山"，语言文字事业不可忽略国家非通用语言文字的法制建设问题。如果说《国家通用语言文字法》的价值取向与目标是维护国家主权和民族尊严，促进国家统一、民族团结及各民族、各地区经济文化交流，[②] 那么，非通用语言文字事业的建设同样有着丰富的政治、经济、文化价值，它蕴含着文化和权利的多样性、公民语言文字权利平等和自由价值，关系着文化的传承与认同，影响着我国各民族各地区语言文字的和谐发展。长期以来，伴随着市场经济的形成、改革开放的推进和社会变迁的影响加大，国家对通用语言文字予以大力推广，非通用语言文字则未能受到国家和社会的足够重视，公民的非通用语

---

[①] 参见《深入贯彻落实〈国家通用语言文字法〉　全面推进语言文字事业科学发展——刘延东国务委员在纪念〈国家通用语言文字法〉颁布 10 周年座谈会上的讲话》，教育部门户网站，http://www.moe.edu.cn/publicfiles/business/htmlfiles/moe/s6151/201201/129762.html，2016 年 7 月 18 日访问。

[②] 参见《国家通用语言文字法》第 1 条、第 5 条。

言文字权利受到一定程度的削弱，一些非通用语言文字甚至面临着日益严峻的生存状况。①

从法治的视角观察国家非通用语言文字法律制度，可以发现尚存在如下一些方面的问题：

一是关于国家非通用语言文字的宪法地位或宪法权利属性尚不明确。我国《宪法》尽管有关于公民享有言论自由的规定，但该规定并不是关于语言文字权利方面的规定。《宪法》中涉及语言文字的条款主要有两处：一处是在民族政策中规定了民族语言政策（《宪法》第 4 条），另一处是在发展教育事业和提高人民科学文化水平条款中规定了"国家推广全国通用的普通话"（《宪法》第 19 条第 5 款）。可见，《宪法》中缺少明确的关于公民非通用语言文字权利保护的宪法条款。

二是国家非通用语言文字及权利缺少相应的法律制度安排。目前，不仅非通用语言文字没有直接而明确的宪法条文依据，而且非通用语言文字权利的法律制度也相应地缺位。这种缺位，不只表现在现行法律法规中没有专门关于针对种种非通用语言文字的立法，还表现在即使有规定也只是有某些零星的规定且难以得到实施。

三是语言文字的法律制度安排在通用语言文字与非通用语言文字之间表现出资源分配的明显不均。在我国现有的语言文字法律制度中，非通用语言文字处于一种严重的弱势地位。虽然现行的语言文字法律规范体系中都强调了公民有使用本民族语言文字的自由，但是，在资源的分配中却向通用语言文字严重倾斜，通用语言文字的发展得到大力支持、奖励、提倡和鼓励，对非通用语言文字却并未采取同样的扶持政策，其发展受到不同程度的限制或诸多因素的制约。从这一立法支持取向来看，非通用语言文字在立法上可以说受到了某种非均衡的"差别待遇"。

四是在实践中国家非通用语言文字权利侵权现象频现。由于国家有关

---

① 比如，汉语方言正在萎缩，参见付义荣《论汉语方言的萎缩——以安徽无为县傅村为例》，《集美大学学报》（哲学社会科学版）2012 年第 3 期；少数民族语言不同程度上处于濒危的状态，参见乌兰旦日苏《我国少数民族语言文字法律保护现状及立法探讨》，《理论研究》2007 年第 3 期；盲文事业的发展不足制约了视障者对盲文出版物的使用等，参见李晓东《我国视障者的媒介使用及大众媒介的无障碍供给研究》，《浙江传媒学院学报》2014 年第 4 期。

主管部门对通用语言文字的重视和法律制度对非通用语言文字权利保护的缺失，频频出现国家公权力侵犯公民非通用语言文字权利的情形。如2004年国家广电总局发出《关于加强译制境外广播电视节目播出管理的通知》，禁止播放方言版的译制片；[①] 又如，2007年12月，广东媒体报道广州市番禺区的小学禁止校园内讲粤语，2009年8月至2010年3月，广州地铁3号线和5号线取消粤语站台广播。[②] 以上这些现象，只是"问题丛林"中的部分问题。这些问题并不仅仅是非通用语言文字问题，而是关系到整个语言文字的法律体系和法律制度建设问题。对此，既需要对非通用语言文字法律体系进行从无到有、从零碎到系统化的建设，又需要对已有的通用语言文字法律制度进行调整。

本书正是基于这一历史和现实的境况，在梳理我国语言文字法律制度的基础上，就国家非通用语言文字立法问题展开专门研究，以期就此提出些许见解和建议。

## 二 概念范畴："国家通用"与"国家非通用"之关系

本书所称"非通用语言文字"，即国家非通用语言文字的简称，与"国家通用语言文字"（以下简称通用语言文字）相对而言。自2000年《国家通用语言文字法》颁布后，"国家通用语言文字"的法定概念得以确认，与之相对应的就是除"国家通用语言文字"之外的"国家非通用语言文字"。我国国家通用语言文字是指普通话和规范简体汉字，因而我们所称的"非通用语言文字"，指的是除普通话和规范简体汉字以外的其他语言文字，包括少数民族语言文字、特定人群语言文字（如盲文、手语）、特定地区语言文字（如各地方言及港澳台地区所使用的语言文字）以及外来语言文字等。由于这些非通用语言文字具有一些共

---

① 刘飞宇、石俊：《语言权的限制与保护——从地方方言译制片被禁说起》，《法学论坛》2005年第6期。

② 翁金箱：《当前中国语言权立法状况之分析——以近年来的语言事件为契机》，《政法论坛》2011年第2期。

同的特征，如均为少数人使用、非官方地位或非全国通用、处于弱势地位等①，因而本书统一以"国家非通用语言文字"整体概括之，简称"非通用语言文字"。

与"非通用语言文字"密切联系的是"非通用语言文字权利"一词，它是语言文字权利的下位概念。"语言权是指自己或自己所属的语言团体，使用其所希望的语言，从事社会生活，不受任何人妨害的权利。"② 由该语言权的概念界定可知，语言文字权利不只是限于通用语言文字权利，也应包括使用非通用语言文字的权利。同时，我国《宪法》和相关法律既明确了语言文字权利，也确立了国家对语言文字的管理权，国家大力支持和推广通用语言文字。这种立法规定，也为非通用语言文字及其权利留下了发展空间。为与通用语言文字权利相区分以及论述的方便，本书将与通用语言文字权利相对应的权利（亦即其剩余的权利）统称为"非通用语言文字权利"。

## 三 本书写作目标

当前，我国公民的非通用语言文字权利未能得到有效保护，法律实践中存在许多不符合宪法精神和原则的现象。对非通用语言文字进行立法，既是规范和保护、促进非通用语言文字发展的需要，也是"依宪治国"理念的要求。基于此，本书旨在通过对非通用语言文字立法的研究，为构

---

① 需要说明的是，"少数人使用""弱势地位"是相对于我国国家通用语言文字而言的。我国人口基数大，加之一些地方地域特色鲜明等因素，决定了很多非通用语言使用人口是相当多的，有些非通用语言在一些地方也表现出相对强势（如粤语）。但是，一种语言在更强势的语言面前，尤其是在权力的介入和市场经济的作用下，是脆弱不堪的，而且其消亡速度也是很快的。如满语作为清王朝的法定国语，在清王朝灭亡后不到百年间，便成为世界极度濒危语言（参见裴钰《解读〈世界濒危语言地图〉》，《社会科学报》2009年4月23日第8版）满语的萎缩在清王朝时期就已经开始。这证明，虽然满族是我国第二大少数民族，而且是当时的统治者，但在更强势的汉语面前仍然处于弱势地位。事实上，作为我国经济最发达地区的粤语也已经出现萎缩现象（参见冯杰《从粤语受到的冲击看社会与语言的共变及方言的保护问题》，《语文学刊》2011年第2期）。

② 施正锋、张学谦：《语言政策及制定"语言公平法"之研究》，前卫出版公司2003年版，第136页。

建起以"通用语言文字法"和"非通用语言文字法"为双核的法律体系和制度夯实理论基础,为立法提供方案与建议。

第一,推动通用语言文字与非通用语言文字的整合性立法。我国现有的《国家通用语言文字法》,主要是从语言文字规范化、标准化的视角进行的立法,没有体现出对通用语言文字和非通用语言文字的一体化保护。因此,在基本权利立法模式下,有必要制定整合通用语言文字和非通用语言文字的综合性语言权利保护法。在立法理念上,综合立法可考虑以专家建议稿为基础,同时吸纳并借鉴域外立法的最新经验。当然,在具体制度方面也需要依据中国社会的现实和时代发展,做出必要的调适。在立法体例上,要立足中国现实,采取更加灵活的"公私分立"的立法策略:在新闻出版、广播影视、新媒体、公共服务领域、公共场所等公共领域,既要进一步推进规范化、标准化,强化重点领域语言文字监督检查,又要提供公共服务,履行国家对语言权利的保护义务;在日常生活、地方性文艺创作和表演、少数民族礼俗庆典等私人领域或特殊场合,相关立法则应以强调语言平等、少数语言的使用自由、公权力的不干预或不介入为主。

由此,本书为综合性语言文字立法论证了立法目的与基本原则,亦即应以语言权利保障为核心目的,确立语言多样性、语言平等、语言规范化三大立法原则,国家必须担负起积极义务,应逐步消除目前因公私领域区别导致语言权利承认的差异,建立相关制度以维持母语的使用,确保各种语言使用人的语言权利平等,使珍贵的语言文化资产得以保持可持续发展趋势。与此同时,基于沟通交流的便利,也要强化公共领域语言文字规范化的管理和监督。

第二,推动非通用语言文字的专门立法。在特别领域,贯彻语言权利保护理念,还需要对非通用语言文字进行专门立法。要有效应对各种复杂的语言权利及其波及效应,构筑基本权利的制度性保障,还需要在一些综合立法无法覆盖的特别领域当中,依据法律保留和比例原则贯彻语言权利保护理念,分别构建特别领域的语言权利保护制度。应从实际出发,研究国家非通用语言文字专门性立法的现状,对少数民族、特定人群、特定行业及领域以及特定区域的语言文字基本法律制度、政策规定和研究综述进行辩证分析。

第三,进一步推进非通用语言文字规范化立法。基于沟通交流和便民服务的需要，非通用语言存在规范化、标准化的问题。因此，要加快制定传统通用少数民族语言文字基础规范标准，推进术语规范化，做好少数民族语言文字规范化、标准化、信息化工作。加快研制国家通用手语和通用盲文系列规范标准，规范和推广国家通用手语、通用盲文。研制国家通用手语和通用盲文水平等级标准和测试大纲，逐步开展国家通用手语和国家通用盲文等级测试。

第四，推动网络语言文字规范化。为适应现代互联网和信息技术的发展，须强化对互联网语言文字使用的规范和管理。倡导文明用语用字，抵制低俗语言，推动社会语言文明建设。网络语言并非一种新的语言形态，而是一种通过新的语言传播平台、借助互联网等新媒体和信息技术而表达的语言文字，网络语言传播相较于传统传播手段，在传播速度、传播范围和影响力等方面呈几何指数增长，无论是通用语言还是非通用语言，如果利用网络平台传播，均会产生网络语言规范化问题。因此，要进行网络语言规范化领域的专门立法，推进网络语言的规范化、文明化。

## 四 本书的主要内容

本书以探讨汉语方言、少数民族语言文字、手语盲文、网络语言文字以及其他非通用语言文字的具体立法路径为内容，共由七章组成。总体结构可分为三部分。第一部分，也即第一章，分析非通用语言文字立法的基础理论问题，拟从理论与实践的角度分析非通用语言文字的立法基础，审视立法的合法性和立法的需求；第二部分，即第二章至第六章，分别对汉语方言、少数民族语言文字、手语盲文、网络语言文字及其他非通用语言文字进行分析和论述，并提出立法建议；第三部分，即第七章，对非通用语言文字法律制度和体系构建提出总的建议。本书各章内容简介如下：

第一章我国非通用语言文字立法的基础分析。指出非通用语言文字立法的理论基础在于民主、语言平等权及语言多样性，分析了其宪法依据与立法现况。

第二章汉语方言立法研究，着重分析了汉语方言的特点、面临的问题、保护的必要性，提出汉语方言法律保护的具体路径在于放松行政管制、扩容给付行政、引入行政指导、文化法的协同保护以及合作治理。

第三章我国少数民族语言文字立法研究，着力探讨少数民族语言文字法制现状、在司法中的地位及其实现、存在的问题及其原因分析、法律体系的构建与制度完善。

第四章手语盲文立法研究，着重分析了我国手语盲文的法制现状与主要问题，提出手语盲文立法要先行先试，克服技术难题，创制成熟的手语盲文方案，保障手语盲文的教育推广与无障碍服务。

第五章网络语言文字立法研究，着重分析了我国网络语言文字的现状与问题、立法现况、使用自由及其限制，完善法律规制的对策。

第六章其他非通用语言文字立法探讨，从语言文字规范化和标准化的视角，对繁体字、异体字与外来语立法进行了探讨。

第七章我国非通用语言文字的法律体系与制度构想，着重探讨非通用语言文字的法律体系、主要框架、立法目的、基本原则、法律责任与权利救济等。

# 第一章　我国非通用语言文字立法的基础分析

非通用语言文字，是在国家和社会中并不通用的语言文字，也许在一些人看来，它并不能代表国家和社会的整体文化利益，因而论证其立法的正当合理性就显得尤为重要。本章旨在通过对非通用语言文字立法基础问题的分析，为其立法提供相应的理论支撑，并指导我国非通用语言文字立法。

## 第一节　我国非通用语言文字立法的理论基础

立法的理论基础，既应是其学理依据，也应能为该立法活动提供理论指导。就国家非通用语言文字立法而言，其理论基础主要表现在如下三个方面。

### 一　民主之需与少数群体语言文字权利保护

民主，是宪治的基本要素之一，同时也是语言文字（包括非通用语言文字）立法的基础与途径。在语言文字立法中，不仅要保护全体国民通用的语言文字权利，而且也要保护只限于少数群体使用的非通用语言文字权利，这是宪治民主的内在要求。

"民主最基本的含义仍然是古老的'人民统治'的概念。"[①] 理论上说，民主代表着人民的普遍利益。而实践中，"人民统治"就是大多数人统治或者少数服从多数。因此，基于民主而形成的法律和决策基本上就成

---

[①] 徐国利：《论民主与宪政》，《江汉论坛》2003年第9期。

为大多数人的利益表达。从民主的这一特性来看，《国家通用语言文字法》在我国的确具有民主性基础，而非通用语言文字权利由于受众为少数群体，故难以获得多数人的认同从而失去立法的保护，即形式民主之缺陷所在。

民主强调的是全体公民参与政治过程，主张国家政治事务中最基本的权力应由人民行使，"而不问权力如何行使以及行使到什么范围"。① 因此，形式民主容易导致多数人暴政，忽略甚至侵犯少数人的基本权利，这也就决定了"'民主'本身无法以'民主'的方式对待少数人"。② 事实上，在宪法实践中，"作为国家的根本大法，宪法不只是要保护多数人的权利，而是要保护所有人——包括少数人甚至一个人——的基本权利"③。宪法的超多数表决制度也体现了宪治民主不仅保护大多数公民组成的公共利益，同时也将侵害少数公民权利的机会降低到最低限度。因此，宪治下的民主既强调多数人的统治，同时也保护少数公民的基本权利不受侵犯。

将语言文字权利置于宪治民主的视角下，我们可以作出如下界定：我国通用语言文字权利代表着多数人的基本利益诉求。《国家通用语言文字法》肯定了通用语言文字的地位，规定了推广和规范通用语言文字的政策，明确界定了国家机关及相关部门的权力和职责，并激励全社会推动通用语言文字事业的发展。这体现了形式民主，即代表大多数人的意志，满足和保证了我国语言文字整体发展需求。然而，由于语言文字存在形式的特殊性，"推广普通话的结果是扩大其使用范围，无疑其他语言的空间就会缩小"④。对通用语言文字的推广和鼓励以及过分保护会影响到非通用语言文字的生存和发展，尤其是为了确保通用语言文字的优势地位，对非通用语言文字使用进行某种程度的限制，更加会挤压非通用语言文字的生存和发展空间。这种国家强制力的介入和干涉，会产生不同语言之间的冲突，使不同语言之间不再是自然状态下的此消彼长的平等竞争，凸显了

---

① 徐国利：《论民主与宪政》，《江汉论坛》2003年第9期。
② 陈仁涛：《宪政民主：一种理想的政制——一种基于宪政与民主关系的分析视角》，《中国石油大学学报》（社会科学版）2006年第6期。
③ 张千帆：《宪法学导论：原理与应用》，法律出版社2008年版，第52页。
④ 张震：《"方言学校"事件评析——以我国宪法文本中普通话条款的规范分析为路径》，《山东社会科学》2007年第5期。

"通用语言"和"地域方言"这种二元制语言现象,同时造成通用语言与地域方言的母语(包括不同少数民族语言)之争。① 因此,即使法律没有从正面去否定或禁止非通用语言文字的发展和使用,但是,由于资源和保护力度向多数人语言的倾斜,实质上无形地构成对少数人权利的侵犯,甚至会产生某种"语言谋杀"② 现象。实践中,除了存在资源和保护力度过于倾向通用语言文字而形成无形侵犯外,还存在着许多对非通用语言文字权利有形的直接侵犯现象,如国家广电总局频繁的方言限令、许多学校明确禁止方言等③。对此,宪法和法律皆有必要消除这种事实上存在的对非通用语言文字权利的不利处境,保护少数群体的成员作为公民应享有的基本权利。尽管《宪法》和《国家通用语言文字法》也有关于非通用语言文字权利的条款,但这些规定更多的只是抽象的赋权,缺少可操作的具体法律条款和制度(其中对少数民族语言文字权利在其他诸如民族自治法律法规中有具体可操作的规定,但这些规定过于分散、力度不够,且执行欠佳)。因此,有必要对非通用语言文字进行立法,对非通用语言文字权利作出具体化的制度安排,避免在语言文字领域产生"多数人暴政"。

综上,对非通用语言文字进行立法,构建起以"通用语言文字法"与"非通用语言文字法"为双核的语言文字法律体系和制度,既体现民主对大多数利益追求的政治理想,又体现宪法基本权利保护的精神,为之构建的语言文字法律制度将既是民主的也是宪治的。

---

① 耿焰:《地域方言权:从习惯权利到宪法权利》,《政法论坛》2017 年第 1 期。
② "语言谋杀"是由芬兰社会语言学家托弗·斯库特纳布·坎加斯(Tove Skutnabb-kangas)提出的一个概念,指一种语言杀死另一种或其他语言。他认为,"语言谋杀"是由经济、军事、政治体系导致,由这门语言和其他语言的关系造成的;同时,他认为,语言之间并不会互相"杀害",但语言使用者的权力地位关系是造成语言之间不平等关系的决定性因素,而且这种关系造成了被统治阶层的人群"削减式"地学习占统治地位的语言,并放弃了自己的母语。参见覃涛、王寰《民族语言权利保护与民族文化传承——托弗·坎加斯的民族语言权利观分析》,《兴义民族师范学院学报》2015 年第 6 期。在此,我们认为,过分地强调通用语言(即使没有限制其他语言)容易出现这种"语言谋杀"现象。
③ 参见刘飞宇、石俊《语言权的限制与保护——从地方方言译制片被禁说起》,《法学论坛》2005 年第 6 期;翁金箱《当前中国语言权立法状况之分析——以近年来的语言事件为契机》,《政法论坛》2011 年第 2 期。

## 二 人权保障与弱势群体语言权利的平等保护

我国《宪法》明确规定了"国家尊重和保障人权"。可见,尊重和保护人权,既是宪治的目的,也是国家立法的最终目标。加强非通用语言文字立法,可以体现对弱者人权保护的平等价值观,以确保每个社会成员特别是社会弱势群体享有宪法规定的平等权利。

人权,在其发展过程中,随着社会历史环境的变迁而不断丰富和发展。对于其发展轨迹,卡雷尔·瓦萨克(Karel Vasak)将其描述概括为"三代人权理论"。"三代人权理论"不仅展现了人权的发展史,也体现了人的权利的不同需要层次。纵观"三代人权"理论,都体现了平等保护弱势群体的原则与内涵。

第一代人权,以人的生命、财产、安全自由、宗教信仰自由以及言论自由、出版自由等为内容,是自由主义的人权阶段。这一阶段的人权虽然主要以自由为核心,但其中有明显的人人平等的观念,正如洛克所认为的,人生来是自由的,因此,人与人之间是平等的。法律文件中的经典表述,最早出现于美国《独立宣言》和法国《人权宣言》中"人人生而自由平等"的陈述。此后,各国相关人权文件及联合国《世界人权宣言》《公民权利和政治权利国际公约》等公约中亦强调人人自由平等,我国《宪法》也明确肯定了法律面前人人平等的原则,也正如有学者所说,"平等与不歧视原则是'人权法的核心'"[①]。

语言文字是人区分于其他动物的一个重要特征,语言文字权利是一项人之所以为人的权利,且为其他权利发声,这无疑是一项自由权,属于第一代人权范畴。在语言文字权利问题上,我国通过《国家通用语言文字法》的出台,已规范、保护和明确了通用语言文字的地位和权利。但非通用语言文字权利的法律制度,则基本缺失或空缺。相对于通用语言文字权利来说,公民的非通用语言文字权利并没有受到平等的保护。国家对通用语言文字的积极推广、激励甚至奖励的优待,旨在维护我国语言文字主权、增进全国范围的交流与和谐,促进经济发展,从这一意义上说,有其

---

① 李薇薇:《论国际人权法中的平等与不歧视》,《环球法律评论》2004年第2期。

正当性理由。但是，这种国家层面的推广和激励，会造成非通用语言文字使用和发展的不利甚至萎缩。于此，在一定程度上也构成了对非通用语言文字的某种歧视待遇。因而有必要加强对非通用语言文字的立法，给予其相应的立法待遇和保护。

其次，语言文字权利还具有第二代人权与第三代人权的属性。第二代人权，是以"经济、社会、文化权利"为内容的社会权，要求国家对于宪法中所确立的人权负责，要求政府积极采取保障措施来实现。由于以自由权为核心的第一代人权无法克服其形式平等的价值缺陷，在权利的享有问题上，弱势群体往往没有平等条件和竞争能力来与强者一样平等地享有权利，因此，"社会权则强调权力主体对权利主体应采取积极的作为，尤其是对社会弱者给予特别帮助和救济，政府不是被动地不作为而是积极地作为"①，如此来保证公平之实质。据此，第二代人权被指为"偏向弱者的积极歧视取向，对经典的人权价值做出补正"②，是实质平等的体现。以发展权为核心的第三代人权，则以谋求人类全面的持续发展权利的运动而涌现，既是集体权利又是个人权利；"其独特含义在于它是以既有权利为依托的一种人类普遍享有的发展机会均等权和全面发展的自由权"③。这种全面的发展，要求法律的调整应建立在平等性保障原则的基础上，坚持"双重性规范"原则，即根据发展的不同程度、不同主体采取非对称性权利保障方式，给予向弱者倾斜的保护。

语言文字权利，从《宪法》第4条第4款的规定来看，是一项自由权；而从《宪法》第47条来看，语言文字属于"文化事业"的范畴，是一项文化权，属于"第二代人权"；同时，语言文字权利是一个集体及其成员个人发展的需要，因而又是发展权，属于"第三代人权"的范畴。依据人权理论的发展阶段，语言文字权利作为近代以来的新型人权，需要国家积极采取各种措施，创造条件来保障公民享有和实现。具体到通用语言文字权利和非通用语言文字权利上，作为非通用语言文字权利主体的群

---

① 汪习根：《法制社会的基本人权——发展权法律制度研究》，中国人民公安大学出版社2002年版，第237页。
② 刘红臻：《人权的制度表达》，《法制与社会发展》2004年第1期。
③ 汪习根：《法制社会的基本人权——发展权法律制度研究》，中国人民公安大学出版社2002年版，第243页。

体，明显处于语言环境及发展上的弱势，尤其是残疾人群体及人数特别稀少的民族，在语言文字上，很难靠自身的能力和条件进行保护和发展。联合国《在民族或种族、宗教和语言上属于少数群体的人的权利宣言》《残疾人权利宣言》，就明确要求各国应努力使这些群体享有应有的基本权利。因此，国家有必要采取各项措施甚至政策倾斜，提供足够的条件来保障非通用语言文字的独特性和文化传统得以延续和发展。为此，法律制度更应跟进。

综上，首先，从自由权的角度来说，非通用语言文字不应受到不正当限制。其次，从平等保护弱势群体的人权角度来说，一方面，非通用语言文字需要享有与通用语言文字平等的地位而不受歧视；另一方面，由于非通用语言文字或因使用人数少或因发展不足等处于弱势的处境，在语言文字的自然发展中处于先天性的弱势语言地位，因而应对非通用语言文字区别对待，采取特殊措施予以保护。最后，为促进各民族各地区的共同发展，国家法律在非通用语言文字方面，不仅要承担起保护的功能，而且还应发挥促进发展的功能。这是未来非通用语言文字立法所应承载的人权保护功能。

## 三 国家语言管理与公民非通用语言权之均衡

有限政府是法治原则的主要内容，是宪治的基本内涵与特质，是"现代立宪政体的规约下，唯一合法存在的政府形态"[①]。有限政府原则要求，政府权力必须受宪法约束，政府行为必须有宪法依据，只能在宪法授权范围内活动，不得肆意而为。如今已发展到"要求政府不但是有限的，更应当是有效的，通过政府权力的行使，能够为个人自由和社会正义的实现提供积极的保障"[②]。因此，通常情况下，政府不应干涉公民的语言文字权利。正如前文所述及，国家为了维护语言文字主权和促进经济、社会的交流与发展，制定了《国家通用语言文字法》，赋予了有关行政机关对语言文字的规范化标准化进行规划指导、管理监督、批评建议、责令改正

---

[①] 占美柏：《有限政府之合法性论说》，《暨南学报》（哲学社会科学版）2005年第3期。
[②] 殷啸虎：《积极宪政与当代中国宪政发展的路径选择》，《法学》2009年第5期。

等权力，这就为我们提出了一个国家行政管理权与公民非通用语言文字权利之间的关系处理与协调问题。

目前，《国家通用语言文字法》赋予了行政主管部门对语言文字的管理监督等权力，在不同程度上对非通用语言文字权利进行了某些实际限制。如，《国家通用语言文字法》第10条规定学校及其他教育机构只能使用普通话和规范汉字，第12条规定广播电台、电视台只能以普通话为基本的播音用语（需要使用外语的报国务院广播电视部门批准），第14条规定了在五种情形下必须以国家通用语言文字为基本的用语用字，这些规定同时也对非通用语言文字的使用形成了限制。虽然该法在第16—17条规定了可以使用方言、保留繁体字和异体字使用的几种情形，但这仍然是一种形式授权却实质限制其使用范围的规定。不过，在民族自治地区，对少数民族语言文字并没有这种法律上的限制，而是鼓励和帮助，但这种限制也存在于除少数民族语言文字之外的其他非通用语言文字方面。从国家语言文字主权、国家发展、各民族交流及其关系和谐来说，确立普通话的主导地位，规范使用汉字，限制一定场合的非通用语言文字使用，确有其必要性。然而，维护通用语言文字核心地位的必要性，并不能理所当然构成限制非通用语言文字基本权利的正当理由。在这里，旨在维护通用语言文字权威及核心地位的国家语言文字行政管理权与公民非通用语言文字自由权之间就形成了一种紧张关系。

通用语言文字权利与非通用语言文字权利之间的关系，映衬了国家语言文字管理权与公民的非通用语言文字自由之间的矛盾。为了维护国家主权和民族尊严，促进国家统一和民族团结，推进社会主义物质文明和精神文明建设，法律赋予了某些特定国家机关以语言文字管理的权力，就必然会在某种程度上限制公民的非通用语言文字权利，并由此导致国家语言文字管理权与公民非通用语言文字权利的失衡。这就需要通过适当的制度安排，对国家语言文字管理权和非通用语言文字权利重新合理配置，实现二者的权力与权利的结构性均衡。因此，必须加强立法，给予非通用语言文字的积极保护，建立相关保障机制。非通用语言文字立法，具体来说，一方面，需要对国家设置一定的非通用语言文字保护义务，以实现国家的语言文字管理权与非通用语言文字保障义务的均衡；另一方面，需要有力地扩宽非通用语言文字群体的语言文字权利，实现非通语言文字的健康发展，以使国家机关的语言文字管理权力与公民的语言文字权利相均衡，使通用语言文字与非通用语言文字发展相均衡。

因此，对非通用语言文字进行立法，是在满足通用语言文字发展的同时，对非通用语言文字权利的保护，是国家语言管制与公民语言文字自由之间的均衡，也是通用语言文字与非通用语言文字之间的均衡。

## 第二节 我国非通用语言文字立法的现实基础

虽然"宪法中缺少明确的关于公民非通用语言文字权利保护的宪法条款"[1]，但细察之，能够发现非通用语言文字立法的宪法依据。同时，目前我国存在不少分散的非通用语言文字法律法规及规范性文件，也是我国非通用语言文字立法的现实基础。

### 一 我国非通用语言文字立法的宪法基础

依法治国，首先是依宪治国。无论是立法还是执法甚至司法，都要依据宪法。同样，加强非通用语言文字立法，既是宪法的要求，也是彰显宪法精神的应然表现。非通用语言文字立法，必须要具有宪法依据，这是其合宪性和合法性的基础；同时，对非通用语言文字权利进行立法保护，则是落实公民语言文字宪法权利的必然选择。依据宪法对语言文字实行治理并进而达致"善治"，需要有非通用语言文字立法对宪法的具体化与落实，而非通用语言文字立法即是实现宪法治理的具体行动之一。

（一）非通用语言文字立法的宪法依据

宪法权利，首先是合宪性意义上的，是宪法赋予宪法关系主体的一种行为可能性。[2] 对于公民而言，可依据宪法所赋予的宪法权利实施一定的行为来获得自身的利益，并受到宪法的保护。而对国家而言，公民宪法权

---

[1] 杨解君、蒋都都：《我国非通用语言文字立法的宪治考量》，《中国地质大学学报》（社会科学版）2017年第4期。

[2] 莫纪宏：《实践中的宪法学原理》，中国人民大学出版社2007年版，第146—149页。

利要求国家履行对公民基本权利的保护义务功能。这一保护义务功能也是国家机关行使权力干预和管理社会的依据。语言文字，从权利的角度来看，既是一项个人权利，同时也是一项集体权利和民族权利，关系到国家主权的维护和经济社会发展。因而，语言文字的立法必然要涉及个人、社会和国家等多个层面。考量非通用语言文字立法的宪法依据，一方面是探究非通用语言文字权利存在的宪法正当理由；另一方面也是探究国家对公民权利的保护义务，并为国家有权调整和干预非通用语言文字使用提供宪法上的依据。

其一，非通用语言文字权利的宪法来源。语言文字权利，是"对各种权利的享有和实现起着至关重要的作用，语言为所有权利发言""是一系列权利的总和"①。在语言文字权利方面，我国《宪法》也明确规定："各民族都有使用和发展自己的语言文字的自由"（第4条第4款），"国家推广全国通用的普通话"（第19条第5款）。前者是各民族语言文字权利的总括规定，后者则表明国家对通用语言文字的支持。单从此两处宪法规定来看，语义上并不能充分体现非通用语言文字权利的宪法依据，加之《国家通用语言文字法》中表现出的只对通用语言文字进行规范（实则间接地隐含了对非通用语言文字的限制），更加让人难以肯定非通用语言文字的宪法地位②。这就不免令人产生如下一些疑问：首先，从《宪法》第4条第4款规定的主体（"各民族"）来看，语言文字权利是否为一项只以民族为单位的集体权利，而其他非以民族单位出现的群体则不享有语言文字权利？其次，从规定的权利内容来看，是否只有各民族的语言文字才是权利内容，而其他语言文字如特定群体、特定行业、特定地区以及外来语言文字是否包含在内？这就需要我们从解释学的角度去理解《宪法》第4条第4款所规定的语言文字权利。从《宪法》第4条的整体规定来看，第4款关于"民族"的主体性规定是顺延前三款民族政策的规定，是为了完整地表述我国的民族政策，并非是为了限制公民的语言文字权利。由于"宪法采用不完全列举的方式为公民设定各项自由与权利，并

---

① 郭友旭：《语言权利和少数民族语言权利保障研究》，博士学位论文，中央民族大学，2009年。

② 虽然宪法规定了少数民族的语言文字权利，但有关少数民族语言文字的法律制度建设目前却极不健全和完善。而对于其他非通用语言文字权利，目前更缺少明确的宪法和法律认可。

且这些自由、权利的设定对于公民来讲，都是一种原则性的、有选择性的指引；同时在权利列举之外，只要宪法未加禁止和限制的领域就应视为公民的自由"①。可见，在此扩大解释是有着充分理由的。

以上的扩大解释，还能够从我国《宪法》的平等原则和文化国策中得到印证。《宪法》第33条规定，"公民在法律面前一律平等"，这意味着非通用语言文字权利不仅是民族主体才能享有，其他非民族语言主体也可以平等享有非通用语言文字权利。在文化国策上，《宪法》第47条规定，"公民有进行科学研究、文学艺术创作和其他文化活动的自由。国家……给以鼓励和帮助"。非通用语言文字是语言文化多样性的重要组成部分，同时又是诸多文化的载体和窗口，更是非通用语言群体开展文化活动的工具和基础。因此，作为文化活动自由的手段和内容的非通用语言文字权利，是第47条的应有内容。由此可见，《宪法》第4条第4款中规定的语言文字权利，扩充到包括少数民族语言文字在内的非通用语言文字权利，不仅不存在障碍，而且也是我国《宪法》平等原则与文化政策的固有内容。

其二，国家保护义务与非通用语言文字立法。既然非通用语言文字在权利属性上属于宪法性权利，那么，作为一项宪法性权利理所当然地应受到国家的保护。与保护其他基本权利一样，"国家权力不仅要保持理性的克制态度从而减少自身侵害公民权利的可能性，同时还需积极提供保护，以使公民权利免受私人权力的不正当侵害"②。对此，一方面，要求国家不侵犯公民的非通用语言文字权利，这"要求立法机关在必要时通过立法将基本权利具体化，从而保障公民的基本权利不受国家权力的侵犯"③；另一方面，国家还应保护非通用语言文字权利免受私人（包括自然力）的侵犯。这些都需要国家通过立法确立相关的制度以保障公民非通用语言文字权利的实现。

（二）非通用语言文字立法与宪法实施

宪法的实施是实现宪治的基本途径。宪法规定和赋予人民权利，最终

---

① 周叶中主编：《宪法》，高等教育出版社、北京大学出版社2008年版，第146页。
② 陈征：《基本权利的国家保护义务功能》，《法学研究》2008年第1期。
③ 陈征：《基本权利的国家保护义务功能》，《法学研究》2008年第1期。

目的是保障人民享有和行使宪法权利。因此，宪法实施对于公民宪法权利的享有至关重要。目前，我国公民语言文字权利中的非通用语言文字权利未能得到充分的保障。比如，一些少数民族语言、汉语方言濒危，而残疾人群的盲文哑语则更是缺乏宪法和法律保障。非通用语言文字权利作为一项弱势群体的语言权利，需要国家积极地履行其保障义务。现阶段，我国《宪法》不在司法判决中直接引用，行政机关也很少直接以宪法为依据进行执法，我国《宪法》的实施主要依赖于立法机关通过法律、法规的具体化来体现。事实上，我国《宪法》的实施也主要是通过立法机关的立法（及行使监督权）来加以实施的，也即通过立法机关对宪法进行具体化从而将公民的基本权利落实于法律之中。当前，我国公民的语言文字权利，就通用语言文字而言得到了立法的保障和落实，公民的非通用语言文字权利基本上被置于法律保障之外，立法上几乎处于空白状态（其中，仅对少数民族语言文字权利有立法规定，但是这些规定分散、不成体系、呈碎片化且保护力度不够）。因而，非通用语言文字法的空缺更加表明宪法实施尤为重要。公民的基本权利，并不是只需宪法的明确赋予或规定即可实现，还需要通过各项具体法律制度予以落实或保证。因此，在我国现行宪法体制下，加强对非通用语言文字的立法，是对公民语言文字基本权利的重要落实，是宪法实施的重要一步。

在宪治的理念之下，无论是从体现和保障公民基本权利的角度还是从国家机关介入语言文字生活秩序的角度，抑或法律体系的完整性和完善法律制度等多个角度，都需要构建起完整的语言文字权利法律制度，协调发展和同步推进"通用语言文字"与"非通用语言文字"，从而实现立法功能的多维：既保障国家的语言文字主权和通用语言文字的主导性地位，又全面保障非通用语言文字使用群体的语言权利，促进文化的多样性；既赋予国家语言文字管理机关一定的干预和管理权，又规范和约束其管理监督行为。

## 二 作为实践经验的我国非通用语言文字立法现状

鉴于以下章节将具体论及各类非通用语言文字的立法现状，在此仅作概括性介绍。

(一) 非通用语言文字法律制度的总体状况

总的来说，一方面，当前非通用语言文字权利缺少系统的法律制度安排。由于没有直接而明确的宪法条文依据（前文论述的宪法依据是经推理和解释得出），非通用语言文字权利的法律制度也相应缺位。这种缺位，不只表现在现行法律法规中没有专门的非通用语言文字的语言立法，还表现在其他法律中即使有规定也只是有某些零星的规定且难以得到实施。另一方面，非通用语言文字在语言文字法中受歧视待遇。语言文字的法律制度安排在通用语言文字与非通用语言文字之间表现出资源分配的明显不均，非通用语言文字处于一种严重不公平的地位。虽然现行的语言文字法律规范体系中都强调了公民有使用本民族语言文字的自由，但是在资源的分配中却向通用语言文字严重倾斜，通用语言文字的发展得到大力支持、奖励、提倡和鼓励，对非通用语言文字却并未采取同样的扶持政策，其发展受到不同程度的限制或诸多因素的制约。从这一立法支持取向来看，非通用语言文字可以说在立法上受到了"差别待遇"。

(二) 非通用语言文字立法的分布情况

根据本章开篇所定义的非通用语言文字范畴，目前已经立法的非通用语言文字有少数民族语言文字、手语盲文、繁体字、异体字。方言虽然在《国家通用语言文字法》中有规定，但由于该规定实质上是对方言的限制（详见下文方言专章），因而，难以将该规定视为方言的法律制度。外来语的规定，主要体现在行政法规和部分地方性法规之中。

在已有的立法中，少数民族语言文字、手语盲文在法律层面，体现在有关少数民族事务、残疾人事务的法律之中，为非专门立法。在法规（包括地方性法规）层面，少数民族语言文字有专门性规定，主要是自治区、自治州的法规之中；手语盲文依然只是与残疾人事务一同规定，尚无专门性法规规定。繁体字、异体字，在法律层面只有《国家通用语言文字法》中的限制性规定，其他则多为法规及规范性文件。总的来说，目前我国非通用语言文字立法处于碎片化状态，这也是"实践中非通用语言文字权利侵权现象频现"[①]的重要原因（具体的立法现状分析，将在以

---

① 杨解君、蒋都都：《我国非通用语言文字立法的宪治考量》，《中国地质大学学报》（社会科学版）2017 年第 4 期。

下各章具体论述)。

　　总之,加强对非通用语言文字立法,既有其理论基础,是民主、人权及法治等宪法原则的内在要求;同时也是依宪治国和依法治国的要求,是语言文字事业发展实践的要求,也具有相应的宪法依据。同时,目前我国非通用语言文字立法已经有诸多的散见性立法,虽然还不健全、不成熟,但已有相当的立法基础和实践,能够为未来我国非通用语言文字专门立法提供有益的现实基础和立法经验。

# 第二章 汉语方言立法研究

在经历了几十年的汉语普通话的大力推广之后，汉语方言的保护问题逐渐进入国人的视野。尽管各界对方言的保护褒贬不一甚至反对，但总体上说，方言的保护问题日益受到重视。近年来，方言的保护逐渐得到国家层面的认同，政府开始重新审视国家的语言政策；在民间，方言的保护在不少地区已经得到一些零星实践。但是，不管是国家层面的认同，还是民间的方言保护实践，都还存在诸多困惑，需要予以探究。对方言保护的特征、问题的厘清，是建立方言法律保护制度的前提，是法律保护制度构建的诊断书；对方言法律保护必要性的讨论，使我们明白方言法律保护的重要性；对方言法律保护的科学定位则与确定方言保护的力度、手段以及参与主体息息相关，也是处理好汉语方言与其他语言尤其是普通话之间的关系的重要保证。

需要说明的是，我国目前还没有方言保护的法律制度，本章探讨的"汉语方言法律保护的特征、问题与定位"，并不是对一个已存在的法律制度的评价，而是出于为了建立汉语方言法律制度所做的针对性、应然性分析，以便为未来顺利开展方言的法律保护铺陈理论基石。同时，本章论述的特征、问题及定位，主要是从可能影响法律制度建设的视角（而非语言学角度）展开论述的。

## 第一节 汉语方言的特征

对汉语方言进行立法保护，需要先了解其特征，否则创建的法律保护制度难以具有针对性。目前，不少学者对汉语方言的特征进行了语言学上的分析和论述。比如，从汉语方言的分区、发音特征方面进行特征分析。① 这些语言学上的特征分析有利于方言的具体保护实践,但这些研究成果对于我们应如何开展立法的帮助并不大。在此,本章并不涉足方言的语言学特征,只探讨与方言开展法律保护有关的特征,且主要通过在外与其他国家的方言相比较、在内与我国少数民族语言的比对而进行。

## 一 弱政治性

语言保护问题是近代国际社会提出的。与语言保护问题一同出现在人类视野的还有语言权利问题,语言权利是语言主体在对其语言予以保护时所依凭的法理基础。语言权利的出现,是语言问题被"政治化"的结果,② 这一"政治化"也使得语言问题进入法律视野。可以说,近代的语言问题都是伴随政治建构而产生的,③ 语言问题背后常常具有浓厚的政治性。语言保护的政治性是多方面的,既有殖民时代殖民者对被殖民地的语言侵略(包括殖民统治结束后所留下的语言问题),也有各国内部不同语言主体之间对语言空间和资源的争夺。前者,如印度、南非等国对其官方语言的选择以及各民族语言地位的安排;后者,如前南斯拉夫联盟内部语言纷争、加拿大魁北克省关于法语与英语资源的分配。在我国,语言的政治性充分体现在国家对少数民族语言的保护和汉语普通话地位的维护问题上。国家为维护民族团结,积极主动制定民族语言政策,采取各种有效措施予以保护;为维护国家主权和民族尊严,大力推广普通话并制定了《国家通用语言文字法》。可见,语言保护通常具有很强的政治性。

然而,与其他国家的方言及我国少数民族语言保护相比,汉语方言却呈现出弱政治性。在我国,鲜有因方言的使用和地位问题而引起政治冲突的。即使近年方言保护问题进入人们视野,但也几乎仅基于留住"乡音""乡愁"和保护传统的文化情怀,而不是基于政治上的诉求。这与我国人民长期以来形成的历史心性和长期的中央集权制度有关,尤其是在汉民族

---

① 如温端政《论方言的特征和特点——兼论用"综合判断法"观察晋语的归属问题》,《语文研究》2003 年第 1 期。
② 参见肖建飞《语言权利产生的背景及其法定化》,《法制与社会发展》2010 年第 1 期。
③ 参见肖建飞《语言权利产生的背景及其法定化》,《法制与社会发展》2010 年第 1 期。

内形成的集族群、政治、地域、文化于一体的"华夏"历史心性为核心的炎黄子孙观,① 使得各地汉族人民都高度认同汉族的整体性与统一性(即使方言不同);而长期的中央集权制对中国文化的发展起了重要的作用,② 在语言上,体现为长期的中央集权内化了各地对官方语言的高度认同,默认了官方语言对自身方言的优势地位和各自方言的非正式地位,以至于人民乐意并主动接受官方语言的教育,甚至以会说"官话"而自豪。因此,尽管我国地域辽阔,各地汉族习俗不一、方言有异,但是,由于人们对华夏身份与国家权力高度认同,使得在汉语方言方面的政治需求甚小,对方言的保护更多的是源于文化与乡音的情怀。

汉语方言的弱政治性,有利有弊。弊在于:对方言的保护由于缺少政治力量与政治团体的支持,容易被国家和社会所忽视,从而使方言保护缺少有力的主体来整合各方力量和资源,使得方言保护只能是碎片化的民间行动(当然,近年来方言保护逐渐获得官方的重视);利在于:不会因语言问题而产生政治冲突,国家对普通话的全面推广能够顺利进行而不会遭受民众的抵触,同样,对方言的保护问题也不会有政治上的分歧和冲突,有利于开展保护和发掘工作。

## 二 多层次性、不均衡性与种类多样性

我国幅员辽阔,汉语方言十分丰富且复杂纷繁,具有多层次性的特征。目前,汉语方言总体上被划分为七大方言区,即官话方言、吴方言、湘方言、赣方言、客家方言、粤方言、闽方言七大方言。③ 在各大区方言之下还有具体分区,比如,闽方言又可分为闽东、闽南、莆仙、闽中、闽北五大方言。④ 更为复杂的是,在南方,五里不同音,十里不同调。同一方言区内,不仅各市县之间方言不同,甚至各相邻乡镇之间、各相邻村庄

---

① 参见王晴晴《从"文本"看"历史心性"下"炎黄子孙"的形成》,《读天下》2006年第11期。

② 参见刘修明、吴乾兑《封建中央集权制和中国——读中国政治制度史札记》,《社会科学》1980年第5期。

③ 参见黄景湖《汉语方言学》,厦门大学出版社1987年版,第33页。

④ 参见黄景湖《汉语方言学》,厦门大学出版社1987年版,第41页。

之间的方言亦有差异。

　　汉语方言体系的多层次性，导致了我国汉语方言分布的不均衡性和种类的繁多性。我国汉语方言南北分布存在很大差异，在北方尽管各地方言略有差异，但是，基本上接近普通话，这主要缘于普通话"以北方话为基础方言，以北京语音为标准音"[①]。在南方，则"五里不同音，十里不同调"，各地方言差异大，不同村镇之间尚能勉强交流，但不同县市之间则常有沟通困难，不同省之间的方言更是天壤之别。如此，方言的不均衡性，首先，体现在使用人数上，在北方以及南方的第一层级的方言上，使用人数较多，而层级较低的方言，如市县乃至村镇层次的一些方言使用人数则相对有限；其次，不同方言背后所承载的文化也十分不均衡，我国民间语言艺术基本上以第一层级的方言为载体，如越剧、秦腔、黄梅戏等，而其他小众方言所承载的文化艺术则相对有限。在规模问题上，由于汉语方言的多层次性，加之我国幅员辽阔、人口众多，使得低层次的方言种类众多，数量庞大。

　　汉语方言的多层次、不均衡、种类繁多的特征，使得汉语方言在保护时面临着重重困难。规模大、形式多，使得保护力量不足；多层次、不均衡性，使得方言保护工作异常复杂，方言保护必须面临诸如保护到何种层级、是否全部平等保护、是否只保护人数较多或文化依附较多的方言等诸多问题。每一个问题都充满了价值判断，而法律正是一个价值选择与排列的结果。因此，汉语方言的这一特征增加了法律保护的难度。

## 三　不成熟的文字体系

　　虽然我国汉语普通话具有与之相对应的汉字，但是在汉语方言中却并没有完全与之相对应的文字，汉语方言更多的是以口语体系呈现[②]。

---

　　① 参见《现代汉语规范问题学术会议决议》，载《现代汉语规范问题学术会议文件汇编》，科学出版社1956年版，转引自胡明扬《普通话和北京话》（上），《语文建设》1986年第3期。

　　② 其中，比较例外的是粤语。早在明代，粤语就开始形成以汉字为基础的书面语言体系，参见肖成《粤语的影响力》，中国网，http://www.china.com.cn/culture/2010-07/25/content_20569568.htm，2017年8月8日访问。

在有些方言中,虽然不少语音能有对应的汉字,但总体上"大都能说不能写"①,而且在语法结构上略有差异。具体来说,方言和汉字的关系体现在两个方面,一是有些汉字无法用方言表述,二是有些方言没有对应文字。前者出现的情况较少,后者出现的情况较多,这在文学作品中也常出现:在一些文学作品中,作者在遇到使用方言却无对应汉字时,常常通过借用同音汉字来表示,如贾平凹在其作品中所借用的"灵醒""发瓷""日弄"等词表达商洛方言②。这些词所表达的意思与我们所理解的本字意思具有本质不同,甚至难以理解。对此,有学者将此种现象称为"形同实异",即尽管所借用的字,在形式上与汉字相同,而表示的意义却完全不一样。③

汉语方言的这一特性,限制了方言保护的方式,增加了汉语方言保护难度。在方言保护方式的选择上,方言的口语体系特征使得只能通过维持一定使用人口和通过制作有声语料库等方式来保护。前者是活态保护,而后者则是预防性和抢救性保护。在问题难度上,首先,口语语言的语言使用一旦中断,则难以恢复;相反,具有文字的语言则由于其具有完整的语义记载和诸多的文字作品,保护则相对容易。而且,在当代,文字还可以通过标准音标等方式来保存。其次,口语体系语言由于缺少对应文字,易于流失,也容易在其他语言的影响下发生演变。即使现代科技可以建立语料库,但这种语料库记载是缺少特定的语言背景和环境的语音记载,而且也不可能记录完整的语言生活。因而,这种口语方言一旦灭失,便难以再恢复日常使用。在语言复兴的案例上,我们无不称赞希伯来语在以色列的复活,但是,我们绝不敢想象若希伯来语没有文字,它是否还能复兴到今天的程度。因此,方言不成熟的文字或口语体系特征决定了我们只有通过"活化"的保护方式才能从根本上保护好方言。

汉语方言,除以上特征外,还具有与其他诸多语言一样的特征。比如,语言是文化的重要载体,等等。但这些特征并没有凸显汉语方言与其

---

① 参见肖成《粤语的影响力》,中国网,http://www.china.com.cn/culture/2010-07/25/content_20569568.htm,2017年8月8日访问。
② "灵醒"是明白的意思,"发瓷"是发呆的意思,"日弄"属于商洛方言中的"日头词"。参见孟万春《贾平凹文学作品中的商洛方言及其写作意义》,《作家》2011年第22期。
③ 参见罗昕如《湖南文学作品中的方言现象》,《中国文学研究》2004年第1期。

他语言的不同特征，故在此不一一论述。

## 第二节 汉语方言法律保护面临的问题

目前，我国汉语方言保护面临的问题是多方面的，既有生存空间的问题，又有保护力量的不足问题，更有方言自身的价值问题。这些问题会影响方言保护的开展与实效。因此，分析这些问题有利于我们开展方言的法律保护工作，并有利于加强方言立法的针对性和有效性。

### 一 方言生态濒危且生存空间渐窄

目前，我国许多方言都处于濒危状态。如，据左秀兰、吕雯钰对胶东方言的调查，便显示该胶东方言正处于濒危状态。[1] 方言濒危体现为方言的使用人数大大减少，尤其是会说的年轻人正在减少。根据现有学者的分类，汉语方言危机可分为"替换型"和"蜕变型"。[2] 前者是指方言原来的使用者转用强势方言或普通话，濒危方言会被强势方言或普通话替换；后者是指弱势方言在受到强势方言的影响和冲击之下，逐渐磨损、丢失自己原有的一些比较特殊的成分，同时不断吸收强势方言的成分，使自己的语言系统朝着强势方言的方向发展演变。[3] 在我国，这两种类型的方言濒危现象越来越多地呈现在我们面前。比如，在怀化市鹤城区最近十几年，由于普通话的推广，普通话已经成为民众的主要交际和传播工具，[4] 从方言角度而言便是"替换型"方言濒危的体现。而"蜕变型"方言濒危更是司空见惯。比如，我们随处可以发现"年轻人的方言和爷爷辈不一样了"[5] 以及"塑料普通话"的现象，[6] 即是方言蜕变的结果。此外，方言

---

[1] 左秀兰、吕雯钰：《关于方言使用及态度的调查研究——以威海地区胶东方言为例》，《北京第二外国语学院学报》2016 年第 1 期。

[2] 庄初升：《濒危汉语方言与中国非物质文化遗产保护》，《方言》2017 年第 2 期。

[3] 参见庄初升《濒危汉语方言与中国非物质文化遗产保护》，《方言》2017 年第 2 期。

[4] 参见胡蓉、蒋于花《对怀化市鹤城区中小学学生语言使用状况的调查与思考》，《怀化学院学报》2008 年第 6 期。

[5] 李国斌、王桂芳：《看汪涵的方言保护行动》，《人民周刊》2016 年第 2 期。

[6] 许小颖：《方言保护：留住乡音里的乡愁》，《光明日报》2016 年 3 月 26 日第 9 版。

的遗失也十分严重：虽然某种方言使用人数仍然众多，但许多方言的词汇已经遗失，导致许多词汇表达已经不能用方言表述，而只能用普通话类推方言语音。①

不仅如此，方言的生存空间也日益狭窄。狭窄的方言空间，既是方言濒危的原因，又是方言保护必须克服的瓶颈。具体而言，方言生存空间受到压缩的主要原因有两个方面：一是中华人民共和国成立后，尤其是我国《国家通用语言文字法》颁布后对普通话的大力推广；二是改革开放后因经济发展所引起的大规模的人口流动。

（一）普通话的强势推广压缩了方言空间

自 1952 年《国务院关于推广普通话的指示》颁布之始，在全国全面推广普通话，到 2000 年正式建立了以《国家通用语言文字法》为核心的一套维护和推广普通话的法律制度，普通话的推广取得了辉煌的成就。"目前全国能说普通话的人口比例估计可能达到 60% 左右，城镇能说普通话的人口比例可能达到 70% 左右"②。"推广普通话的结果是扩大其使用范围，无疑其他语言的空间就会缩小。"③ 普通话对方言空间的压缩表现在两个方面：一是《国家通用语言文字法》及相关法律明确规定只能使用普通话从而限制了其他语言的使用，这导致在许多场合方言失去使用的机会。比如，方言在行政部门、学校、广播电视等公共场合鲜有使用的空间，而这些场合往往是体现语言价值的最重要场合。二是普通话的推广导致语言接受者在接受普通话后对方言的放弃。比如，怀化市鹤城区最近十几年，由于普通话的推广，普通话已经成为民众的主要交际和传播工具，普通话的使用已由过去采用行政手段推广演变为民众的自觉选择，并逐渐淡化和疏远方言。④

（二）社会变迁恶化方言环境

方言空间的减少，除与普通话的推广有关外，还有社会变迁的原因。

---

① 许小颖：《方言保护：留住乡音里的乡愁》，《光明日报》2016 年 3 月 26 日第 9 版。
② 陈章太：《〈国家通用语言文字法〉的成就与发展》，《语言文字应用》2010 年第 3 期。
③ 张震：《"方言学校"事件评析——以我国宪法文本中普通话条款的规范分析为路径》，《山东社会科学》2007 年第 5 期。
④ 参见胡蓉、蒋于花《对怀化市鹤城区中小学生语言使用状况的调查与思考》，《怀化学院学报》2008 年第 6 期。

改革开放后，随着经济的发展和社会的进步，全国范围内的人员流动日益频繁，尤其是大规模的人口迁移和人员的长期异地务工，使得不同语言相互碰撞，语言相互影响，打破了原有封闭的方言生态。在这种社会变迁中，为了更方便地交流和自身更好地发展，越来越多的人纷纷接受普通话作为工作语言和生活语言，并以通用语言文字教育其子女，由此而对方言产生了较为不利的影响：一是导致使用方言的人群减少，尤其是在新生代中方言的使用日渐减少；二是因原有封闭的方言生态空间被打破，方言受其他语言尤其是普通话影响而导致方言变异甚至与普通话趋同。可见，方言的生存环境越来越恶劣，其生存空间越来越被压缩。

## 二 方言保护力量薄弱

目前，国家和社会对汉语方言的保护与关注程度，远不能与少数民族语言的保护同日而语，更远逊于普通话。普通话与少数民族语言，均有多层次的法律法规予以保护和支持，唯独汉语方言缺少立法上的保护，其主要原因是缺少足够的力量推动。在这方面，既没有相关的政策支撑，也没有来自民间的支持，民间对方言所持的态度也往往不同。

（一）缺少必要的国家政策支撑

中华人民共和国自成立以来，十分重视语言政策。对于国家通用语言文字，国家历来重视，各级国家机关不断出台各类推广和鼓励通用语言文字的政策，并于2000年颁布了《国家通用语言文字法》予以法律保障。对于少数民族语言文字，由于我国鲜明的民族平等和民族团结政策，国家一直重视少数民族语言，积极支持少数民族语言文字的保护和发展，不仅在宪法中规定了少数民族语言地位，在诸多法律中也规定了少数民族的语言权利（如诉讼中少数民族当事人有权使用本民族语言，并有权要求提供翻译），还在少数民族自治区或自治州专门立法规定了少数民族的语言权利和语言保护措施。相反，对方言不仅没有政策和法律保护方面的规定，还对方言的使用做了种种限制。在《国家通用语言文字法》中关于方言的唯一规定是第16条。该法第16条规定了可以使用方言的情形：国家机关的工作人员执行公务时确需使用的；经国务院广播电视部门或省级广播电视部门批准的播音用语；戏曲、影视等艺术形式中需要使用的；出版、教学、研究中确需使用的。这一规定也意味着在国家机关、广播电视部门、影视、出版、教学、研究中，通常只能使用普通话。这种表面上授权使用方言而实质上限制了使用方言的规定，严重压缩了方言的生存空间：既减少了方言的使用空间，又降低了方言的价值。除此之外，还有更多规章、规范性文件对方言的使用作了明确严格的限制。比如，2004年10月13日，国家广电总局发布《关于加强译制境外广播电视节目播出管理的通知》，禁止播放方言版的译制片；2005年10月，国家广播电影电视总局再次发布《关于进一步重申电视剧使用规范语言的通知》，由此可见方言的受限。尽管近年方言的保护问题引起了一些重视，但对方言的保护更多地停留在教育部和国家语委层面，[①] 尚未上升为国家政策。因此，有必要改变方言在夹缝中求生存的状况，在国家层面予以相关政策支持，并推动立法。

（二）社会各界对方言保护的态度不一

对方言保护乏力的一个重要原因是，社会各界对方言保护的认识和态度不一。虽然近年方言保护的呼声渐起，但仍有许多人士反对方言保护，认为方言既不利于交流，又不利于普通话推广，更不利于青少年未来发展和社会经济发展，甚至有学者认为，"大力提倡方言教育是'一种文化逆流'"[②]。与反对保护方言相比，社会大众更多的是对方言保护持不关心和无兴趣的态度。比如，汪涵在接受采访中被问为何选择由自己一人全资做"響應"项目而不是找朋友帮忙时，回答称"他们"[③] 可能没有兴趣且投资毫无回报。[④] 此外，对于大多数公众来说，还尚未认识到方言保护的需要和意义。因此，在缺少国家政策层面支持的情况下，若想通过自下而上方式来推动立法保护方言，不仅将面临资源有限的困境，还要面对来自社会各界的相关阻力。于此，则有必要消除对方言保护的误解，并对方言的法律保护进行科学定位。

---

① 2012年教育部和国家语委制定的《国家中长期语言文字事业改革和发展规划纲要（2012—2020年）》中曾对方言问题作出相关指示，但不全面不具体。

② 颜云霞：《方言保护，不只是语言问题》，《新华日报》2012年12月6日第B07版。

③ 这里的"他们"是指汪涵的朋友们。

④ 参见彭玮《汪涵接受专访谈自掏465万守护方言：自己能干，何必求人》，澎湃新闻，http://www.thepaper.cn/newsDetail_forward_1350896，2017年2月21日访问。

## 三 方言价值的有限性

语言具有工具价值与经济价值。语言是人类交往的工具,语言的使用范围决定了其工具价值的大小,使用范围越大其工具价值越大,反之则越小。"语言经济价值表现为使用一种语言能带来的经济效益……语言的经济价值大小由该语言承载的经济信息的数量和价值决定。"① 而语言承载的经济信息的数量和价值往往是语言所依附的权力、财富、信息等社会结构所决定的。因此,语言依附的社会结构越多则经济价值越大。语言的工具价值与经济价值决定了语言的生命力,愈是有工具价值和经济价值的语言愈是容易被人们所接受,英语的流行和汉语近年在国际上的日益强势无疑印证了这一命题。汉语方言使用范围小,仅限于特定地域或来自特定地域的人群,工具价值有限;同时,大多数方言依附的社会结构十分有限,因而汉语方言的经济价值亦十分有限。正是由于方言的工具价值与经济价值有限,使方言难以保持对原语使用者的吸引力而被逐渐放弃使用,改用普通话或其他更大价值的方言。由此而使得方言保护异常艰难,甚至导致方言的保护工作招致反对。比如,有些人认为,实施方言教育会影响其孩子未来的发展。这是方言濒危的重要原因,也是方言保护的最大的困境。因此,如何在汉语方言工具价值和经济价值有限的情况下,引起国家和社会的重视并积极保护,是我们必须思考和解决的问题。对此需要:一方面放大汉语方言的文化价值,以引起各界乃至国家重视并推动立法;另一方面积极开发汉语方言的经济价值。如此,才能弥补其工具价值与经济价值不足的缺陷。

当然,目前有些方言(如粤语)仍然具有很强的工具价值和经济价值。但根据已有的调查来看,"粤语的地位受到了来自多方面的挑战,甚至有广州本地的儿童已不能说一口流利的粤语了"②。可见,目前看似工具价值和经济价值较强的方言也同样需要予以保护。如果不采取适当的保护措施,原来具有较高价值的方言,其价值也会逐渐减弱,甚至濒危,如

---

① 李翠云:《语言的经济价值》,《金融经济》2014 年第 8 期。
② 冯杰:《从粤语受到的冲击看社会与语言的共变及方言的保护问题》,《语文学刊》2011 年第 2 期。

满语仅仅在清朝灭亡后不到一百年便已经被联合国认定为"极度濒危语言"①。

## 四 方言保护措施未能标本兼治

目前,在方言保护研究中,不乏系统且全面的保护建议。比如,主张应采取多方位支持式、活态传承式和可持续发展式保护措施。②但是,这些建议除了泛泛而谈外,实践中也难以落实和产生实效。因为,这些建议并没有触及方言保护的保护动力和语言自觉等根本性问题。

一是方言保护的动力问题。学者大都提出由国家和政府提供整套的制度和资金保障,并由政府联合其他主体来实施保护。这一保护方案是必要的。但是,单纯依靠政府及其他外部力量来保护方言,是无法从根本上起到对方言的真正持续保护。如同扶贫一样,不仅需要国家与社会救助,还需要自救,否则会滑入"脱贫又返贫"的困境。何况,国家对方言保护给予的投入不够。即使方言保护问题在未来能引起国家和政府的重视,但国家和政府能投入方言保护的力度究竟有多大则是一个不确定性问题。

二是语言自觉问题。有学者提出要增强公众(原语者)的参与,培育公民的语言自觉意识。③比如,主张宣传方言的重要性、鼓励家长教育其子女使用方言、鼓励学校开设方言课程,等等。然而,究竟如何才能引导公众参与,如何让原语者在全球化、现代化的时代仍然坚持使用方言(哪怕是私人空间)却是一个问题,尤其是在方言的工具价值和经济价值日益降低的今天,仅仅通过宣传方言的重要性,就能说服公众花费时间和精力来掌握一种对其个人发展并无益处的语言,显然,这种可能性并不大。这恐怕也是诸多学者和公众反对学校实行方言教育、反对广播电视及公共交通使用方言的原因。如果仅仅提出公众参与保护方言、提高公民保护方言意识而无实际的语言利益的话,从某种程度上说,只能是一种无实质意义的空谈。

---

① 参见裴钰《解读"世界濒危语言地图"》,《社会科学报》2009年4月23日第8版。
② 参见耿延宏、潘桂娟《非物质文化遗产视阈下方言保护的思考——以河北为例》,《燕山大学学报》(哲学社会科学版)2013年第1期。
③ 王伟健:《保护方言,该怎样发力》,《人民日报》2013年7月12日第12版。

## 第三节　汉语方言法律保护的必要性

2013年颁布的《国家中长期语言文字事业改革和发展规划纲要（2012—2020年）》中明确了方言保护的必要性，提出要"探索方言使用和保护的科学途径"。在国家推广普通话已取得显著成效之际，面对方言的式微，民间力量基于语言文化多样性的理由寻求地域方言的保护，其合理性自不待言。但是，运用行政力量保护方言是否具有正当性理由？方言值得行政法保护的法益是什么？这就需要行政法学理上的证成。

### 一　方言文化属性的特殊需求

方言作为地域文化的"活化石"，其存在的价值在于语言的文化性功能。因此，寻求方言值得行政法保护的正当性理由，须遵循方言自身的发展规律，从其文化属性上加以分析。第一，方言文化的自主性。方言是特定地域人们共同生活经验的结晶，"只能在一个社群所有相同经验的一层上发生"[1]。在特定方言内的文化艺术发展中，方言具有不可替代的作用，故而，行政权在推广普通话的过程中应遵循职权法定原则，恪守公权力的边界，为方言的使用保留合理空间，从而保障方言的自由发展。第二，方言文化的无形性。方言文化具有非物质性，使得方言的传承与保护需要借助于物质形态和物质条件，行政主体可以动用公共文化资源，服务于方言传承、保护与复兴的物质条件建设。在此过程中所形成的各种文化行政管理关系，属于文化行政法的调整对象。比如，行使国家公权力的机关，可以依照法律程序设立若干濒危方言保护区。第三，方言文化的公共性。方言文化并非专属于私人之财产，而是整个国家、汉民族和特定语言社区的"公共财产"。方言作为公共文化财产，可归属于行政法上公物的范畴，为使作为非物质形态公物的方言能合乎公共使用目的，发挥特有文化效用，相关语言文化主管机关对方言负有管理、维护和促进的义务。

---

[1] 费孝通：《乡土中国》，生活·读书·新知三联书店1985年版，第12页。

## 二 语言平等的应有之义

语言问题的症结在于不同语言所带来的政治、经济与社会地位和资源的差异，因而产生语言不平等。语言不平等具体而言包括：语言地位不平等导致出现政治、经济或社会地位高低、无法在公领域使用、语言认同度低、没有足够的教育资源培育新一代语言使用者，等等。因此，语言立法规范的重点在于语言平等问题。在平等权意义上，汉语方言相对于作为汉民族共同语的普通话，居于少数语言和弱势语言的地位，应当受到法律的特别保障。①

语言平等的第一层含义是反对语言歧视，实现对少数语言、弱势语言的保护，使其不因语言而受到不平等的对待。"歧视禁止"意义上的平等权运用强调免于被歧视的自由，主张语言不受外力干预任其自由发展，认为语言的维系全赖社区自身的力量，不涉及政府法规的制定也不要求政府提供公共资源来落实。基于此，行政主体往往对方言等少数语言采取"善意忽视"的态度，从而减少自身侵害公民语言权利的可能性。

语言平等的第二层含义则是从多元文化主义的立场出发，超越自由主义的形式平等观，认为确保免于歧视的自由，并不足以保障少数语言群体的实质平等，必须采取"正视差异"的平等观念，"实现强弱之间的比例平等"②。即政府必须采取积极性的措施，让每个语言族群拥有同等的尊重和承认，因而行政主体须积极提供给付，提供某方言保护所需的经费、人员、空间等资源。比如，国家有义务采取特别的平衡措施，比如，通过广播电视节目的强制性时段分配比来保障地域方言发声的可能性。唯其如此，才能逐步消弭因语言所带来的歧视和不平等现状，切实保障方言使用者的语言权利，使得珍贵的语言文化资产得以持续发展。

---

① 参见张慰《普通话推广的祛魅化——以国家新闻出版广电总局的通知为研究对象》，《人大法律评论》2015年第2辑。

② 杨解君：《行政法平等原则的局限及其克服》，《江海学刊》2004年第5期。

## 第四节　汉语方言法律保护的定位

有人反对保护汉语方言，主要是担心汉语方言会阻碍社会流动和人际往来，认为没有必要花费太多精力于价值较小的语言，或认为不利于个人前途和社会发展。① 或认为保护方言是逆社会发展，"违背了语言规范化的'刚性原则'，也超出了语言规范化的'柔性原则'"②。这实际上是对方言保护的误解，不过也向我们提出了方言保护的定位问题。方言保护的定位，即保护汉语方言的目标是什么？对其保护到何种程度？在此需要说明的是，明确汉语方言的保护并不是要与普通话相竞争，它并不会妨碍普通话的推广，更不会阻碍社会交流与个人发展。也许只有澄清方言保护的定位，才能消除各界对方言保护的敌意。这是开展方言保护工作的观念前提，也是对方言适度保护的科学认知。

### 一　价值定位：公民语言自由与情感保障

正如前文所述，我国《国家通用语言文字法》对方言的使用情况作出了限制，这实则是对公民语言权利的限制和侵犯。我们必须意识到，对方言的法律保护不仅是为挽救方言，而且还是对公民使用母语权利的法律维护。在一系列国际法文件中，如《土著民族权利宣言》《世界语言权利宣言》《在民族或种族、宗教和语言上属于少数群体的人的权利宣言》等在对语言的保护上，均强调政府应准许语言少数群体拥有使用其母语的权利，甚至要求提供条件保障公民使用母语。此外，法律对方言的保护，是法律人文关怀的体现。"现代法律的人文关怀是对社会个体的生存与生活、价值与尊严、人格与精神、现实与前途的真情关切……是以人为中心、以人的幸福自由生活为终极关怀。"③ 在我国方言保护的呼声中，多

---

① 参见黄涛《语言文化遗产的特性、价值与保护策略》，《中国人民大学学报》2008 年第 4 期。
② 王祥：《语言共同化背景下的方言保护》，《济宁学院学报》2014 年第 5 期。
③ 高志明：《法律的人文关怀与法制的现代化——一种人文主义的维度》，《社会科学辑刊》2005 年第 6 期。

基于对方言的乡音、乡愁情感来呼吁保护方言，如湖南卫视主持人汪涵的"響應"计划。① 可以说乡音乡愁是中华文化的重要部分，是无数海内外中华儿女的精神寄托。因此，方言作为最重要的乡愁情感载体，对方言的法律保护就是对公民情感的保护，是语言法制的人文精神体现。

保护公民的语言（包括方言）自由权，不仅是维护公民人权②，保障公民情感寄托的需要，也是保护方言最好的方法。语言只有在使用自由的情况下，才能绽放出它的生命力。因此，在方言的法律保护中，有必要减少对方言使用的限制，放宽方言在广播电视、学校等重要场合的使用。当然，为保障普通话的推广，促进全国范围的交流，有必要对方言做出某种适度的限制。但是，这种限制不能有损方言发展，或者一旦有损方言则予以相关的特殊保护措施以达至通用汉语与汉语方言的保障平衡。

## 二 总体目标定位：保持最基本的文化（语言）多样性

方言有限的工具价值，决定了我们对方言的保护目标不能是将它作为交流工具来保护。方言作为交流工具的灭失并不可怕，因为不便利的工具注定要被更为方便者所淘汰。但方言的灭失，对语言多样性而言却是不可估量的损失。"语言多样性是文化多样性的基本要素之一。"③ 而文化多样性是人类的一项基本特性，文化多样性创造了一个多姿多彩的世界，它使人类有了更多的选择，得以提高自己的能力，是可持续发展的一股主要推动力，是人类的共同遗产。④ 因此，语言多样性要求我们必须对方言进行保护。同时，我们对方言的保护也只能是着眼于最基本的语言多样性，而不是为了恢复它曾经在某地区的主导语言地位，从而过度推广和保护方言。对此，方言保护的最低目标在于不让任何一种方言灭失，保证某一方言能够承载已有的文化，并有足够的发展空间。除此之外，则无须过多保护，而是由该语言以及其使用群体自行发展。

---

① 李国斌、王桂芳：《看汪涵的方言保护行动》，《人民周刊》2016年第2期。
② 公民方言自由权与人权的关系，参见杨解君、蒋都都《我国非通用语言文字立法的宪治考量》，《中国地质大学学报》（社会科学版）2017年第4期。
③ 《保护和促进文化表现形式多样性公约》"序言"第14条。
④ 参见《保护和促进文化表现形式多样性公约》"序言"第1—3条。

目前，社会对语言多样性的认识仍有欠缺。保持语言多样性，仍然有必要向外界宣传方言文化的价值。首先，方言本身是一种文化，是"特定社群历史文化、生活文化的一部分，体现着特定社群的世界观、价值观、思维方式等特色精神文化"①，"保护方言就是保护一种思维方式，一种文化符号"②。其次，方言还是诸多文化的载体。它承载着民歌民谣、民间传说、民间说唱艺术以及文学、戏剧、曲艺等非物质文化遗产。若方言灭失，这些民间文化将失去载体和传承。最后，方言还是诸多研究的窗口，是一部活的历史博物馆，是人类学、历史学、人文地理等学科的研究标本，具有重要的学术价值。

## 三 基本工作定位：濒危语言的重点抢救与方言生态现状的维持

确定了方言保护的总体目标是保持最基本语言或文化多样性，并不能为我们方言保护立法及实践工作提供具体的指引。这就需要我们确定方言法律保护的基本工作任务。对于方言保护的具体目标定位，基于目前方言生态的考虑，我们认为，既要关注方言工作的全局而统筹兼顾，又要关注方言工作的重点和主要问题。

（一）方言保护的重点任务：濒危语言的抢救

保护方言最基本的目标是保护语言的多样性，以避免方言的灭失。但是，不论是我们的生活感受，还是根据学者的调查研究，目前汉语方言在局部地区面临生存困境，且在趋势上是全面性和根本性的。③ 这势必会影响语言多样性的基本目标实现。同时，濒危方言的抢救具有紧迫性，④ 且

---

① 黄涛：《语言文化遗产的特性、价值与保护策略》，《中国人民大学学报》2008年第4期。
② 张叶青：《论语言生态观视野下的普通话推广与方言保护》，《文学教育》（上）2014年第1期。
③ 参见曹志耘《方言濒危、文化碎片和方言学者的使命》，《中国语言学报》2014年第16期。
④ 参见班弨《濒危语言抢救的紧迫性和可行措施》，《暨南学报》（哲学社会科学版）2006年第5期。

一旦灭失将难以恢复。因此，这些"处在'衰变'中的濒危语言我们不能再听之任之，而必须起而行之：必须立即采取有效措施进行'干预'"①。对濒危与衰变方言的抢救，是目前方言保护的重点工作，也是最紧迫的工作，是保护文化多样性的最基本需求。对此，我们一方面需要对濒危和衰变方言记录存档，建立各类语音资料库；另一方面需要采取有效措施对方言进行活化保护，只有活的方言才能满足文化多样性的要求，才能促进文化的繁荣发展。

（二）方言法律保护的全局工作：方言现状的维持

确定了濒危方言的抢救是目前方言保护工作的重点工作后，我们仍需要关注方言工作的整体方面。笔者以为，维持方言的现有生态状况并以此为保护基准，是较为理想的定位。首先，虽然近几十年来部分汉语方言在某种程度上出现了不少变异，有些小众方言甚至已经灭失，但总体上仍然较为乐观。正如前文已述，方言的法律保护不是为了恢复方言过去的主导地位，也不是为了将方言作为一种交流工具来保护，不必追求恢复方言过去的原有使用状态。尽管，一小部分汉语方言的变异是十分遗憾的，但要纠正这种变异的成本是昂贵且难以实现的。其次，虽然我们对方言的保护不以恢复方言在过去的盛况为目标，但是我们也不能让方言生态环境进一步恶化。目前，不少方言处于濒危状态，对其保护已达到刻不容缓的状态。最后，以方言现有状况为保护基础，按符合成本最小化的要求，在一般情况下只需保持对方言生态的观察，并做一些维护工作，而当某一方言出现持续恶化迹象时，便迅速采取特别的保护行动。总之，恢复方言过去原有的生存现状是不现实和不必要的；同时，如果仍然不对现状加以维护和改进，日后的方言抢救工作将会更为艰巨，耗资更大，且容易出现大规模的方言灭失现象，从而影响到语言文化的多样性。因此，以维护方言现状为保护基础是方言法律保护的最佳选择。

## 第五节　汉语方言法律保护的具体路径

汉语方言的行政法保护机制，可分为消极保护与积极保护两个方面：

---

① 班弨：《濒危语言抢救的紧迫性和可行措施》，《暨南学报》（哲学社会科学版）2006年第5期。

比如，对"方言译制片禁播令"、学校处罚校园内讲方言等限制或禁止方言使用的行为作出限制，或曰放松方言领域的行政管制，实际上构成了对方言的消极保护；而政府通过行政指导、行政规划、行政给付等多样化行政方式，安排财政支持，将方言纳入非物质文化遗产和文化产业促进范畴，设置"濒危方言保护示范区"，提供方言公共语言服务，等等，则构成对方言的积极保护。我国亟须构建方言的行政法保护机制。

## 一　禁止过度：放松行政管制

我国《宪法》第 19 条第 5 款规定的"推广普通话条款"不应被误读为国家语言政策的唯一目标，其限度在于不能以牺牲个人语言权利为代价。依据法治行政原则，对于汉语方言的保护，首当其冲要厘清公权力干预的边界。第一，在方言行政管制的范围上，应确立限制方言使用的情形仅限于公共服务领域，不得限制人民在私领域使用方言的自由。有专门语言立法的国家大多把对语言问题的管制设限于公共领域，比如，《哈萨克斯坦共和国语言法》第 2 条规定："本法调整的对象是在国有和非国有组织及地方自治机关的活动中，因使用语言而产生的社会关系。本法不规定私人交往和宗教团体中的语言使用。"实际上，我国《国家通用语言文字法》在重申推广普通话的同时，也为方言使用保留了一定的空间。① 第二，在行政管制强度上，"推广"普通话不具有强制性与命令性，而是一种指导性、鼓励性的规定。② 在推广普通话过程中对方言的限制使用，立法者享有较大的内容形成空间，执法者也享有较大的自由裁量权，但对"推广"二字只宜做鼓励性手段意义上的理解。因此，对方言的限制使用须符合行政法上的比例原则，应尽量选择柔性手段，对方言的支配与设限宜保持最大限度的克制态度，防止构成过度干预。

---

①　《国家通用语言文字法》第 16 条规定，有下列情形的，可以使用方言：（1）国家机关的工作人员执行公务时确需使用的；（2）经国务院广播电视部门或省级广播电视部门批准的播音用语；（3）戏曲、影视等艺术形式中需要使用的；（4）出版、教学、研究中确需使用的。

②　参见刘飞宇、石俊《语言权的限制与保护——从地方方言译制片被禁说起》，《法学论坛》2005 年第 6 期。

## 二 拯救濒危方言：扩容行政给付

当语言问题延伸到特定语言的存续以及语言族群间的实质平等时，弱势语言群体的主张就会涉及国家对于特定语言的优惠待遇或积极权利的保障。比如，汉语方言教育资源的分配、广播电视领域的保障、濒危方言的拯救，等等。换言之，国家对于弱势语言保护负有给付与促进的义务。此种义务可以被视为"生存照顾的义务"，即国家应当提供金钱、物质或者服务，以提高或者改善人民的物质或者精神生活的品质。[①] 就汉语方言而言，要求政府承担积极的给付义务主要意味着设置濒危方言保护区、提供方言公共服务和财政支持等。

在 2010 年颁行的《江西省实施〈中华人民共和国国家通用语言文字法〉办法》中，有关方言的条款凸显了以积极的给付行政保护方言的态度。该办法要求在文化和教育研究领域对方言给予特别关注。在文化上，加强以方言为载体的地方戏剧、曲艺事业的建设，加大投入和扶持力度；大力开展关于方言剧种的群众文化活动，建设相关基地，扶持相关群众性社团。在教育上，开展地方乡土文化教育，向学生讲授地方人文习俗和方言知识，同时重视加强方言研究。给付行政的实现，关键在于公共财政资源的挹注。在文化科教等领域，加强方言保护，同样离不开财政支持，需要通过税收和预算的刚性约束来强化相关语言政策与立法的实效性。

方言保护的另一重要内容是濒危方言保护。作为文化的载体，每一种方言都承载着一种独特的文化，方言的消亡会给文化多样性和人类文明遗产带来不可挽回的损失。[②] 当前濒危汉语方言的保护主要是由学者们及相关部门、机构通过建立语音资料库或档案的方式对方言予以保存，防止语言灭失。然而，缺少国家主导的方言抢救工作常让语言工作者和志愿者感觉力不从心。毕竟，对方言的抢救既需要前往各地实地调研，又涉及各类技术设备，需要专业知识，更是要耗费巨大的人力财力，是一项规模宏大的语言工程。对此，需要国家积极对濒危方言实施抢救，建立各类语言资

---

[①] 蔡进良：《给付行政之法的规制》，《宪政时代》1998 年第 1 期。
[②] 田鹏：《集体认同视角下的欧盟语言政策研究》，北京大学出版社 2015 年版，第 64 页。

料库，建立一套较为有效的濒危方言保护制度。具体来说，国家可以通过各级语言文字工作委员会或相关语言文字行政机关在各自行政范围内进行监测、维护工作，如果发现方言濒危则立即启动方言的抢救机制，然后由政府或语言文字行政主管部门集中各方面的人力物力予以特殊保护和重点抢救，以解决方言的濒危问题。

## 三 柔性保护：引入行政指导

在相应的法律不存在或不完备的情况下，行政指导能够根据情势变化采取灵活性的手段，借助行政相对人自愿的合作而迅速达成行政目的。① 方言保护正是相关法律规范体系极度匮乏的领域，亟须引入行政指导机制，由各级语言委员会牵头，联合文化、工商、旅游、交通、民航、新闻、出版、广电等行业主管部门，以"劝告""建议"和"协商"等柔性方式实施方言抢救、复兴和保持计划。例如，鼓励对某种方言的学习和对其读写能力的习得，将这种语言作为教学工具，资助和鼓励用某种方言进行文学艺术创作，资助使用某种方言的媒体，要求在商务活动中可以使用某种方言，以及其他类似的策略。在运用行政指导方面，例如上海市语言委员会的做法就值得借鉴。为了科学保护上海地方语言文化资源，《2017年上海市语言文字工作要点》倡导：（1）研究制订上海地方语言文化体验展示馆建设方案；（2）指导高校和下辖区积极开展上海地方语言文化进校园活动。类似的协调和指导措施，有助于某种方言处于活力状态。

## 四 借水行舟：文化法的协同保护

我国汉语方言、少数民族语言等非通用语言立法尚付阙如，在法律规范供给不足的既定条件约束下，可以充分借力与方言相关联且已经或正在建立的其他领域的文化法，从更为广阔的整体性视野来构筑方言保护的行政法保护机制。具体而言，可以借力当下全面复兴传统文化和全面构建文

---

① [日] 市桥克哉等：《日本现行行政法》，田林等译，法律出版社2017年版，第153页。

化法制的东风，因势利导推进对方言的行政法保护。

（一）非物质文化遗产法

在联合国《保护非物质文化遗产公约》（以下简称《公约》）和我国《非物质文化遗产法》中，均有关于"语言"的规定。《公约》中"非物质文化遗产"所包含的"口头传统和表现形式，包括作为非物质文化遗产媒介的语言""表演艺术"均涉及方言；《非物质文化遗产法》的规定也包含了"传统口头文学以及作为其载体的语言""传统美术、书法、音乐、舞蹈、戏剧、曲艺和杂技"。[①] 在我国，许多民间故事、各种地方剧（如秦腔、越剧、黄梅戏等待）、地方音乐（如山歌、粤语歌曲）、地方曲艺（如上海独角戏）都是以方言为载体的非物质文化遗产。因此，在我国，对方言的保护可视为非物质文化遗产保护的应有内容，可以充分利用现有非物质文化遗产法律保护制度，将汉语方言及其他非物质文化遗产作为一个整体进行统筹管理和专门保护。

首先，利用《非物质文化遗产法》的行政调查制度掌握方言的濒危情况。《非物质文化遗产法》第12条规定："非物质文化遗产调查由文化主管部门负责进行，并负责相关的保护、保存工作。"为此，可以由文化主管部门在各自行政区域内对方言所承载的文化遗产进行行政调查。[②] 如此，可以对作为该文化遗产载体的方言的生存状况进行摸底和评估。其次，可以充分利用《非物质文化遗产法》的行政确认、检查监督制度。《非物质文化遗产法》第三章规定了"非物质文化遗产代表性项目名录"的确认制度。因而，可以就以方言为载体的一些具有代表性的文化遗产项目，积极向有关部门提出申请并要求确认为非遗（非物质文化遗产的简称）项目；对已经列入非遗名录的以方言为载体的文化遗产，如发现存在忽视或保护不足的情况，可以启动检查监督程序，促使有关部门和人员落实对方言保护的工作并依法追究相关负责人的行政责任。最后，《非物

---

① 参见《非物质文化遗产法》第2条：本法所称非物质文化遗产，是指各族人民世代相传并视为其文化遗产组成部分的各种传统文化表现形式，以及与传统文化表现形式相关的实物和场所。包括：（一）传统口头文学以及作为其载体的语言；（二）传统美术、书法、音乐、舞蹈、戏剧、曲艺和杂技；……（六）其他非物质文化遗产。

② 《非物质文化遗产法》第14条还规定了公民也可以主动对非物质文化遗产情况进行调查并报告。

质文化遗产法》规定了非物质文化遗产传承人开展传承、传播活动的权利和义务，并规定了政府应采取措施予以保障，而以语言为载体的文化遗产的传承和传播，是需要以语言的教育习得为前提的。因此，应该通过传承人开展传承、传播活动的平台进行方言教育和学习。

（二）馆藏组织法律制度

对方言进行保护的两个基本形式是：对方言进行记录、整理、存档；对公众进行方言教育。前者是防止方言灭失的基本措施，后者则是方言活态保护的治本之道。利用馆藏类机构保护方言能在一定程度上满足这两个基本要求。馆藏类机构的重要功能是收集、保存藏品，对藏品进行研究与展览，并通过展示、展览等沟通方式对公众进行宣传教育，如博物馆、档案馆、图书馆等。这类馆藏组织作为社会组织均承担着不可或缺的公共服务职能，是重要的社会行政主体。因此，方言保护可以借助馆藏组织的自身功能和社会责任[①]来开展。以博物馆为例。在对方言的记录、保存工作方面，方言本身是一种人类文化与资源，可以作为一种藏品被博物馆收藏、保存。

在对方言的教育工作上，博物馆同样可以发挥重要作用。自1961年国际博物馆协会将"教育"加入博物馆的定义和目的之后，博物馆业内越来越重视博物馆的教育和宣传功能，至2007年国际博物馆协会将"教育"调整到博物馆业务的首位，博物馆被越来越多的赋予了教育使命，甚至被视为公众的终身教育平台。[②] 据此，通过博物馆将其收藏、保存的"方言"对观众开展教育和宣传完全符合博物馆自身功能定位和《博物馆条例》的规定。在高度信息化的当下，博物馆可以通过多种方式向观众展示展览方言。比如，通过文本记录形式、多媒体等视听语音方式向受众生动地呈现方言歌曲、故事、戏剧。除博物馆外，档案馆、图书馆均能发挥大致相同的作用，在《档案法》的修订和《公共图书馆法》的起草制定过程中，皆可列入对方言的记录、保存、存档以及教育等静态与动态保护方式。

---

① 《博物馆条例》第3条规定，博物馆开展社会服务应当坚持为人民服务、为社会主义服务的方向和贴近实际、贴近生活、贴近群众的原则，丰富人民群众精神文化生活。

② 参见王莉《博物馆的社会使命与服务内涵》，《人民论坛》2011年第17期。

## (三) 文化产业促进法

方言是重要的文化资产。近年来，随着国民经济的持续发展以及对文化产业重要性认识的提升，国家日益重视文化产业的发展，并制定了一系列促进文化产业发展的政策。中共中央《关于制定国民经济和社会发展第十三个五年规划的建议》明确提出了"文化产业成国民经济支柱性产业"的目标。在这些文化产业促进政策中，都特别强调传统文化、特色文化、本土与地域文化，强调文化发展的因地制宜与文化传承。如文化部、财政部《关于推动特色文化产业发展的指导意见》（文产发〔2014〕28号）指出"特色文化产业是指依托各地独特的文化资源……提供具有鲜明区域特点和民族特色的文化产品和服务的产业形态"。"十四五"规划提出了推进社会主义文化强国建设和健全现代文化产业体系的目标，要求"加快发展新型文化企业、文化业态、文化消费模式"。方言作为一种文化载体，正是传统文化、特色文化及地域文化的集中体现，也可以作为一种文化业态和文化消费模式而存在。因此，方言文化应是特色文化产业发展的题中应有之义。国家推动文化产业的保障鼓励措施，比如，将加大财税金融扶持，强化人才支撑，建立重点项目库，优化发展环境，建立完善交流合作机制等，① 均可以适用于以方言为载体的文化产业。

根据目前的文化产业促进政策及方言保护的实践，对方言文化产业的开发可以大致从两个方面开展：一是演艺娱乐业。对方言为载体的演艺娱乐产业的开发，不仅能够增强作品趣味性，发挥地域文化特色与传统文化底蕴，丰富演艺娱乐业；还能提高方言的使用率，扩大方言的影响力，增强方言使用者对自身方言的认同，消除方言歧视。二是方言的产学研协同开发利用。我国当前的文化政策明确支持产学研合作的创意设计和产品研发。故而，除了现有的方言学术研究外，可以协同旅游、演艺等娱乐行业一道开展方言的商业化运用。目前，《文化产业促进法》正在紧锣密鼓地草拟中，该法将明确地方政府在促进地方文化基础设施建设方面的义务，以确保民众可以享受更好的公共文化服务。"好风凭借力"，方言保护应当被写入这部文化基本法中。

---

① 参见《国务院关于推进文化创意和设计服务与相关产业融合发展的若干意见》，国发〔2014〕10号。

### 五 合作治理：公众参与和公私协力

在家庭等私人领域的使用是方言保持活力的关键。政府对方言的支持是方言存续的重要支撑，但自上而下的政策不能弥补自下而上支持的缺乏，确保语言在家庭中代际的传递更为重要。[①] 确保方言的存续，是社会共识的凝聚，是解决方言保护问题的根本之道。在合作治理理念的引领下，可以考虑吸纳市场主体、公益组织、社区居民等多元主体广泛参与，从而凝心聚力，形成多元共治、协力保护的合作行政机制。一方面，应该确保特定方言社区的公民能够直接参与地方语言政策和语言立法过程，通过民主途径形成社会共识，寻求平等参与权利，将方言的保障聚焦在程序性的平等上；另一方面，在国家语言治理视域下，可以采取公私合作的"契约式"方言保护进路，[②] 通过非正式的协议、规范、市场机制、第三方监督、专家代理甚至正式的契约，在方言的记录保存、补贴资助、商业化使用等方面形成合作机制。如此，可以增加各级政府、各地方言学者、各种方言母语者的责任性。

## 第六节 结论与建议

### 一 结论

汉语方言，不仅是中华民族情感寄托的一部分，也是我国民间文化的载体，承载和传承着我国文化与传统，但是，国家和社会对汉语方言的保护仍然缺少足够的认识和必要的力度。这在很大程度上是由于认知偏差所致。因而，我们需要明确保护方言并不是要以方言为主要沟通语言，也不会给社会交往带来不便，更不是文明的逆向发展。对此，我们有必要抓住

---

[①] ［英］苏·赖特：《语言政策与语言规划——从民族主义到全球化》，陈新仁译，商务印书馆2012年版，第225—226页。

[②] ［美］朱迪·弗里曼：《合作治理与新行政法》，毕洪海、陈标冲译，商务印书馆2010年版，第440—441页。

汉语方言的特征与面临的问题，对方言的法律保护作出准确定位，以消除误解，同时为方言保护提供清晰的思路。简言之，宜明确将语言多样性作为方言保护的基本目标，确保公民基本的语言自由与情感；在方言保护工作上，既要把握全面性，即关注和维护方言的现状，防患于未然，也要把握重点即集中力量抢救濒危方言；在保护的路径上，需要通过多种途径吸引其他主体参与保护，提高汉语方言的经济价值，促进汉语方言的商业化保护。

## 二　汉语方言保护的立法建议

基于前文论述，在此对方言保护特提出以下立法建议：

一是在法律上放松对方言使用场合的限制，从而为方言的发展提供土壤，改善方言的生态环境，满足人们对方言的情感需求。具体来说，应不限制方言在公共场所及教育机构的使用，允许广播电视台等媒体适当的使用方言。

二是确立语言的多样性为汉语方言保护的目标。这是为了避免过度保护，使汉语方言保护失去了它应有的定位，同时也是避免社会担忧汉语方言保护会影响通用语言文字的发展以及个人自身的发展。

三是在立法中确立方言文化促进制度，以指导规范和促进相关行业利用和开发方言文化。对方言的商业利用，需要政府去激励和引导，从而使相关主体能积极地参与方言的商业化保护。

四是建立濒危方言预警机制和濒危方言抢救机制。

五是提高地方各级国家机关的方言保护意识，推动地方立法机关积极利用《立法法》所赋予的地方立法权来灵活和适度保护各地的汉语方言。在《立法法》修订后，拥有立法权的地方主体扩大到设区的市，这有利于地方加强对所在区域方言的立法保护从而满足我国汉语方言中诸多次级方言保护的需求。

# 第三章 我国少数民族语言文字立法研究

我国是一个多民族国家。很多民族在其形成和发展的过程中都生成了自己的语言及文字，多种语言文字并存是我国多民族语言与语言文字环境必然的结果。少数民族语言文字作为我国语言文字生态的重要部分，与汉语方言一样，具有促进文化多样性，传承传统文化的作用，是语言学和历史学研究不可或缺的活的样本。而且与方言相比，不同民族的语言文字之间具有更强的差异性。可见，促进和保护少数民族语言文字的发展，具有重要的历史、文化和学术意义。而且，少数民族的语言文字是其民族的重要象征，关系到民族认同与民族情感。因而，保护少数民族语言文字还关系到我国各民族的和谐与团结，影响到中华民族的统一。正是基于这些因素和意义的考量，中华人民共和国成立后，国家和政府十分重视少数民族语言文字的发展，采取了诸多保护和帮助措施，也获得了令人欣慰的成就。但是，由于我国地域广阔，各民族语言文字复杂多样，加之社会变迁和强势语言、文化的渗透，使得少数民族语言文字的发展状况不容乐观，某些少数民族语言文字甚至处于濒危境地。对此，有必要对现行少数民族语言文字的法律状况和制度实践进行检视，分析少数民族语言文字发展存在的难题，并提出相关立法及其完善建议。

## 第一节 少数民族语言文字法制现状及其成就

中华人民共和国成立后，少数民族语言文字法制建设及实践工作迅速展开，取得了很大成绩。通过对其成绩的梳理，既可以了解我国少数民族语言文字法制状况，同时也可以从中发现其不足。

### 一 多维度的少数民族语言文字法体系初步建成

中华人民共和国成立后，国家十分重视民族政策。作为民族政策的重要内容，国家也高度重视少数民族语言文字的发展，在诸多法律法规中都贯彻了少数民族语言文字保护的精神。鉴于学者们对我国少数民族语言文字的现状和权利已做了较多论述，为避免重复论述，在此我们仅作总体性的综述。

在现有法律体系中，涉及少数民族语言文字的法律十分广泛，既有最高权威的宪法，也有效力较低的规章及规范性文件；既有普通的法律法规，也有民族自治地方的自治条例和单行条例；在所涉法律部门方面，则散见于宪法及宪法性法律、行政法、社会保障法和诉讼法等法律部门之中。从立法的广度看，目前我国法律关于少数民族语言文字的保护规定是比较全面的。相较于汉语方言及手语盲文法律保护规定的乏善可陈，少数民族语言文字的法制现状令人欣慰，立法上呈现出多层次多角度跨部门的较为全面和完备的法律法规体系。

在权利的内容上，我国法律确定了少数民族语言文字四个向度的权利：（1）平等和自由使用、发展自己民族语言文字的权利。《宪法》第 4 条规定了少数民族拥有"使用和发展自己的语言文字的自由"，《民族区域自治法》第 10 条也作了类似规定。（2）以本民族语言接受公共服务、参与政治的权利。我国《宪法》第 121 条规定"民族自治地方的自治机关在执行职务的时候，依照本民族自治地方自治条例的规定，使用当地通用的一种或者几种语言文字"，《民族区域自治法》第 21 条做了补充规定；我国《宪法》《法院组织法》及三大诉讼法皆规定了少数民族使用本民族语言参与诉讼和接受提供翻译服务的权利。（3）少数民族语言文字教育的权利。《民族区域自治法》第 37 条规定"招收少数民族学生为主的学校（班级）和其他教育机构，有条件的应当采用少数民族文字的课本，并用少数民族语言讲课"；《教育法》第 12 条第 2 款规定了少数民族学生为主的学校及其他教育机构，应从实际出发实施双语教育，第 3 款规定了国家采取措施，为实施双语教育提供条件和支持。（4）国家帮助发展和保护各民族语言文字的权利。这一权利规定并不明显，在法律中的规定主要体现为对少数民族语言文字的支持与激励。比如，《民族区域自治法》第 37 条、第 49 条规定在财政上支持教材与其他出版物的出版和编写、对会使用双语以上的公务人员予以鼓励和奖励等。如果从文化权利角度理解，语言文字权利是一项文化权利，则还有宪法上的明确依据。比如，《宪法》第 4 条第 2 款规定："国家根据各少数民族的特点和需要，帮助各少数民族地区加速经济和文化的发展。"《宪法》第122条规定："国家从财政、物资、技术等方面帮助各少数民族加速发展经济建设和文化建设事业。"

在少数民族语言文字法律体系中，占重头戏的当属自治区条例和省级地方性法规。目前，专门制定了少数民族语言文字工作条例（规定）的自治区和省份有新疆、西藏、内蒙古以及云南等①。这些自治区和省的语言文字工作条例（规定）比较详细地规定了在各自区域内的少数民族语言文字使用和保护等方面的内容。具体内容主要有：一是确定了本区域内的双语制度（云南省除外），要求在自治机关的公务行为和公文公告、广播电视、教育教学甚至公共场合的标语、招牌、商品等，均实行双语，尤为需要注意的是《西藏自治区学习、使用和发展藏语文的若干规定（试行）》还赋予了少数民族公民可以拒绝接受无少数民族文字的文书；二是用大部分篇幅规定了各种激励和支持发展少数民族语言文字的措施，包括语言文字学习、研究等；三是规定了少数民族语言文字工作的管理、领导和服务部门，并规定了其工作职权、职责和工作内容，这些部门涉及社会管理的各个领域：语言文字和翻译工作管理机构，县级以上人民政府教育、卫生、文化、旅游、工商行政管理、交通运输、新闻、出版、广播、电影、电视等；②四是明确规定了某些法律责任，包括公共机关、社会团体及个人的责任，甚至还明确规定了可以罚款。此外，还规定了一些场合应提供翻译、应对少数民族语言文字工作予以资金保障，等等。总体上来说，这些自治区条例和地方性法规对少数民族语言文字的规定比较细致，对这些地区的少数民族语言文字的发展和保护工作起到了规范和引领作用。

## 二 少数民族语言文字保护工作成就非凡

中华人民共和国成立以来，党和国家及政府积极开展各项少数民族语言文字发展和保护工作，取得了许多令人瞩目的成绩。

---

① 分别为：《新疆维吾尔自治区语言文字工作条例》《西藏自治区学习、使用和发展藏语文的若干规定（试行）》《内蒙古自治区蒙古语言文字工作条例》《云南省少数民族语言文字工作条例》。

② 参见《新疆维吾尔自治区语言文字工作条例》第5条。

中华人民共和国成立伊始，国家和政府就十分重视少数民族语言文字的发展，采取了若干积极保障和促进少数民族语言文字发展的措施，成效明显。具体表现在：一是开展少数民族语言文字调查，并主动"帮助许多民族创立或改革文字"①，推动少民族语言文字规范化、标准化发展，积极出版、翻译少数民族语言文字读物及视听资料，支持以少数民族语言文字为载体的文化艺术发展，使"少数民族语言文字在新闻、出版、广播、影视、教育、翻译、古籍整理等领域都获得了前所未有的发展"②。二是大致建立了一个拥有少数民族语言文字教育内容的双语教育体系，包括建立一些少数民族语言学校、民族大学以及民族地区的干部培训制度，"培养了大批专业人才和公共领域的双语服务人才"③。三是在少数民族自治区基本实现了双语办公、双语服务，并在各种官方活动中为少数民族提供翻译，在自治区的社会文字应用也基本实现了双语。如，在西藏各地的街头几乎所有的招牌都是汉藏双语标识。四是组织人力物力财力积极建设少数民族语言文字资料库，同时大力抢救濒危少数民族语言文字。五是少数民族语言文字信息化处理也得到了有效发展，目前许多数民族文字都能够在 windows 系统中得到运用，④ 在手机系统中也可以使用相当多的少数民族语言文字。此外，在民间，许多高校和研究机构专门对少数民族语言文字的发展和保护进行研究、调查，并组织各种研讨会探讨少数民族语言文字的发展和保护。

## 第二节　少数民族语言文字在司法中的地位及其实现[5]

为了保障少数民族公民的诉讼语言权利，我国宪法及三大诉讼法均规

---

① 靳燕凌：《论建国初我国少数民族文化教育事业的发展》，《改革与开放》2015 年第 11 期。
② 杨桦：《我国少数民族语言文字工作成就展开幕》，《人民政协报》2007 年 11 月 26 日第 A01 版。
③ 刘兴祥：《全省少数民族语言文字工作会召开》，《贵州民族报》2011 年 12 月 19 日第 A01 版。
④ 参见李旭练《少数民族语言类型使用现状调查分析》，《民族翻译》2013 年第 1 期。
⑤ 庄汉对本部分研究进行了协助，参考了其发表的文章《少数民族语言文字在司法中的地位及其实现——以诉权保障为视角》，《法治论坛》2017 年第 3 期。

定了"各民族公民有用本民族语言文字进行诉讼的权利"。然而，长期以来，我国法学理论界和司法实务界均未对这一语言使用原则的内涵与外延作出符合立法者目的的精细阐释，导致某些民族自治地区的司法机关在具体执行该原则时出现理解偏差。比如，认为诉讼语言文字权利仅为少数民族公民所专有而排除汉族公民；以当事人族别标准来配置主审法官乃至合议庭；在双语诉讼中，翻译人员由法官或书记员代替。① 上述理解和做法，或不利于民族融合与民族团结，或背离诉讼原理从而影响司法公正。本节拟从诉权保障的视角，以司法知情权、程序参与权和司法公正为依归，探讨少数民族语言作为司法语言的内涵、地位及其实践，分析其制度缺失和人力、物质保障的不足，并指出未来改进完善的方向。②

## 一 少数民族语言文字作为司法语言地位的确立

从诉权保障的角度来看，司法语言的使用往往涉及在一个国家的通用语言背景下，对少数人诉讼语言权利的保护，尤其是确保当事人在司法审判中使用本民族的语言及提供翻译的权利。在国际法和国内法两个层面，少数民族语言文字作为司法语言的地位都已得到确立。

从国际人权法观之，在1966年联合国大会通过的《公民权利和政治权利国际公约》中，少数人诉讼语言权就作为一项国际人权被确立下来。该公约第14条第3款第6项规定："如其不懂或不会说法院所用的语言，应免费获得翻译人员的援助。"③ 该公约第27条规定"在那些存在着人种的、宗教的或语言的少数人的国家中，不得否认这种少数人同他们集团中的其他成员共同享有自己的文化、信奉和实行自己的宗教或使用自己语言的权利"。此外，《消除一切形式种族歧视国际公约》第5条规定："保证

---

① 参见王磊《各民族公民有权使用本民族语言文字进行诉讼原则之思考》，《新疆社会科学》2010年第6期。

② 参见庄汉、侯芳芮《少数民族语言文字在司法中的地位及其实现——以诉权保障为视角》，《法治论坛》2017年第3期。

③ 据学者考证，当年起草该项内容时，曾引发是否应将获得翻译的权利推及所有相关的司法文书（特别是起诉书、证据、判决书等）的翻译的争议，最后相关动议被"极其微弱的多数否决"，参见 U. N. Convenant on Civil and Political Rights, CCPR Commentary, Manfred Nowak, Article 14.

人人有不分种族、肤色或民族或人种在法律上一律平等的权利",该条(子)项明确规定:"尤其可以享有在法庭上及其他一切司法裁判机关中平等待遇的权利。"可见,少数人诉讼语言权利是国家人权公约的关注点之一,这些国际公约往往聚焦于对使用非官方语言的少数人或少数族群最低限度的诉权保障,即将少数民族语言规定为司法使用的语言,或赋予当事人选择使用其理解的语言的权利。

在国内法中,世界上具有多语的国家或地区,都会涉及如何规范司法用语的问题。这类规定往往依循两种不同路径:一是从约束公权力机关的角度,直接对公权力机关施加使用某种语言的义务;二是从个人权利的角度,规范个人有权使用某种语言。属于前者的例子很多,比如,官方语言为芬兰语和瑞典语的芬兰,其宪法第17条(个人语言及文化权利)规定:"法律应保障国民于法院或其他机构内使用其语言(不论为芬兰语或瑞典语)的权利,并可以获得以其语言所写成的官方法律文件。"塞浦路斯1960年宪法第3条第4项规定:"司法程序的处理或实施及判决书的制作,当事人是希腊裔的,应以希腊文撰写;当事人是土耳其裔的,应以土耳其文撰写;当事人包括土耳其裔与希腊裔的,应同时以希腊文与土耳其文撰写。"后者的典型例子是作为加拿大宪法修正案之一的《加拿大人权法案》第19条第1项规定:"任何人可以在经国会所设立的法院使用英语或法语,或以英语或法语提出任何请求;法院所签发的文件亦同。"

我国《宪法》第134条规定:"各民族公民都有用本民族语言文字进行诉讼的权利。人民法院和人民检察院对于不通晓当地通用的语言文字的诉讼参与人,应当为他们翻译。在少数民族聚居或者多民族共同居住的地区,应当用当地通用的语言进行审理;起诉书、判决书、布告和其他文书应当根据实际需要使用当地通用的一种或者几种文字。"我国的《民族区域自治法》第47条、《人民法院组织法》第6条、《刑事诉讼法》第9条、《民事诉讼法》第11条、《行政诉讼法》第9条,均依据宪法的精神和原则,对少数民族公民使用本民族语言文字进行诉讼的权利作了内容基本相同的规定。

上述司法语言规则,虽然明确了各民族语言文字在诉讼中的平等地位,却属于框架性规定,缺乏具体落实的措施。例如,上述条款倾向于当事人的诉权保障,却没有相应的法律后果及制裁性规定,没有规定司法机关不能遵守规定时，当事人的法律救济手段。基于此，有必要对少数民族的诉讼语言权利正本清源，探讨如何结合现实，合理解释并正确适用"使用本民族语言文字进行诉讼"这一诉讼语言规则。

## 二 "使用本民族语言文字进行诉讼"的内涵及其限度

"使用本民族语言文字进行诉讼"的权利是公民诉讼权的一环，在我国，诉讼权虽未明确写入宪法，但学界普遍认为公民的诉讼权应是公民的基本权利，诉讼权宪法化是法治国家的普遍趋势。[①] 基本权利既具有消极意义上的防御权功能，又具有积极意义上的受益权功能。[②] 在现代社会，积极意义上的基本权利尤为重要，即国家必须创造条件，提供基本权利实现所需的物质、程序或者服务，满足当事人参与社会活动的需要。在这一点上，诉讼语言权本身也有其消极权利与积极权利之分。

### （一）何种权利？谁之义务？

关于"各民族公民有权使用本民族语言文字进行诉讼"原则的内涵，通过对宪法和三大诉讼法相关条款的解读，可以概括为三层含义：一是赋予少数民族当事人在诉讼中选择是否使用本民族语言文字的诉讼权利；二是少数民族聚居或多民族杂居地区的司法机关应当以当地通用的语言文字发布司法文书，包括起诉书、判决书、布告和其他文书；三是司法机关应为不通晓当地语言文字的诉讼参与人提供翻译。具体到司法实践中则主要体现为两种形式，即少数民族聚居地区的双语诉讼及为非聚居区的少数民族诉讼当事人提供翻译。

如果根据德国宪法学界对基本权利功能体系的类型化进行分类[③]，"使用本民族语言文字进行诉讼"的第一层含义可归属防御权功能，即具有要求国家不予干预的功能。正如加拿大国家双语和双元文化委员会对语言权的定义，语言权不只是公民有权用他们自己的语言和别人沟通，语言

---

[①] 左卫民、朱桐辉：《公民诉讼权：宪法与司法保障研究》，《法学》2001年第4期。

[②] 吴庚：《宪法的解释与适用》，台北三民书局2003年版，第85—88页。

[③] 德国宪法学界通说认为，基本权利在功能上大体可以分为防御权、受益权和客观秩序功能三个层次。参见李建良《基本权利理论体系之构成及其思考层次》，载《宪法理论与实践》（一），台北学林文化实业有限公司1999年版，第63—67页。

权是英国人或法国人依法律规定或习惯所有，可用母语与官方接触。它是法律明确保障使用一种特殊语言的权利，其范围包括公共事务、国会和立法程序、日常与政府的接触、司法程序和公立学校。可见加拿大语言权的核心旨意在于强调英语和法语都是加拿大的官方语言，在联邦议会和政府机构中拥有平等的使用权。①

少数民族当事人即便能理解作为全国通用语言的汉语言，也有选择以自己更为熟稔的母语进行诉讼的权利，国家不得干预或侵害其诉讼语言权。防御权功能应当严格依循宪法平等原则，各民族公民一体享有诉讼语言权，在整个诉讼过程中，无论是作为当事人、证人、辩护人，还是其他诉讼参与人，都平等地享有使用本民族语言进行诉讼的权利。

第二层与第三层含义则应归属于受益权功能，受益权功能是指公民基本权利所具有的可以请求国家作为某种行为，从而享受一定利益的功能。就诉讼权而言，是指司法机关需要承担一些与司法活动相关的物质性给付义务，比如对特殊群体免除诉讼费用、为刑事被告指定律师进行法律援助、为少数民族的诉讼参与人提供翻译等。②

因此，少数民族的诉讼语言权应主要被视为一种受益权，司法机关必须做出支持和帮助的承诺，提供必要的语言服务。与此种权利相对应的是国家给付义务，给付义务是指国家为了使公民实际上真正能够实现其基本权利，而积极创造客观条件（主要是物质方面条件）的义务。③ 就诉讼语言权的实现而言，国家给付义务主要是司法机关提供翻译服务，提供财政支持以培育双语或多语法律人才，等等。

作为受益权的诉讼语言权，有其价值拘束性和内容开放性的特征。价值拘束性体现为尊重和保障少数民族语言文字权利，促进民族平等、民族团结的基本国策。内容开放性则表现为立法机关就权利实现方式和制度选择拥有广泛的自由形成空间，可以根据少数民族聚居或者多民族共同居住

---

① 参见 C. Michael Mac Millan, *The Practice of Language Rights in Canada*, Toronto: University of Toronto Press, 1998；高欢、丁见民《从国家统一到语言权利：加拿大语言政策的历史考察》，《贵州社会科学》2018 年第 3 期。

② 参见张翔《基本权利的受益权功能与国家的给付义务——从基本权利分析框架的革新开始》，《中国法学》2006 年第 1 期。

③ 陈征：《基本权利的国家保护义务功能》，《法学研究》2008 年第 1 期。

的地区的不同特色，因地制宜地提供法庭翻译等语言服务。具体而言，首先，在少数民族聚居或者多民族共同居住地区，使用当地通用的语言进行审理是法院的义务。根据《宪法》和《民族区域自治法》的规定，在五大少数民族自治区可能有两种或两种以上的通用语言文字。其次，对不通晓当地通用语言文字的诉讼参与人，司法机关有提供翻译的义务。最后，起诉书、判决书以及布告和其他文书应当根据实际需要使用当地通用的一种或几种文字。

（二）谁有权选择庭审语言？

在当事人是否享有诉讼语言选择权方面，司法实务中存在不同的理解和做法。法国的 Cadoret and Le Bihan v. France 一案，值得思考与借鉴，该案中，两位原告是居住在法国布列塔尼区的居民，他们以毁坏法国路牌的行为来抗议法语在法国的垄断地位，因毁损公共财物而遭到起诉。在诉讼过程中，两位申请人认为布列塔尼语是他们的母语，要求以布列塔尼语作为在法院的答辩语言，又因为证人也是使用布列塔尼语，要求法院以布列塔尼语诘问证人，以确保他们的辩护权获得实质性保障。但法国法院拒绝了他们的要求，因为他们能够清楚地使用法语表达自己的意见。两位申请人主张法国法院拒绝以布列塔尼语作为答辩语言，侵犯多种权利，包括非歧视、受公平审判权和表达自由权。[1] 针对侵犯受公平审判权的主张，法国法院认为诉讼语言权的主要目的在于促进被告与法官之间的直接沟通，被告的陈述如果通过通译的介入，反而存在失真的风险，因此，使用通译应该仅限于非常必要的情况，如被告无法理解或说法语的时候。

联合国人权事务委员会认为《公民权利》和《政治权利国际公约》第14条所保障的受公平审判权涉及程序平等，本案中两位申请人以法语作为法院答辩语言并未侵害其受公平审判的权利。法国法律并未赋予每个人在法院能使用其所选择语言的权利，无法说或理解法语的人将会被提供通译的服务。本案中，并未有基于语言因素而遭受歧视的情形，因此未违反第26条的"非歧视原则"。在诉讼中，确保公民对于诉讼语言达到可

---

[1] U. N. Human Rights Committee, Yves Cadoret and Le Bihan v. France, Communications Nos. 221/1987 and 323/1988, U. N. Dos. CCPR/C/41/D/323/1988 (Apr. 11, 1991).

理解的程度，或是已提供必要的通译服务，协助公民进行有效的沟通即符合其给付义务的要求。也就是说，该案判决阐述的诉讼原理是当事人并无自由选择其母语与司法机关直接沟通的权利，只是在法庭上无法沟通时享有通译服务的权利。

该案判决带来的启示在于，庭审语言选择的基准在于是否有利于诉讼沟通。德国法学家考夫曼认为："法官的语言，就有丰富的表达，它比法律语言还更具体，它不放弃说服的基本要素，法官并不像立法者仅是下命令，他还要说服。"① 在诉讼中，正是依靠法律的权威和语言的媒介作用，引导当事人有意识地进行理性沟通，从而达到利益均衡调整和案结事了的目的。深层次上，法官是否使用当事人明了的语言展开诉讼，必然会遭遇专业语言与日常语言之间的冲突，法律人的专业语言即"法言法语"，作为一种特有语言，对当事人传递的信息原本非常有限，但这并不成为法官置当事人母语与理解与否于不顾的借口。英国哲学家休谟曾经说过："法与法律制度是种纯粹的语言形式，法的世界肇始于语言，法律是通过语词订立和公布的。语言是表述法律的工具，法律不能脱离语言而独立存在。"② 可见，在司法过程中，法官必须把法律条文中的书面语转化为自己的语言，才能提升司法效果。因此当事人的程序参与十分重要，只有当法官与当事人之间有效而顺畅地互动与沟通，当事人能够知晓法律条文的意旨，司法的公信力才能树立起来。同理，庭审中诉讼语言的选择，其目的在于保障法官与各方当事人之间的良好沟通。

因此，"使用本民族语言文字进行诉讼"并不意味着当事人可以主导诉讼语言的选择，案件庭审语言应由法官根据具体情况和需要来选择确定，可以选择汉语言或当地通用的少数民族语言作为庭审语言。③ 该原则的实质内涵在于尊重少数民族当事人的司法知情权与程序参与权，以便利于诉讼沟通，而不是指选择诉讼语言的权利。以刑事司法为例，通过法庭翻译的诉讼沟通贯穿于刑事诉讼的全过程，不仅侦查需要口译和笔译，为

---

① ［德］考夫曼：《法律哲学》，刘幸义等译，法律出版社 2005 年版，第 166 页。
② 转引自舒国滢《战后德国法哲学的发展路向》，《比较法研究》1995 年第 4 期。
③ 参见王磊《各民族公民有权使用本民族语言文字进行诉讼原则之思考》，《新疆社会科学》2010 年第 6 期。

了保护犯罪嫌疑人的防御权也需要口译和笔译。①

## 三 使用少数民族语言文字诉讼的司法实践及制度缺失

在厘清了少数民族当事人诉讼语言权的本质和理念之后，需要进一步考察其在司法实践中的运行效果如何，唯其如此，才能准确把握理念与制度实践之间的落差，为未来的制度改进指引方向。

（一）双语诉讼实践——以内蒙古地区达茂旗法院为例②

达茂旗法院作为边疆少数民族地区基层法院，每年受理的涉及蒙古族当事人的诉讼案件占比较高，2012年该院所受理涉及蒙古族当事人案件占比达到42%，为满足当事人的合法诉讼，维护其诉讼利益，达茂旗法院积极探索并在实践中不断完善蒙汉双语诉讼，其主要改革举措如下：

1. 成立蒙古语诉讼办案小组

培养招录兼通蒙汉双语人员专门负责审理涉及蒙古族当事人的案件，截至2014年该院的蒙文蒙语办案小组由8名蒙汉兼通的法官和书记员组成。同时建立了精通蒙汉双语的法官人才库，截至2012年该院有干警49名，精通蒙汉双语的干警24名，其中17名通过了国家司法考试。该院依据实际情况，在立案窗口配备蒙汉兼通的双语干警4名，其他各部门至少配备一名双语干警，以保障双语诉讼的顺利进行。

2. 自治立法规范蒙汉双语诉讼程序

为了使本院的蒙汉双语诉讼程序有章可循，该院制定了《蒙汉双语诉讼工作方案》《蒙语庭审规范法律用语》《蒙语审判工作流程》《蒙语审判工作法律文书样式》等规范性文件，严格按照法定程序进行双语诉讼、开展审判活动、发布司法文书。

3. 形成完整的蒙文蒙语诉讼链条

积极与达茂旗的公安机关、检察机关协调，在案件诉讼的各环节配备蒙汉兼通的侦查人员、检察人员、审判人员，建立长期有效的蒙汉双语诉

---

① ［日］田口守一：《刑事诉讼法》，张凌、于秀峰译，中国政法大学出版社2010年版，第102页。

② 王欣：《达茂旗：开展蒙汉双语诉讼》，《人民法院报》2015年10月25日。

讼完整链条，确保刑事诉讼中侦查、起诉、审判执行的全过程可满足少数民族当事人使用当地通用语言文字的需要。

4. 整合审判资源

该院采取将巡回法庭和蒙汉双语诉讼相结合的方式，让蒙汉普通法官下基层到争议发生地开庭调解，便利农牧区当事人参与诉讼。

5. 译制各类法律文书模板

达茂旗法院组织兼通蒙汉双语的法官共同翻译并印制了所需各类法律文书模板及诉讼指南、诉讼风险提示、最新诉状格式等法律文书样本，以方便少数民族群众参阅。

达茂旗法院改革举措的主旨在于进行蒙汉双语诉讼，为了不同民族当事人之间的诉讼案件能够得到公平有效地审理，培养精通蒙汉双语的法官组成合议庭，由合议庭的法官或书记员向双方当事人提供翻译，并向当事人送达蒙汉两种文字的法律文书。双语诉讼在一定程度上可以解决庭审中的诉讼沟通问题，但其存在的最大的问题是专职翻译人员的缺位，在双语诉讼中，法官或书记员取代翻译人员的地位，虽然可以节约一些诉讼成本，但正如有论者指出的，其正当性与合理性值得怀疑，如果当事人对翻译内容产生异议，法官或书记员就会陷入利益纠葛，这有损于法官或书记员的中立形象，有违司法公正。① 诉讼中翻译人员的职责决定了其诉讼主体地位不能与其他诉讼参与人重合，更不能由承办案件的法官或书记员身兼数职。如英国《1984年警察与刑事证据法》中的"翻译"一节指出，如果需要利用翻译取得法律建议时，翻译不应该是警察人员。《法国刑事诉讼法典》第344条则规定，即使被告人或检察官同意，也不得从参与审判的法官、陪审员或书记员中挑选翻译，也不能从当事人与证人中挑选翻译。

（二）翻译制度的缺失与翻译服务缺位

由于我国地区经济及城乡经济发展的不平衡，地区之间、城乡之间客观存在的巨大收入差异，大量的少数民族源源不断的迁徙至经济较为发达城市，在这些城市中涉及少数民族公民的利益纠纷和矛盾冲突不断增多，

---

① 参见王磊《各民族公民有权使用本民族语言文字进行诉讼原则之思考》，《新疆社会科学》2010年第6期。

诉讼作为一种关键性的冲突解决途径被越来越多地运用。而如何确保少数民族能够在诉讼中行使使用本民族的语言文字的权利则成为保障司法公正的题中之义。与少数民族聚居区不同，这些城市的少数民族种类分布庞杂，也不像少数民族聚居区有当地通用的某种少数民族语言，客观上不具备开展双语诉讼的条件。在此种背景下，为少数民族诉讼当事人提供法律翻译以保障其合法权利就成为迫在眉睫之事。

我国三大诉讼法都规定了司法机关有为不通晓当地通用语言文字的诉讼参与人提供翻译的义务并赋予翻译人员独立的诉讼参与人的地位。实践中，如何为当事人聘请翻译、可以聘请那些人为翻译、翻译人员有什么样的权利义务等问题由于缺乏统一的立法规定，各地做法不一，但大多数或是于高校聘请少数民族教师、学生，或是在系统内部临时借调通晓少数民族语言的工作人员在某一段时间集中办理此类需要翻译的案件，或是聘请自己较为熟悉的少数民族公民作为翻译人，翻译费用一般是由司法机关直接从办案经费中支付。总的来说，应对措施多为权宜之计，缺乏统一性，未能实现法庭翻译的制度化。

1. 翻译制度缺失

目前，我国法庭翻译制度的缺失主要表现为：

第一，法庭翻译规则和标准不统一。三大诉讼法对使用当地通用的语言文字进行诉讼仅作原则性的规定，而在实践中如何界定双语案件、庭审过程中如何选择适用的语言、如何组成合议庭、如何制作法律文书等实际操作层面的问题却没有从立法上进行统一的规范。立法的缺失则直接导致各地基层法院在双语诉讼程序中操作的方法不一。理应尽快出台双语诉讼统一规范的具体操作规程或是指导性意见，以确保法律适用的严肃性和统一性。

第二，法律文本翻译不规范、不准确、不及时。我国的立法语言文字为汉字，虽然三大诉讼法等基本法律在各民族自治区都有相应的民族语言译本，但最高法、最高检等部门陆续出台了各类司法解释。而这些司法解释大多没有相应少数民族语言的译本或是没能及时地翻译成少数民族文字版本。这成为困扰少数民族聚居地区的基层法院法官的难题。因而加强对诸多规范性法律文件的翻译，提供规范、准确、及时的少数民族文字版本的法律文本是保障少数民族诉讼参与人程序性和实体性权利的大前提。

第三，法律翻译用语不规范。我国少数民族分布具有大杂居小聚居的特点，即使是同一民族，由于分布在不同地域，受地域差异的影响，可能形成差异性较大的不同方言，因而即使是同属于一个民族公民之间也可能存在沟通的障碍。一方面，这会导致即使是熟练掌握某一民族语言的法律翻译人员同样可能陷入无法正确理解少数民族当事人所欲表达之内容的尴尬境地。另一方面，法律术语不同于一般用语，其具有高度的周密性和严谨性，往往一字之差谬之千里，如若缺乏明确统一的翻译依据，则难保翻译后的法律术语没有瑕疵，甚至不同的译者作出不同的解释，有损于法律的权威性。为了不陷入此种窘境，解决少数民族法律翻译用语的标准问题不可回避。这需要政府组织开展少数民族法律翻译用语的标准化研究，将法律翻译的用词规范化、精准化，为庭审翻译的顺利进行打好基础，以保障各方当事人所表达的原意准确地被理解。

第四，翻译付费制度不合理。由于没有统一合理的翻译付费制度，司法实践中即使是同一地区的司法机关所支付的翻译人员的费用也各不相同。且由司法机关直接支付翻译费用的做法也易给翻译人员在心理上造成暗示，使翻译人员产生其是为法院工作的意识，有损于翻译人员是独立诉讼参与人的诉讼地位。

第五，翻译人员的责任追究制度阙如。翻译人员应当保持客观中立，谨慎勤勉地按当事人的原意如实进行翻译，不得作虚假的翻译或故意歪曲当事人原意，否则将会被追究其法律责任。我国《刑法》第305条规定了翻译人员在刑事诉讼中作虚假翻译所要担负的刑事责任。但是这一规定仅限于故意做不真实的翻译所要承担的责任，对因重大过失而导致的翻译不实应承担的责任未作规定。并且民事诉讼和行政诉讼中翻译人作虚假翻译或因过失出现翻译错误时，应当如何追究法律责任也未作规定。为了督促翻译人员认真尽责地进行翻译，有必要在立法上规定三大诉讼领域中翻译人员因其过错而导致翻译出现偏差时，翻译人员所应当承担的不同层次的责任形式。

2. 翻译服务缺位

当下，法院为少数民族诉讼当事人提供的翻译服务也存在着诸多困境：

第一，缺乏考核和激励机制。双语法官的工作具有创造性和挑战性，但一直以来缺乏对其公正客观的评价。为激励双语法官更加专注于双语审判，在将双语审判纳入大考核、大评查的范围的同时将双语审判作为一项单独的考核指标，一方面加大对双语案件的抽查考核力度，确保质效，以防双语案件成为司法监管的盲区；另一方面也是对双语审判特殊性的承认和鼓励。

第二，双语人才短缺且流失严重。由于法院所配备的双语法官、书记员、翻译人员不足，法院一般会选择事实简单、权利义务关系明确的案件进行双语诉讼，事实上无法平等保护各类案件当事人使用本民族语言文字进行诉讼的权利。同时由于基层法院招录人才途径单一、门槛较高、选择面窄，难以招进双语人才。而已经招进的双语法官则由于发展空间有限、翻译人员岗位津贴难以兑现等原因，严重挫伤其工作积极性，频繁向工作压力较小、工资待遇较好、发展空间较大的二三线城市上级法院或是行政机关流动。为缓解这种困境，有必要加大招录力度、增加招录双语法官及辅助人员的名额，同时考虑到少数民族地区相对滞后的经济和教育条件，在招录时可给予一定的放宽条件的自主招录权限，以拓宽渠道大力培养和引进双语人才，缓解双语法官断层之急，以提升审判质效。另外，确保双语人才培训经费、双语审判执行经费、相关翻译岗位津贴等及时到位，充分调动双语人才的工作积极性，以确保双语诉讼的顺利进行。《公民权利和政治权利国际公约》第14条第3款第5项规定，"不能理解或者不会说法院使用的语言时，免费提供翻译"。因此，必须确保有足够的翻译人员，尤其是少数语言的翻译，培养口译专门人才是当务之急。

第三，对翻译人员资质的管理混乱。我国法律没有对翻译人员的资质要求做清晰的规定，实践中，司法机关聘请翻译人员的途径主要包括：一是从民族类高校聘请老师或学生；二是在城市内部少数民族聚居的区域寻找懂汉语的少数民族公民；三是在法院系统内部借调少数民族工作人员在短时间内帮助处理需要进行翻译的案件。以这些途径聘请翻译人员存在很多问题：一是聘请的人员随意性大，由于并没有一个统一的机构对其进行管理、培训，司法机关在聘请他时，对其语言能力、翻译技巧及相关法律知识的掌握情况并不知悉，对其个人道德品质也并不了解，无法保证这样的翻译人员帮助少数民族当事人在法庭准确地表情达意。二是翻译人员作为独立的诉讼参与人，其在诉讼中应当保持客观中立，不得偏袒任何一方，而某些法院以其内部工作人员为翻译人员的做法损害了翻译人员作为独立诉讼参与人的地位，其客观中立性难免会受到当事人的质疑。

第四，对翻译人员的培训机制缺乏连续性。由于法律用语的专业性，司法翻译不仅仅对翻译人员的语言能力有要求，更需要翻译人员熟知基本法律术语的含义和适用语境，能够精准地将法庭和当事人的意见互相传达。对翻译人员专业水准的高要求就必然衍生出对健全的培训机制的需求，而目前我国尚无相关机制，这也是翻译人员良莠不齐的原因之一。培训机制的缺位不利于翻译人员专业知识的更新和职业技能的提升，无法保证翻译的质量。

## 四 少数民族诉讼语言权保障的必要性与实现路径

如前所述，究其实质，少数民族当事人的诉讼语言权是一种受益权，与其对应的是国家给付义务，尤其是提供法庭翻译服务的义务，如果司法机关不履行此种给付义务，公民就不具备行使诉权的客观条件。下文就少数民族当事人的诉讼语言权保障的必要性，以及司法机关履行国家给付义务的现实路径展开讨论。

### （一）少数民族当事人诉讼语言权保障的必要性

在诉讼过程中，强化对少数民族诉讼语言权的尊重与保障，有利于诠释和扩展基本人权、实现正当程序和司法公正。

1. 基本人权的应有之义

我国诉权领域的通说为二元诉权说，该说从程序意义和实体意义两个角度诠释诉权。"程序意义上的诉权是原告向人民法院提起诉讼的权利和被告针对原告请求的事实和法律根据进行答辩的权利"[①]；实体意义上的诉权是指双方当事人通过法院向对方提实体请求的权利。在原告方表现为期待法院以审理查明原被告双方争议后，做出有利于己方判决的权利；

---

① 刘敏：《诉权保障研究——宪法与民事诉讼法视角的考察》，中国人民公安大学出版社2014年版，第13页。

在被告方表现为被告就原告所提实体权利请求反驳或提起反诉的权利。

依二元诉权说,诉权是公民请求国家司法机关为特定行为的公法上权利。其不仅具有公法属性,更具有人权的属性。人权的基本属性有二:"普遍性和道德性(即人权是人类固有的权利,并非实在法所赋予,也非实在法所能剥夺或削减)。"① 而分析诉权的基本属性,一方面,随着纠纷解决权利逐渐为国家所垄断,公民当然地获得了循公立救济途径解决纠纷的权利,自然生活在一个国家内的所有公民无分种族、宗教、性别、身份皆可享有诉权,诉权乃是一项普遍性权利;另一方面,"无救济则无权利",诉权作为公民得以接近国家司法机关寻求救济的途径,关系着公民能否实际享有权利、关系着纠纷能否得到化解以维护和谐安定的社会秩序,是一项不能被剥夺的公民固有的权利。由此,诉权兼具人权的两大基本属性,属于人权的范畴,是公民应然权利的组成部分。而将诉权由应然权利向法定权利再向实有权利转化的过程即为诉权保障实现的过程。这就需要国家采取积极的行动,以法律的制定来建构制度,以一切可能的手段清除权利实现的障碍、保障诉权的行使。就少数民族诉讼语言权而言,也应被视为基本人权,司法机关应通过构建完善的翻译服务制度来解释和扩充此项基本权利,令其具有生命力。

2. 正当程序的必然要求

美国的正当程序理论将正当程序分为程序性正当程序和实质性正当程序。程序性正当程序强调为了保障当事人在权益受侵害时能得到公平审理,法院必须作合理通知并确保他们得到审理的机会、当面陈述自己主张及进行辩论(辩护)的权利。"实质性正当程序是指那种可能被概括性地定义为宪法性保证的东西,即任何人不得被专横地剥夺其生命、自由和财产。"② 无论是程序性或是实质性的正当程序,其价值目标皆是使原被告双方能以诉讼主体的身份充分参与到诉讼中、使当事人拥有与其诉讼主体地位相称的程序性权利、使当事人作为独立诉讼主体的价值与法律地位得到法院的尊重。诉权侧重于保障公民能获得接近法院以寻求正义的机会,

---

① 相庆梅:《从逻辑到经验——民事诉权的一种分析框架》,法律出版社 2008 年版,第 33 页。

② 相庆梅:《从逻辑到经验——民事诉权的一种分析框架》,法律出版社 2008 年版,第 68 页。

而在行使诉权使纠纷进入诉讼领域后，法院以何种程序进行审理无疑会对当事人行使诉权的积极性产生影响。而正当程序的关注点恰好在于，诉讼程序是双方就其争议进行对抗博弈，司法机关居中裁判的过程。若不赋予双方均等的攻防手段，双方的对抗难免有失衡之虞。所谓"攻防手段"便是双方以何种方式来表达和证明自己的主张，语言文字毋庸置疑是最重要的表意工具。然而我国的现实情况是，少数民族的语言文字和作为国家通用语言使用的普通话和规范汉字相比，无疑处于弱势地位。为了解决这一问题，赋予当事人在诉讼过程中选择使用本民族语言的权利，以形成双方当事人可平等行使其诉讼权利的诉讼格局，确保不会因语言文字的障碍，而导致诉讼构造中的对立双方之间的攻击防御无法公平进行。

依正当程序，当事人不再是诉讼程序的客体，而是积极参与到诉讼中的、推动诉讼程序展开、享有各项诉讼权利的主体。诉讼程序的设计和运作以保障当事人能行使诉权、富有影响力地参与到诉讼中为评判标准。为保障当事人充分参与到诉讼中，知情权不可或缺。当事人首先应当具备掌握案件相关情况和信息的权利。获取信息主要依靠对话交流的方式，或口头或书面，但都离不开语言文字。少数民族当事人如果不能在诉讼中选择使用本民族的语言文字，其获取信息的渠道便存在天然的不足，在法庭的对抗结构中，处于信息交流机制的弱势地位对其极为不利。法院必须尽告知义务，以少数民族当事人可了解的方式制作、发布司法文书，使其知晓案件进展情况，进而决定是否要行使反诉、上诉、申诉、申请再审等诉权。

3. 实现司法正义的不二法门

我国《宪法》及三大诉讼法规定的"使用本民族语言文字进行诉讼"的权利，其目的便是通过语言文字权利在司法领域的适用，弥补某些公民因所使用的语言文字的弱势地位而导致的诉讼权利能力的欠缺，确保其不会因语言文字的障碍而无法或怠于行使诉权。该条规定同时赋予汉族公民和少数民族公民使用本民族语言进行诉讼的权利，但对于少数民族公民诉权的保障尤为重要。正如罗尔斯的两个正义原则中所提到的，"社会和经济的不平等这样安排，使它们在于正义的储存原则一致的情况下，适合于最少受惠者的最大利益"，① 保障"社会中最不利成员"利益乃是正义的

---

① 参见左卫民《诉讼权研究》，法律出版社 2003 年版，第 50 页。

内涵之一。"使用本民族语言文字进行诉讼"的赋权旨在通过弥补少数民族公民行使权利能力的差异，扫清诉权行使的语言障碍，以实现对少数民族当事人诉权的实质保障。

## （二）少数民族诉讼语言权的实现路径

我国少数民族聚居地区的法院在双语诉讼制度上进行了不懈的探索，其制度实践富有特色并处于不断自完善的过程。反倒是翻译制度严重滞后于司法实践的需要，因而，我们在此关注的焦点在于诉讼语言权的保障与国家给付义务的践行，并从法庭翻译人员的管理、保障两方面提出完善翻译服务制度的建议。

### 1. 翻译人员的遴选与权利义务

第一，通过专门立法建立翻译人员资格准入制度。在美国，法庭翻译人员要通过"联邦法庭口译员资格考试"方能取得资质，从事法庭工作；澳大利亚建立了认证法庭翻译人员资格的官方机构，由其办理注册，授予上岗资格；在日本也有专门的司法翻译协会负责建立司法翻译人员名册。

我国也应当设立专门的司法翻译行业协会管理组织和司法翻译人员资质考试，通过专业能力测验和职业道德素养两方面，选拔同时精通专业法律术语及民族语言的高素质人才。并对翻译人员进行注册，建立专业人才库，从中随机选任翻译人员。定期对在册翻译人员进行培训和考核，帮助其更新法律知识、提升专业素养和职业道德水平。

第二，明确翻译人员的权利义务。美国的《庭审口译员法案》规定了翻译人员在庭上必须如实翻译、不得泄露案件资料等义务，并赋予翻译人员相当于专家证人的权利。我国不必完全效仿，但考虑到翻译人员与证人、鉴定人同属独立的诉讼参与人，同样起着辅助诉讼过程顺畅展开的作用，也应当赋予翻译人员在刑事诉讼中认为自己的人身安全受到威胁时，有请求司法机关予以保护的权利。同时为了约束翻译人员的行为，应明确规定其应勤勉尽责翻译，以最大限度还原法庭及当事人本意、不得作虚假翻译或曲解当事人意思的法定义务。

### 2. 构建与完善翻译服务制度

第一，建立对翻译人员的追责制度。现阶段，对翻译人员的责任追究问题仅于《刑法》第305条伪证罪中规定了在刑事诉讼中作虚假翻译的刑事责任，对因重大过失或一般过失造成的翻译不实应如何处理，立法并未涉及。由此，应该在三大诉讼法中均增加规定翻译不实行为所要承担的责任；并制定相应的司法翻译人语行业管理条例，由行业管理组织依条例对作不实翻译的人员给予警告、注销资质等处分。对故意作虚假翻译造成严重后果的承担刑事责任；对过失行为，可由当事人循民事途径要求翻译人员承担赔偿责任，可由相应管理机构作行政处分。

第二，建立统一的翻译付费制度。实践中，翻译费用多由法院直接以办案经费支付，并且费用标准各地不一。这种付费方式极易让翻译人员产生一种错觉：自己是代表国家工作人员介入案件，脱离了其独立诉讼参与人的身份。因而，应当在全国建立统一的翻译付费制度，建立专门的财政基金用以支付翻译费用。确立翻译费用的支付标准，结合市场情况支付翻译人员的报酬，以吸引更多高素质人才从事司法翻译工作。区分不同的诉讼类型，刑事诉讼和行政诉讼中，翻译费用自然应由国家财政负担；而民事诉讼一般情况下，由需要翻译的当事人承担翻译费用，若是当事人支付翻译费用有困难，可仿照法律援助制度，向该基金申请援助，由国家财政帮助支付。

第三，建立对翻译内容的审查制度和翻译异议的法律救济程序。应当赋予少数民族当事人对翻译人员所译内容提出异议的权利，司法机关进行审查，如认为当事人所提出的理由具有正当性，则应对其进行救济，可参照回避程序加以规定，以充分保障当事人的诉讼权利。对翻译人员所作翻译应当以录音、录像、笔录等方式妥善地记录和保存，以便日后的监督审查。

少数民族在诉讼中使用本民族语言文字的权利乃是作为基本人权之一的语言权利在诉讼法中的具体体现。我国《宪法》《法院组织法》《民族区域自治法》及三大诉讼法都做了原则性规定，在司法实践中则主要以双语诉讼和民族语言翻译两种形式保障少数民族涉诉当事人使用本民族语言文字的权利。司法的功能不仅仅在于定纷止争，还在于使当事人作为权利主体行使其诉权，积极参与诉讼，从而实现司法正义。由此，司法过程中使用何种语言，当事人是否理解法律文书的内容，无疑直接影响到当事人对诉讼情况的判断和诉讼行为的选择。

所幸者，我国司法机关已经充分意识到少数民族当事人诉讼语言权保障的重要性,并采取措施积极履行翻译服务等国家给付义务。《最高人民法院第三个五年改革纲要》中提到"加大对少数民族法官的培训力度,尤其是加强对少数民族法官的双语培训,尽快培养一批适应少数民族地区审判工作需要的双语法官"。同时最高人民法院《关于新形势下进一步加强人民法院基层基础设施建设的若干意见》中提到"充分考虑少数民族地区语言文化、经济发展状况等因素,制定旨在吸引本地人才的招录政策,引导、鼓励、支持熟悉民族语言、适应当地环境的优秀少数民族和本地汉族人才充实法官队伍。加大少数民族地区'双语法官'培养力度,积极研究建立双语法官培训基地"。最高人民法院、国家民族事务委员会也于2015年4月出台了《关于进一步加强和改进民族地区双语法官培养及培训工作的意见》,以大力推进少数民族地区双语法官队伍建设。因此,将作为基本人权的诉讼语言权引入当下的司法改革,无疑将强化司法机关的义务责任意识,进而将是否履行翻译服务等给付义务提升为司法责任制的重要考量指标,促使对少数民族当事人诉权保障承诺的兑现。

## 第三节　少数民族语言文字保护存在的问题及其原因分析

少数民族语言文字法制建设取得了丰硕的成绩,但亦须正视少数民族语言文字保护存在的诸多问题,审视并分析其原因。

### 一　少数民族语言文字保护存在的问题

目前,少数民族语言文字发展和保护至少还存在如下缺失:
(一)少数民族语言文字形势濒危

目前,我国少数民族语言文字濒危现象十分严重,处于极度濒危(Critically Endangered)的语言便有数种,如满语、鄂温克语,甚至还出现了少数民族语言灭绝的现象[1],而其他处于濒危或危险状态的少数民族

---

[1] 裴钰:《解读"世界濒危语言地图"》,《社会科学报》2009年4月23日第8版。

语言亦不下十种①。这一状况就足以说明我国少数民族语言文字的发展和保护实践中还存在问题和不足，需要认真加以对待。

### （二）少数民族语言文字发展和保护不均衡

在地域上，我国少数民族语言文字工作主要集中在新疆、西藏、内蒙古等地，而对其他地方的少数民族语言文字工作的重视却不够。这在少数民族语言文字地方立法以及国家机关的公务活动中就可略见一斑。除上述这三个地方外，其他少数民族自治地方鲜有关于少数民族语言文字立法，在地方的公务活动中也很少使用双语。在民族分布上，少数民族语言文字工作主要集中于人数较多的少数民族的语言文字，如维吾尔族、藏族、蒙古族等几个民族。虽然国家在人数较少的少数民族中也作出过努力，如帮助一些人数较少的少数民族创制文字等，但总体上保护力度远不如这几种人数较多的少数民族，尤其是在政府公文、双语教育上很少关注到人数较少的少数民族语言。

### （三）少数民族语言文字制度落实不到位

这些表现主要有：一是双语教育制度上，许多少数民族并没有接受本民族语言文字教育的机会，如湘西土家族苗族自治州的土家族（基本已经都改用汉语）、苗族学习本民族语言都只能通过家庭学习，而没有学校教育②；许多地方的双语教育极不成熟，在教材、师资、基础条件等方面存在诸多问题，③导致许多少数民族尽管接受了少数民族语言文字教育，但仍然不能熟练地掌握和使用；自治地区的公务人员的少数民族语言文字培训也远没有达到各自治区条例所规定的要求。如，新疆哈密地区许多公职人员仅仅只是在入职时进行简单的培训，此后便再也没有培训，而被培训者表示经过培训仍然不会使用该地少数民族语言。二是侵犯少数民族语言文字权利现象严重。这主要表现为，在许多少数民族地区使用的公文，并没有严格按照法律及自治区条例或法规的要求采用双语发布或公告。三

---

① 有学者研究我国使用人口在1000人以下约21种，其中赫哲语、满语、苏龙语、义都语等不足100人。参见赵世举《语言与国家》，商务印书馆2015年版，第280页。

② 结论来自湘西土家族苗族自治州花垣县的几位"80后"苗族大学毕业生的访谈，可能不能代表整个湘西州的情况，但至少能够表明这种现象是在湘西较大范围内存在的。

③ 参见李莉《少数民族语言保护现状及对策研究——以纳西语为例》，《江苏第二师范学院学报》（社会科学版）2014年第7期。

是许多社会公共用字也未按照法律法规的要求使用双语标注。四是《民族区域自治法》及自治地区的语言文字条例中规定的对掌握双语的公务人员进行奖励的制度，在实践中的落实并不理想。五是我国多部法律及地方语言条例规定的诉讼中的翻译保障，在许多地区并未得到有效实施，诉讼和庭审中翻译不统一、不规范，存在着诸如随机寻找翻译、翻译人员缺乏监督、翻译人员追责力度不足等问题。① 此外，还存在诸多其他制度实践方面的问题。如，许多法律法规中规定对少数民族语言文字工作提供财政保障，但实践中仍然面临着资金不到位的问题，等等，在此不一一列举。

## 二 少数民族语言文字保护问题的成因分析

虽然我国少数民族语言文字法制为我国少数民族语言文字的发展和保护发挥了重要作用，实践中也取得了许多丰硕的成就，但是我们也看到仍然存在着很多问题，许多少数民族语言文字处于濒危之中，少数民族的语言文字权利也未能得到有效保护。对此，有必要对其形成原因进行剖析。总体上来说，原因是多方面的。就其法律层面而言既有法律调整对象即我国少数民族语言文字本身的复杂性，也有法律规范层面上的原因。

### （一）我国少数民族语言文字的复杂性

我国极为复杂的民族语言生态，是目前少数民族语言文字发展与保护不佳的重要原因。其复杂性无疑为法律相应的调整制造了难题。分析这些问题能够帮助我们了解问题的症结，使我们明确未来民族语文发展和保护工作的方向，为未来的立法提供认知基础和前提条件。

1. 我国少数民族语言文字总量多、分布广，类型复杂

我国少数民族中除回族外，其他54个民族均有自己的民族语言，这些语言分属于"汉藏语系、阿尔泰语系、南岛语系、南亚语系和印欧语系等5个语系"②。在地域分布上，虽然主要分布在东北、西北和西南地

---

① 王隆文：《我国少数民族语言庭审翻译服务制度构建之探讨》，《中国翻译》2014年第3期。

② 李旭练：《少数民族语言类型使用现状调查分析》，《民族翻译》2013年第1期。

区,但这三个区域的面积却占据了中国面积的近一半,因而分布极为广阔。在语言类型学上,"有孤立语、屈折语和粘着语"①。在语言的使用与社会功能类型上,既有民族内部的通用语言和文字的民族语言类型,也有"有文字却无通用语言文字"的民族语言类型,还有"无文字"的民族语言类型。这些情况都增加了少数民族语言文字发展和保护的难度。语言分散广却保护力量有限,使得语言文字工作难以兼顾。语言类型多,使语言保护工作更为棘手:一方面,增加了我们对语言文字研究的难度,语言文字的发展和保护,需要先了解该语言的特点,尤其是那些迥异的语言类型,无疑增加对语言调查、了解和研究的难度;另一方面,不同语言类型,对保护方式提出了挑战,需要我们采取不同的保护方式,同时也增加了语言文字推广和教育的难度。目前,一些少数民族语言仍然处于无文字的状态,这给保护工作提出严峻挑战。有语言无文字意味着其无可视载体,只能通过口口相传的方式传承,这为该语言的教育、语言翻译增加了难度,因为口口相传的方式很容易出现语言异化和流失,尤其是在外来强势语言文字的影响下更容易发生;无通用语言则使该语言面临着保护对象选择的问题,即究竟以何方言为保护对象,在语言教育和翻译时以何方言为标准,这些问题的存在都增加了少数民族语言文字的保护难度。

此外,许多少数民族语言保护还面临使用人数少的困境。语言的使用人数决定着语言的价值。目前我国少数民族人口在50万以下的有33个,10万以下的20个,1万以下的有7个。② 在社会频繁交流的现代化时代,当一种语言的使用人口以万和千计时,意味着使用这种语言将给生活带来极大的不便,因而很容易降低原语者的语言自觉性,从而给语言发展和保护工作带来巨大困难。事实上,目前濒危语言大多是使用人数较少的民族语言,这也使得少数民族语言文字的发展和保护变得更为复杂。

2. 少数民族语言文字的复杂定位引发保护难题

方言的保护旨在保持最基本的文化多样性,但是对少数民族语言文字的保护则不能如此简单定位,因为它还有政治属性等其他各种相关因素。

---

① 李旭练:《少数民族语言类型使用现状调查分析》,《民族翻译》2013年第1期。
② 参见《中国少数民族人口数量排名》,世界人口网,http://www.renkou.org.cn/countries/zhongguo/2015/2633.html,2017年3月14日访问。

少数民族语言文字保护的定位,可以有不同角度。从国家和政府的角度来说,基本定位是为维护民族团结与和谐;从文化角度来说,可定位为保护文化遗产与文化多样性;从各民族自身的角度来说,则是民族和个人权利与民族情感和象征的重要内容。因此,多重的定位必然给少数民族语言文字的发展与保护工作带来较多的难题。首先,从国家或政府的定位——民族团结与和谐——来说,国家只需保护人数较多的少数民族语言文字即可,因为人数较少的民族难以对民族团结造成影响;同时,国家和政府并不反对少数民族语言同化为汉语,因为统一的语言文字更有利于民族团结与和谐,事实上国家也在少数民族地区推广普通话。如此,容易导致忽略对人数较少、影响较弱的少数民族语言文字的保护,容易忽略汉语对少数民族地区语言的同化。其次,少数民族语言文字同样具有多种民族方言,那么我们的保护仅限于通用少数民族语言还是也包括少数民族的各方言?尤其是对那些无通用语言文字的少数民族语言,是否都予以保护?从文化多样性的角度来说,最理想的显然是对各种少数民族方言都予以保护,这无疑会加大工作的难度。最后,从少数民族的语言文字权利来说,则需要为少数民族公民提供诸如语言文字教育、语言翻译等积极服务,这对于使用人数较多的民族语言文字来说也许并不困难,但对于使用人数较少的民族语言文字来说却并非易事。这些问题集合在一起,会使少数民族语言文字保护问题更为复杂。

3. 社会经济变革与民族杂居对少数民族语言文字保护形成冲击

社会经济变革和多民族杂居,是少数民族语言文字濒危的最主要原因。社会经济变革,各民族交往加深,语言相互影响。语言相互影响的直接后果,是弱势语言使用者逐渐选择接受强势语言甚至放弃自身语言。这一方面是因为出于交流与生活的方便;另一方面是受来自强势语言区的经济文化影响,少数民族语言文字难以适应社会经济的变迁文化交流。

民族杂居同样也影响着少数民族语言文字的发展与保护。在民族杂居地区,民族语言文字问题主要表现在:一是语言文字同化加速,许多少数民族受汉族及通用语言文字的影响转用汉语;二是杂居区的语言文字服务容易忽略少数民族语言文字。在杂居地区,政府、社会组织等社会主体,往往因为多数少数民族公民能够使用汉语识汉字,在语言文字行为中便只使用汉语言文字,许多场合不用双语执行公务,也不为少数民族提供翻译、双语教育及培训上也往往不受重视；少数民族公民也因为能懂汉语也很少去要求提供相关双语服务，逐渐默认单语事实。可见，在多民族杂居地区语言文字中最主要的问题是政府对双语的认识不够，少数民族对其语言文字权利也不够重视。语言的同化有利于人们在交流中方便沟通，省时省事，但对少数民族语言文字的保护却十分不利。

（二）少数民族语言文字法律制度的缺陷

尽管我国已初步具备一个多层次、多角度、跨部门的少数民族语言文字法律体系，然而实践中的实效并不理想且与立法预期不相符合。其中一个重要的原因就是，现行少数民族语言文字法律体系存在着一系列制度缺陷，尤其是其自身存在着根本性的缺陷。

1. 少数民族语言文字立法缺乏系统性，多碎片化

总体而言，我国少数民族语言文字法律体系存在着碎片化现象。目前，我国少数民族语言文字在法律层面上无统一和专门性规定，其规定主要是以《民族区域自治法》为基点，并通过其他涉及语言文字问题的法律法规作少许规定。这些规定看似多角度无空缺，实则漏洞百出。最突出的问题是，这些法律法规对少数民族的语言文字保护都是零星的规定，且大都只是附带性的规定，立法上对少数民族语言文字保护规定的零碎，一定程度上使得少数民族语言文字未能得到充分有效的保护。或许这种缺陷可以由自治机关依据《民族区域自治法》自行对少数民族语言文字进行专门立法来予以弥补，但这种立法途径仍然存在较大缺陷，它只能对少数民族语言文字的保护作出局部性规定，不足以从整体上作全面性保护的制度安排。这也容易导致民族语言文字发展和保护的不均衡。具体言之：

首先，《民族区域自治法》并没有要求自治机关必须对少数民族语言文字进行立法，从而使得那些缺少少数民族语言文字保护意识的自治区、自治州、自治县对少数民族语言文字缺少足够的保护。目前，在自治区中广西与宁夏①尚未对少数民族语言文字作专门立法；在自治州中，大部分的自治州亦尚未对少数民族语言文字予以立法，尤其是在非自治区的自治州，少数民族语言文字保护意识十分缺乏。如，湖南省湘西土家族苗族自

---

① 宁夏没有少数民族语言文字地方立法的原因可能是回族目前通用汉语。

治州在其城市语言文字工作的通知中，只字未提少数民族语言文字的问题，全篇只强调普通话和汉字①。这一文件在名称上统称为"语言文字"却完全忽略本地区少数民族语言文字，明显有失妥当。

其次，即便所有的自治区、自治州、自治县均对少数民族语言文字进行了立法，也不足以保护少数民族语言文字。这是因为，我国少数民族的分布并非是与自治区、自治州、自治县的划分完全对应的，在自治机关之外还有不少地区分布了许多少数民族。对于这些自治地方之外的少数民族的语言文字是否保护、如何保护，就面临着无法律依据的窘境，只能受到诸如三大诉讼法等的有限保护。此外，除了自治区、自治州、自治县，还有自治乡，自治乡既无立法权各方面的力量又有限。我们可以毫不夸张地说，试图通过自治地方立法而不在全国范围制定统一的少数民族语言文字法，将导致一些少数民族的语言文字权利处于保护的空白地带，尤其对那些人数极少的民族而言，因为他们整个民族分布在非自治区、自治州、自治县地区。如，赫哲族分布所在的黑龙江省的同江、抚远、饶河，都非自治州、自治县，其语言文字就在法律上无具体可操作的措施，实践中的"少数民族语言文字工作亟须有法可依"②。

可见，碎片化的少数民族语言文字法律体系使我国少数民族语言文字的发展和法律保护捉襟见肘，需要制定国家层面统一的少数民族语言文字法律，以确保在全国范围内所有的少数民族语言文字权利都能得到保护，从而实现各民族语言文字的均衡发展。

2. 少数民族语言文字立法缺乏操作性，多概括性、委任性规定

缺乏操作性，也是我国少数民族语言文字法存在的一个问题。缺乏操作性的原因，大致有二：

一是目前我国关于少数民族语言文字的法律规定，多为概括性、原则性规定。具体表现在：（1）《宪法》第 4 条宣告式地规定少数民族有发展和使用本民族语言文字权利，其原则性和概括性明显。（2）国家层级的关于少数民族语言文字的法律规定，基本上也是原则性与概括性的表述，

---

① 参见《湘西土家族苗族自治州人民政府办公室关于加强城市语言文字工作的通知》，州政办〔2006〕07 号。

② 王秀旺、吴崇九：《贵州少数民族语言文字工作亟需有法可依——云南省颁布实施〈少数民族语言文字工作条例〉的启示》，《贵州民族报》2013 年 5 月 27 日第 B01 版。

相关条文规定得十分粗略。比如,《教育法》规定"民族自治地方以少数民族学生为主的学校及其他教育机构,从实际出发,使用国家通用语言文字和本民族或者当地民族通用的语言文字实施双语教育"。对这一规定不免有如下一些疑问:实践中的"实际"情况是如何、"实际"情况又有谁来酌定?如果确定了应实施双语教育,又应如何开展?双语教育开展到何种程度、以谁为主谁又为辅?如果少数民族民众认为应该实施双语教育,学校及其他教育机构不实行双语教育,应如何处理?等等。这些问题,都表明该规定缺乏操作性。当然,我们也不排除一些法律中关于少数民族语言文字的规定具有较高的可操作性,如《法院组织法》及三大诉讼法中规定的少数民族可以使用本民族语言文字参与诉讼以及拥有要求翻译的权利,但总体而言欠缺可操作性。(3) 在一些关于少数民族语言文字的自治条例、单行条例和地方性法规中缺乏具体的操作性。这些自治条例和法规的规定虽针对具体问题,其规定却较为模糊。比如,关于民族语言文字学习、使用及研究的奖励与鼓励的规定,具体如何鼓励、奖励均未规定,导致实践中很少实施;另外,这些自治条例和法规大都缺少程序性规定,其操作性难免大打折扣。

二是我国关于少数民族语言文字的法律规定多为委任性规定。委任性规定由于其内容未明确,使得立法目标的实现必须依赖于其他具体规定,否则便难以实施,而其他具体规定可能还未出台或者永远处于尚待出台之中。目前,我国少数民族语言文字法律体系,无论是法律还是自治条例、地方法规中均有大量的委任性规定。如,《内蒙古自治区蒙古语言文字工作条例》第17条对语言文字津贴规定为"具体办法由自治区人民政府制定";又如,第22条"社会市面用文的具体管理办法由自治区人民政府制定",等等。此外,除一些明确的委任性规定外,还有许多隐形的委任性规定,即尽管没有明确规定"需另行规定",但实际上需要相关部门做进一步规定才能有效操作和实施。

3. 少数民族语言文字的责任条款少,缺乏强制性

我国少数民族语言文字保护不力、少数民族语言文字权利未能得到有效保护的重要原因之一,在于相关法律法规缺少强制性,在于法律法规的实施过于"疲软",许多规定未能落到实处。具体表现在:

一是现有少数民族语言文字法律规定多为任意性规定。任意性规定的

直接后果很可能令法律法规的规定沦为一纸空文。如，关于少数民族双语教学问题许多都是任意性规定，《民族区域自治法》第 37 条规定的"招收少数民族学生为主的学校（班级）和其他教育机构，有条件的应当采用少数民族文字的课本，并用少数民族语言讲课；根据情况从小学低年级或者高年级起开设汉语文课程，推广全国通用的普通话和规范汉字"，其中"有条件的""根据情况"实则是一种任意性规定。许多诸如"自治区努力发展……"的规定也实为任意性或宣示性的表达。

二是缺少法律责任规定。民族语言文字规定大多散见于其他相关法律之中，往往缺少法律责任规定；同时在自治条例与省级的专门性少数民族语言文字法规中，也缺乏法律责任规定。比如，在《西藏自治区学习、使用和发展藏语文的若干规定（试行）》中，关于法律责任的规定仅有一条：规定为"对不认真贯彻执行本规定，甚至玩忽职守的给予批评乃至必要的行政处分"，这种法律责任的规定其笼统程度不言而喻。新疆、云南、内蒙古三地的规定则相对较为详细，甚至规定了罚款等措施，但这些较重的法律责任基本上都是针对普通公民或组织，对政府机关等部门及其工作人员的法律责任规定则多为内部行政处分而无外部责任规定。事实上，少数民族语言文字工作中，最为需要的是政府部门积极履行保障义务，提供各项条件，完善措施。

## 第四节  少数民族语言文字法律体系构建与制度完善

基于我国民族语言文字法制与实践现状、问题及其原因的分析，特就我国少数民族语言文字保护立法提出如下一些建议。

### 一  制定全国统一的少数民族语言文字法

正如前文所述，我国碎片化的少数民族语言文字法律体系无法全面保护各个少数民族语言文字，令许多少数民族语言文字处于无法律保护的状态。有鉴于此，有必要制定全国统一的少数民族语言文字法律。制定全国性的统一法律，是为了确保所有的少数民族语言文字都能够受到保护，改变目前少数民族语言文字发展与保护不均衡的状态。制定全国性的少数民族语言文字法律，一方面可以使得非自治区、自治州、自治县的少数民族语言文字保护工作有法可依，①另一方面还可以避免部分自治地方因不积极制定少数民族语言文字条例（或法规）而导致该地区少数民族语言文字工作无法可依。制定全国统一的具有系统性的少数民族语言文字法，有利于改变现有民族语言文字工作零散的现状，确保工作的完整性、持续性并提高法律的操作性、实效性。

当然，制定统一的全国性的少数民族语言文字法，并不就意味着只有制定一部"少数民族语言文字法"的一种方案。事实上，也可以通过其他语言文字法律的制定一同予以规定。比如，可在《国家通用语言文字法》中设专章就少数民族语言文字作出规定，或者在"国家非通用语言文字法"中单独设章规定少数民族语言文字。

## 二 加强自治地方的少数民族语言文字立法

我国少数民族语言文字分布广、类型复杂，需要根据不同民族语言文字采取不同的保护方式，地方自治立法无疑是可以有效利用的立法资源和途径之一。我国实行民族区域自治，民族自治地方的自治机构具有制定自治条例或单行条例的立法权，自治机关可以根据自身情况对国家机关的决议、决定、命令和指示，予以变通执行或者停止执行。②这一制度，决定了少数民族自治地方可以根据自身情况对其区域内的民族语言文字予以立法保护，从而满足当地民族语言文字的发展与保护需求。目前，我国有少部分民族自治地方专门对民族语言文字进行了立法，还有许多自治地方尚未制定语言文字条例。可见，目前各自治地方亟须提升对少数民族语言文字的发展与保护意识，对各自区域内的少数民族语言文字情况开展调查，并根据情况予以立法。如此，才能充实我国的少数民族语言文字法律体系。

---

① 虽然非自治地方的少数民族语言文字不可能与自治地方的少数民族语言文字受到同样程度的保护，但毫无疑问是需要受到关注和保护的，那么究竟受到何种程度以及怎样的保护仍然是需要法律规定的。

② 参见《民族区域自治法》第20条。

## 三 提升我国少数民族语言文字立法质量

目前,我国少数民族语言文字法律法规及自治条例缺乏操作性、强制性,实效性不强。因而,需要从内容上予以完善,提高法律法规的质量。

### (一) 提高法的操作性

提高操作性是我国少数民族语言文字法制完善的重要任务。具体来说,一是需要对某些条款作更为具体的规定,而不是含糊的、概括性的简单规定;二是要减少委任性规定,尽可能地作直接规定,对确需委任的规定,应规定被委任机关制定具体规定的义务和合理的期限。当然,这需要提升地方机关的立法水平。

### (二) 制定和完善少数民族语言文字的技术规范

目前,我国少数民族语言文字的技术规范过少,而我国少数民族语言文字在技术上存在诸多的问题。如,有些少数民族无通用民族语言文字、无规范标准等问题,这需要抓紧为各个少数民族语言文字制定科学的标准,以促进少数民族语言文字规范化发展。这些工作的技术很强,不宜直接规定在语言文字法律法规或自治条例之中,需要单独制定语言文字方案或标准。

### (三) 规定明确的法律责任

法律规则的要素由假定条件、行为模式和法律后果等组成,其中法律后果是保障法律实效的关键因素。法律责任是具有强制性的否定性法律后果,是法律规定的行为人违反法律义务所应承担的责任。[①] 因此,法律责任是法律得到遵守和落实的重要保障。鉴于少数民族语言文字法的责任性程度较弱,无疑需要强化和健全法律责任制度。具体而言,一是需要增加国家机关的法律责任,改变目前法律责任缺乏或较弱的现状;二是要丰富法律责任的形式,改变目前国家机关及其人员只有内部行政处分责任形式的现状;三是明确承担法律责任的具体情况和条件,以增加法律责任的可追究性。

---

[①] 参见邓建宏《论法律责任》,《广西大学学报》(哲学社会科学版) 1988 年第 5 期。

## 四 建立和完善相关具体制度

从微观层面来说，我国少数民族语言文字法律制度还需要建立和完善相关具体制度。

1. 建立少数民族语言文字调查和预警制度

目前，我国少数民族语言文字被深深地卷入了社会经济变迁之中，其生存和使用状况也正处于变化之中，有些少数民族语言文字随时都有可能濒危，尤其是那些人数极少的民族语言随时都有灭失的可能。为了能实时掌握少数民族语言文字生态状况，防止民族语言文字灭失，有必要对各民族语言文字生存和使用情况予以调查。由于语言文字生态是不断变化的，因而调查工作必须制度化，以保证调查的长久与持续性。同时，还有必要建立民族语言文字预警制度。当调查中发现有民族语言文字达到某种危险状态时，便启动相关的特殊保护措施，从而建立起一道防止少数民族语言文字灭失的城墙。

2. 确立文字编制整理及濒危语言文字抢救机制

鉴于一些少数民族有语言无文字或无通用语言文字的状况，需要对无文字的语言进行文字创制，对无通用文字的予以规范化、标准化，这些语言文字工作的开展需要国家在人力、物力、财力上的全面支持。同时，有些少数民族语言虽然在中华人民共和国成立后已经创立了文字，但由于其文字发展较晚，其词汇量仍然十分不足或尚不够科学，不能方便使用，仍然需要国家继续帮助完善其文字，继续编制文字以丰富词料库。文字创制和整理也有助于濒危语言文字的抢救，是抢救语言的重要手段之一。不过，濒危语言文字抢救的最主要的方式，是通过建立语言文字的语料库、视听录音录像库。在这方面，国家需要抓紧对各濒危民族语言文字建档存档，避免民族语言文字灭失而无法挽救。当然，濒危语言文字最根本的抢救还是依赖于活态保护，活态保护则需要加强语言文字的教育和提升语言的使用率。

3. 完善少数民族语言教育制度

民族语言教育，既是少数民族的基本权利，也是民族语言文字活化保护的最重要方式。目前，我国少数民族双语教育在许多自治地方尚未实施或展开,双语教育中存在着不科学、效果不明显等问题。对此,需要在立法中明确双语教育制度。一方面,应规定所有少数民族自治地方均有受到双语教育的机会,每一个民族都能受到双语教育,尤其是那些人数较少且整个民族都生活在非自治地方的民族。另一方面,应将双语教育规范化,规定双语教育的最低年限、教育标准以及教材、教师等教育设施的要求。在这方面可以借鉴新西兰等地的少数民族语言教育经验:制定少数民族语言教育教学目标;① 借鉴我国台湾地区等地的经验建立少数民族母语能力测试和认证制度,从而避免双语教育的盲目、无序。

4. 强化和创新公共服务与社会应用领域的双语服务制度

公共服务和社会应用中的语言文字使用选择,会直接影响到当地不同语言文字的命运,也会影响到不同语言群体其他权利的享有。目前,我国法律规定了自治地方国家机关工作人员在公务活动中应使用双语,一些自治地方自治条例或单行条例中也规定了社会用字的双语要求,但是实践中远未落实。有鉴于此,必须完善双语责任制度。一方面,规定国家机关未贯彻使用双语的责任,不能因为该地区的少数民族基本会汉语文就不在公务、公文等公共行为中使用双语;另一方面,规定民族地区公共场合社会用语用字的双语责任。当然,双语责任的实施到位需要有观念上的转变,国家工作人员不能认为少数民族懂汉语识汉字就可以忽略他们的权利,应该认识到使用双语不仅是尊重少数民族的权利,同时也是保护该民族语言文字的重要方式,而且在少数民族地区使用双语本身亦是一种人文景观,可以形成该地区的人文景观特色。

此外,少数民族语言文字还可以通过创新使用方式来提升影响力。这方面,可以借鉴新西兰对少数民族语言文字的保护方式。在新西兰,在各种盛大仪式、会议上的开头和结尾均会用毛利语致辞。② 如此,不仅使少数民族能有机会在重要场合使用其语言文字,更能够增强该语言文字的自信,促进该语言文字在本地区的传播力度,使人们不会轻易抛弃。

5. 完善少数民族语言文字翻译制度

翻译是不同语言文字之间沟通的桥梁。在公共活动中,翻译的提供及

---

① 参见李桂南《新西兰少数民族语言政策介绍》,《当代语言学》2012 年第 1 期。
② 李桂南:《新西兰少数民族语言政策介绍》,《当代语言学》2012 年第 1 期。

翻译质量的好坏,直接影响少数民族民众公共活动的参与程度及相关权利的享有。鉴于少数民族语言文字翻译在诉讼和庭审中存在翻译不统一、不规范,翻译人员资质欠缺,缺乏监督、翻译人员追责力度不足等问题以及许多新词语、新事物难以翻译的困境,需要建立和充实少数民族语言文字翻译制度:一方面规定翻译的本体问题,如翻译人员的资格水平、培训考核体系、翻译责任追究、翻译词库的更新等问题;另一方面规定翻译的使用情形和场合,包括必须提供翻译的情形、其他翻译援助以及确保市场需求的翻译供应等问题。

6. 建立语言文字权利救济制度

社会主流语言的使用权利能够受到一种自觉的保护,但少数民族作为社会的少数人,其语言文字权利往往容易被主流语言所侵蚀,因而少数民族语言文字权利的救济就显得十分重要。语言文字权利既有消极权利成分又有积极权利成分,而积极权利需要国家的积极义务来满足,因此对积极权利的救济实则要求国家履行积极义务。这就需要制定一个合理的权利救济范围和适当救济方式,以兼顾少数民族语言文字权利和国家的保障能力。具体而言,对于消极权利即不当限制少数民族语言文字权利的行为,应该提供彻底的救济,允许申诉、行政复议、行政诉讼等救济方式;对于积极权利中最基本的权利的救济也应是彻底的,如双语教育、公务及诉讼中的翻译服务,应允许行政复议、行政诉讼和申诉。不过,考虑到不同地方的情况不同,双语教育、双语公务的救济宜由地方性法规、自治条例或单行条例结合本地区的实际情况作出规定。

7. 创立少数民族语言文字产业、文化研究促进制度

在语言文字与文化之间,人们更关心的往往是语言文字所承载的文化内容,而并非是语言文字本身。因而,某一文化的丰富程度及吸引力的大小将影响到其载体——文字的使用率。支持和鼓励少数民族语言文字产业和文化事业发展,既是保护少数民族语言文字的重要方式,也是落实宪法规定的文化政策的要求。《中国的民族政策与各民族共同繁荣发展》白皮书、《少数民族事业"十二五"规划》都明确了保护和发展少数民族文化的目标。但仅停留在政策或规划层面是不够的,还需要在立法中予以确立,创设相关制度并实施。具体来说,我们应继续加大对少数民族语言文字研究的投入,鼓励挖掘和出版少数民族传统文化产品,支持少数民族语

言文字影视产业发展,大力促进少数民族语言文字文化的信息化发展等。

少数民族语言文字既是少数民族公民的语言文字权利,也是其民族的象征,还是中华传统文化的重要组成部分。少数民族语言文字的发展和保护,自中华人民共和国成立以来取得不少的成就,也建立了一个初步的法律体系。但是,我国少数民族语言文字法律体系还存在着碎片化、缺乏强制性、缺少法律责任等问题;实践中面临着少数民族语言文字萎缩、濒危的现象,存在少数民族语言文字权利未能得到有效保护的问题。对此,我们有必要制定全国性、系统性、专门性的统一的少数民族语言文字法,使所有少数民族的语言文字都能得到一体性的保护;同时利用民族自治地方的立法权,制定更切合各自地方、民族的地方语言文字法;完善少数民族语言文字保护的各项具体制度,使少数民族语言文字工作能够更具有操作性,从而切实有效地保护和促进少数民族语言文字的发展。

# 第四章 手语盲文立法研究

现阶段，我国有一千多万盲人和两千多万聋人。盲文和手语作为视听障碍者的语言文字，是他们认识世界、与外界沟通的主要途径。手语盲文权利是视听残障者的基本人权之一。虽然自然手语自古有之，但标准手语却是晚近才开始形成和发展起来的；① 盲文19世纪也开始在中国兴起，中华人民共和国成立之后开始得到全面发展。中华人民共和国成立后，手语盲文都得到了快速发展，取得了突出的成绩，但是我国手语盲文仍然存在着诸多问题，视听障碍者尚不能借此方便地生活和实现自我发展。有鉴于此，有必要审视我国手语盲文的法制现状、实践应用情况，剖析其问题，并提出相关法律制度构建建议。

## 第一节 我国手语盲文的法制现状与主要问题

我国虽然没有专门关于手语盲文的法律、法规，但是在与残疾人相关的法律规范及部分语言文字法律规范中存在一些涉及手语盲文的规定；同时，在规章、规范性文件中，也有手语盲文的专门性规定，只是规定并不系统。此外，一些残疾人政策和语言政策中亦有关于手语盲文的规定或规划。考虑到政策作为非正式法律渊源，尤其是在法律欠缺的情况下所起的规范和引导作用，因而本部分在讨论手语盲文法律规定现状时也一并将相关政策纳入讨论。

---

① 手语分为自然手语和标准手语，自然手语是聋人之间自然形成的手语，标准手语则是经规范的能够在聋人及健听人之间交流的语言，下文将具体述之。

## 一 手语盲文的法制现状

### (一) 法律规范现状

1. 宪法依据

我国现行《宪法》并无直接关于手语盲文的规定。不过，我们可以从《宪法》关于教育和社会保障的条款中找到手语盲文相关的宪法保障依据。首先，《宪法》第 19 条规定"国家发展社会主义的教育事业，提高全国人民的科学文化水平。国家举办各种学校，普及初等义务教育，发展中等教育、职业教育和高等教育，并且发展学前教育。国家发展各种教育设施，扫除文盲……"根据我国《宪法》的人人平等原则，视听障碍者的教育、科学文化也是国家教育事业的一部分，而手语盲文是视听障碍者主要的学习途径，故国家发展手语盲文事业是《宪法》第 19 条规定的内容。其次，《宪法》第 45 条更进一步、更直接地对包括视听障碍者在内的残疾人的教育问题作出了规定："……国家和社会帮助安排盲、聋、哑和其他有残疾的公民的劳动、生活和教育。"其中，第 45 条中的"帮助安排"，体现了视听障碍者的积极权利。由此也预示着，如果未来制定手语盲文法应将其定性为保障法或促进法。

2. 法律法规规定

目前，我国尚无关于手语盲文的专门立法，在一些专门的语言文字法律规范中也无关于手语盲文的规定。关于手语盲文的立法，基本上体现在与残疾人相关的法律法规中，这些立法主要有《残疾人保障法》《无障碍环境建设条例》（下文简称《无障碍条例》）以及《刑事诉讼法》等。这些规定具体表现为：

一是关于残疾人权利的规定。有些法律法规中规定了残疾人的一些权利，而这些权利对视听障碍者来说需要借助手语盲文才能实现。这类规定在《残疾人保障法》中较多，如该法第 4 条统领性地规定"国家采取辅助方法和扶持措施，对残疾人给予特别扶助，减轻或者消除残疾影响和外界障碍，保障残疾人权利的实现"；在其第三章的"教育"、第五章的"文化生活"、第七章的"无障碍环境"的规定中都有许多需要通过手语盲文才能充分实现的具体权利（如第二章第 12 条规定"国家保障残疾人享有平等接受教育的权利"），这些规定都为手语盲文的发展提供了相应的法律依据和制度保障。

二是关于手语盲文的明确规定。《残疾人保障法》与《无障碍条例》中不乏关于手语盲文的直接规定。如，《残疾人保障法》第29条规定，政府有关部门应当组织和扶持盲文、手语的研究和应用，编写和出版教材，研制、生产和供应特殊教育教学用具及其他辅助用品。该法第43条第2项、第3项，规定了对盲文读物的保障和扶持，包括编写出版以及图书馆的服务，电视节目的手语和字幕要求等问题。该法第54条规定，国家举办的各类考试中应当采取各种措施保障盲人的顺利参加。该法第55条规定，公共服务机构和公共场所应当创造条件，为残疾人提供语音和文字提示，提供手语、盲文等信息交流服务。《无障碍条例》关于手语盲文的规定，体现在视听障碍者在交流信息和获得相关服务等方面的规定上，该条例对《残疾人保障法》第7章规定的"无障碍环境"作了少许补充，其规定内容较之《残疾人保障法》更为具体，但差异并不大。另外，《刑事诉讼法》第119条规定的"讯问聋、哑的犯罪嫌疑人，应当有通晓聋、哑手势的人参加，并且将这种情况记明笔录"，也可以被理解为聋哑人在讯问中享有接受手语翻译的权利。

此外，这些法律法规还规定了：视听障碍者生活活动所涉及的具体领域，如图书阅览、电视节目等方面；关于保障主体及应实施的保障措施；宏观层面的保障措施，如县级以上人民政府及相关部门应"将残疾人事业纳入国民经济和社会发展规划""将残疾人事业经费列入财政预算，建立稳定的经费保障机制"，等等。总体来说，《残疾人保障法》《无障碍条例》规定的内容基本上涉及视听残疾人的生产生活及发展所需的各个方面，包括信息时代所需要的电信和网络领域[①]。从立法形式上来看，我国现行法制是基本上能够保障视听残疾人生产生活的。

---

① 参见《无障碍条例》第23条："残疾人组织的网站应当达到无障碍网站设计标准，设区的市级以上人民政府网站、政府公益活动网站，应当逐步达到无障碍网站设计标准"；第26条："电信业务经营者提供电信服务，应当创造条件为有需求的听力、言语残疾人提供文字信息服务，为有需求的视力残疾人提供语音信息服务。电信终端设备制造者应当提供能够与无障碍信息交流服务相衔接的技术、产品。"

3. 技术法规、规章及技术指导性文件

手语盲文作为一种交流工具，与其他语言文字一样不可避免地涉及诸多技术性问题。手语盲文作为近代才兴起的语言文字，还显得十分不成熟，技术性问题较为突出。目前，关于手语盲文的技术规定中，在形式上有规章、规范性文件以及一些指导性质的政策文件。在内容上，主要可分为三类：一是关于手语盲文规范化、标准化的指导性文件。比如，《聋人汉语手指字母方案》《聋哑人通用手语草图》《汉语拼音手指字母》《新盲字方案》《聋哑人通用手语图》《盲文民族器乐符号》《盲文数、理、化符号》《带调双拼盲文方案》等，均旨在为规范化、标准化手语盲文的使用以及为手语盲文确立更加科学、可行的方案。二是规定手语盲文相关从业人员及教学标准的规范。比如，《手语翻译员国家职业标准》是为手语翻译员制定的标准，《特殊教育教师专业标准（试行）》第55项规定了教师应能"正确使用普通话和国家推行的盲文、手语进行教学"。三是关于方便视听障碍者的技术规范。比如，信息产业部发布的《信息无障碍身体机能差异人群网站设计无障碍技术要求》。

这些技术性规范和指导文件，对我国手语盲文事业的系统发展起到了重要作用，也体现了我国手语盲文的发展历程。同时，这些技术规范和指导文件也有其不成熟的一面。手语盲文方案的频繁更新，也印证了目前手语盲文的不稳定、不成熟现状。

(二) 政策现状

目前，我国手语盲文的政策集中体现在《国家中长期语言文字事业改革和发展规划纲要（2012—2020年）》《国家手语和盲文规范化行动计划（2015—2020年）》《特殊教育提升计划（2014—2016年）》等几个规划（计划）中，前两者基本上都是强调手语盲文的规范化和推广问题。《国家中长期语言文字事业改革和发展规划纲要（2012—2020年）》是对我国整个语言文字事业的规划，对手语盲文只是部分涉及。其中，在第二章"目标和任务"的"推进语言文字规范化标准化信息化建设"的目标中提出了制定"通用手语和通用盲文标准"；在第三章的"语言调查"中提及"调查手语、盲文等特殊语言文字使用情况，制订完善手语、盲文规范标准"；在第三章的"督查服务"中，提出了"手语盲文规范和推广"，并详细强调了要"加快手语、盲文规范标准研制""推广运用""提供相关手语盲文的服务""加强手语盲文基础研究",等等。《国家手语和盲文规范化行动计划（2015—2020年）》基本上是对前一规划纲要的细化，并制作了具体的路线图和日程表，计划从四个方面实现手语盲文的规范化：（1）加快推进手语盲文规范化信息化建设；（2）大力推广国家通用手语和国家通用盲文；（3）积极开展手语盲文科学研究，加强学科建设和人才培养；（4）加强推广国家通用手语和通用盲文的法律保障。此外，还设计了一些保障条件：建立健全工作机制、加大经费扶持力度、加强手语和盲文研究和推广基地建设。《特殊教育提升计划（2014—2016年）》则提出了"使每一个残疾孩子都能接受合适的教育"的目标，在三年内初步建立布局合理、学段衔接、普职融通、医教结合的特殊教育体系，建立起以财政为主、社会支持、全面覆盖、通畅便利的特殊教育服务保障机制，基本形成政府主导、部门协同、各方参与的特殊教育工作格局。该计划所主张的教育目标，虽然没有具体到手语盲文的教育问题，但手语盲文作为特殊教育的应有内容，必然随着该计划的实施会有所提升。除以上文件外，还有一些关于残疾人问题的政策文件也涉及手语盲文的使用。比如，《中国残疾人事业"十二五"发展纲要》中提到盲人阅读问题，包括公共图书馆的盲文阅览及盲人读物的出版问题，以及信息无障碍的规划问题，等等。

总的来说，这些政策比较全面地规划了手语盲文的发展问题，体现了国家对视听障碍者的人文关怀，表明我国手语盲文事业将有序发展。同时，这些政策所强调或所规划的事项也在一定程度上揭示了我国手语盲文的现状：不规范、不统一、不科学，难以满足视听障碍者阅读和表达的需要；也表明国家已经认识到了手语盲文的困境和重要性，并试图改变现状。

## 二 我国手语盲文事业发展存在的主要问题

在为手语盲文的法制成绩感到高兴的同时，也应认识到我国手语盲文法制还存在种种不足。目前，我国手语盲文事业发展存在的问题，既有法律制度方面的问题，也有在实践中产生的问题。

（一）手语盲文法制建设存在的主要问题

1. 无专门的语言法性质的立法规定

所谓无专门的语言法性质的立法，是指在立法上手语盲文尚未被当作一种语言文字来对待，其语言地位未被充分肯定。目前，关于手语盲文在法律法规层面上没有专门的语言法性质的立法，有关手语盲文的规定大多体现在与残疾人相关的社会保障法中。在这些社会保障法律法规中，多是间接性地规定手语盲文，即使直接涉及手语盲文的规定，也多是概括性地要求相关部门采取相关措施保障聋人盲人的权利。这种立法方式的不足在于：一是手语盲文规定在其他法律法规中注定会篇幅有限，手语盲文的规定不可能全面和详尽；二是手语盲文终究是一种语言文字，有其特性，而且还需要获得技术等方面的支持，因而需要授权其他低级别的规范详加规定或与上位阶法配套衔接；三是手语盲文尚不成熟，还需要立法确定专门的机制去推动手语盲文发展，同时手语盲文的推广也需要专门的制度保障。因此，非专门的语言法性质的立法不足以满足当前手语盲文的发展需要。

2. 手语盲文规范呈现出碎片化现象

目前，手语盲文规范十分不系统，碎片化现象明显。不仅在法律法规层次方面无专门的语言立法，在体系上和内容上都存在不系统的问题。在规章及其以下的规范性文件中，有关手语盲文的问题，几乎都是零散的个别化规定，各不同规范之间也没有形成协调统一的体系。不系统、碎片化的问题，使得实践中各项手语盲文工作的开展难以有序和持久。

3. 技术规范不科学、操作性不强

目前，专门的手语盲文规范主要是手语盲文的技术规范。通常来说，较低层级的规范具有较强的操作性，但有关手语盲文的技术规范的操作性却不强。比如，《手语翻译员国家职业标准》的规定极为粗略，基本上只简单地规定了手语翻译员的五个等级要求，而对手语翻译员测试的具体标准、考试程序、方法，乃至考官的要求均未作具体规定。技术规范的不科学，体现在手语盲文方案中仍然存在许多歧义和使用不便，如《聋人汉语手指字母方案》《聋哑人通用手语草图》《汉语拼音手指字母》《新盲字方案》等方案仍然难以帮助视听障碍者实现充分的交流和信息获取（下文将具体述及）。

(二) 我国手语盲文实践中存在的问题

在法律规范中基本上是对手语和盲文一同规定，而在实践中手语和盲文则是分别进行的，这是由手语和盲文的使用人群不同以及呈现方式不同

(前者为语言，使用者为聋人；后者为文字，使用者为盲人）决定的。实践中，二者既有相同之处，也有各自的特点。

1. 我国手语实践中存在的问题

中华人民共和国成立以来，手语发展虽然取得不少成绩，但我们仍能发现手语在实践中还存在诸多问题。

（1）不正确的手语观念

手语观念是人们对手语的认识，它会直接影响手语的发展。目前，我国手语观念集中体现在对手语地位问题的认识上：中华人民共和国成立以来，国家较为重视发展手语，手语也确实取得了进步，但是"在中国，手语的语言资格却并未得到学术界的公认"[1]，法律上也是如此。公众对手语的看法，也大多认为其只是聋人无奈的替代交流方式，而未被视为一种语言，事实上"手语跟有声语言一样是自然产生的，按照自身的语法规则表达信息"[2]，它是聋人的自然语言。在不正确观念之下，"手语没有受到语言学界的足够重视"[3]，语言学界对手语的关注也较少，研究手语的高校和研究机构也屈指可数。不过，近年对手语的研究逐渐增多，如中州大学等学校开始专门研究手语并招收手语专业的学生。但总体来看，社会对手语的观念认识仍然有待提升。

（2）手语创制、编写与规范化面临难题

手语，分为标准手语（conventional sign language）和自然手语（natural sign language）。[4] 自然手语是聋人之间自然形成的一种沟通语言，而标准手语是健听人与聋人之间沟通的语言，是需要健听人与聋人共同学习的规范化的语言。[5] 与自然手语的自然形成不同，标准手语是需要进行专门的创制和编写。在实践中，标准手语通常是由健听人创制和编写，是参照健听人所使用的语言文字及语法创制和编写，因此中国的标准手语又称为手势汉语。中华人民共和国成立至今，我国标准手语经过多年的努力和试

---

[1] 郑璇：《中国手语的语言地位》，《听力学及言语疾病杂志》2009年第6期。
[2] 余晓婷、贺荟中：《国内手语研究综述》，《中国特殊教育》2009年第4期。
[3] 余晓婷、贺荟中：《国内手语研究综述》，《中国特殊教育》2009年第4期。
[4] 王东：《自然手语与规约手语之研究》，《中国特殊教育》2003年第3期。
[5] 李凯、张书珍、袁甜甜：《中国手语数据库建设的构想》，《绥化学院学报》2014年第4期。

行,已制定了《中国手语》词典,形成了中国的标准手语,使手语的规范化推广有了依据和前提。然而,由于我国手势汉语发展较晚,《中国手语》存在一些不成熟和不科学的地方,主要表现在:一是存在一个手语多词、一种手势多意、同字不同手势、相近手语易混淆、手语不统一、有些手势太复杂等问题;① 二是自然手语和标准手语两个系统缺少联系,导致聋人和健听人之间的手语沟通出现障碍,以至于"不少健听人教师学会了《中国手语》,但打出的手语聋生还是看不懂,电视节目中手语翻译大多按《中国手语》规范打,但社会上聋人多数看不懂,也就不愿意看"② 的情况;三是由于手势汉语根据汉语创制的这一特点,使得《中国手语》目前经常遇到一些新词而无手势的情况,《中国手语》面临着"词汇量不够,抽象词汇太少"③ 等问题,需要增加词汇。

  手语的创制和编写还涉及规范化(或标准化),规范化是手语创制和编写的主要目标。手语和其他语言一样,不同地方存在不同手语,各地手语相差较大。尽管《中国手语》在全国推广多时,但是由于《中国手语》存在的上述问题以及推广本身的力度有限问题,目前中国手语远未实现规范化。

  (3) 手语的社会服务和公共服务存在着供需不对接

  聋人作为少数人群,在生活中面对的基本上是健听人所设置、安排的各种设施和活动。聋人由于其语言特殊性,要享受这些设施、参与这些活动,需要我们在这些设施和活动中提供配套的手语服务或字幕。手语服务主要体现在手语翻译上,即在各种公共服务及大型活动中,参加者多为健听人且使用有声语言,因而需要翻译为手语才能为聋人所接受。目前,比较典型手语翻译需求有两个方面:一是日常活动中的手语翻译,如课堂、会议、法庭诉讼等场合的手语翻译;二是电视节目中的手语翻译,当今时代电视是人们获取资讯和休闲的重要方式,因而电视节目的手语翻译显得尤为重要。

  ①手语翻译

  2008 年,人力资源和社会保障部批准了《手语翻译员国家职业标准

---

① 参见江小英《对〈中国手语〉修订意见的调查报告》,《中国特殊教育》2003 年第 3 期。
② 沈玉林:《手语多样性、标准化及手语语言建设的问题与思考——从荷兰 CLSLR2 会议看中国手语规范化工作》,《中国特殊教育》2008 年第 6 期。
③ 江小英:《对〈中国手语〉修订意见的调查报告》,《中国特殊教育》2003 年第 3 期。

（试行）》。从此，开始了我国手语翻译的职业化，手语翻译专业开始在个别高校设立，① 越来越多的机构和部门开始专门聘任手语翻译员或对业务人做手语培训，以提高对聋人的服务，② 手语翻译越来越多地呈现出职业化发展迹象。可以说，国家和社会越来越意识到手语翻译对聋人权利的保障意义，尤其是在经历了2008年北京奥运会与2010年的广州亚运会后，政府更加重视手语翻译制度的建设和服务的提供。③

在手语翻译迅速发展的同时，我国手语翻译仍然存在很多问题，还不能满足聋人的基本需求。首先，手语翻译员数量远不能满足聋人的需求④，高水平的翻译员更是稀少；其次，"我国手语翻译职业化缺乏专业的评价标准，手语翻译亟待等级认证"⑤，手语翻译培训、测试和鉴定体系不成熟，测试标准、考官资质要求不明确；再次，手语翻译水平低，翻译员经常在"翻译过程中出现了信息流失量过大、专有名词处理不当、手语口译效果欠佳、表情语言表达能力欠缺等问题"⑥，使聋人不能很好地接收到相关信息。最后，更重要的是许多公共服务机构目前仍然未形成提供手语翻译的意识，实践中提供翻译服务的公共服务机构也寥寥无几，即使有提供翻译的也只是运动式的偶尔开展，远未形成长久的稳定机制。

②手语电视节目

电视节目，是聋人及时接受外界信息和享受现代娱乐休闲的主要途径。对于聋人来说电视节目配备了手语与字幕，才可理解电视节目内容。手语和字幕都能帮助聋人理解电视内容，但是字幕只能满足受教育程度较

---

① 目前我国设立手语翻译专业的大学有南京特殊教育职业技术学院与中州大学。
② 如福建省莆田县医院开展过医务人员学手语活动，又如中国银行四川省分行挂牌"手语服务示范网点"，分别参见飞兵、爱心《勤学手语，服务聋人》，《中国残疾人》2001年第9期；李凌清、易敏《成都在西南率先推出银行手语服务》，《成都日报》2009年8月14日第A05版。
③ 如2011年广州市手语研究会与培训中心编写了《广州市手语翻译员职业资格培训》五级和四级教材。参见彭飞扬《手语翻译员职业技能培训与专业人才培养的思考》，《新课程学习》（下旬）2015年第9期。
④ 参见太原《手语翻译少，聋人生活多不便》，《中国残疾人》2013年第6期。
⑤ 黄丽芳：《中国手语翻译职业化存在的问题及对策》，载《福建省外国语文学会、福建省外国语文学会2013年年会暨海峡两岸翻译学术研讨会论文集》，2013年，第13页。
⑥ 孟繁玲、关雪松、王俊珍：《基于实践的手语翻译问题与解决途径——关于第七届世界手语大会手语翻译问题的反思》，《现代特殊教育》2015年第4期。

高的聋人，而聋人大多受教育水平不高，所以手语和字幕在电视节目中需要合理安排，不能因为方便而完全只采用字幕。目前，在《残疾人保障法》《无障碍条例》等法律法规和政策的推动下，全国范围内电视节目的手语服务逐年增多。"根据中国残疾人联合会的数据，截至2012年底，我国省级电视台开播服务听障人士的手语新闻栏目30个，28个省建立了省级残疾人事业新闻宣传促进会；地市级电视台播出手语新闻栏目184个，建立地市级新促会115个。"① 电视节目尤其是新闻栏目提供手语服务，能够帮助聋人获取新闻资讯、娱乐消遣和学习知识，方便生活、丰富物质和精神文化。

在电视手语节目日益重视聋人服务且规模不断扩大的同时，仍然存在许多问题。首先，在已提供的手语节目中，翻译内容不准确，② 许多手语手势不能被聋人所理解和明白，③ 这既有手语主持人手语水平欠缺的原因，也有"中国手语"自身不成熟的原因。其次，手语和字幕在新闻类和直播类节目中普及率不高，尤其是直播类节目几乎没有手语和字幕提供，即使在新闻类节目中提供的手语和字幕也不系统、不连贯，经常出现信息缺漏的现象。再次，手语节目存在一些技术问题。如，手语主持人译员屏幕偏小，导致受众视觉疲劳，④ 字幕清晰度不够，字幕出现的速度和时间不准确⑤。此外，目前一些已经成熟的数字电视的隐藏字幕技术在电视节目中应用较少，没有可供聋人选择的特殊字幕。最后，聋人社群所需的一些专门的新闻内容、专门的节目十分缺少。⑥ 聋人群体与健听人各自的文化特征不同，对社会的关注也不同，因而有些电视内容即使为聋人提供了手语服务，但也未必是聋人所需要的，从而导致供与需的错位。

2. 我国盲文实践中存在的问题

盲文实践同手语一样，其实践进程和状态与手语发展实践有许多相同

---

① 高原：《听障人士公共电视服务研究》，《东南传播》2014年第5期。
② 白瑞霞：《关注手语电视新闻，共促社会和谐发展》，《中州大学学报》2013年第3期。
③ 据央视手语新闻收视调查显示：聋人中78%—89%只能理解手语新闻中不足60%的手语。参见黄丽芳《中国手语翻译职业化存在的问题及对策》，载《福建省外国语文学会、福建省外国语文学会2013年年会暨海峡两岸翻译学术研讨会论文集》，2013年，第13页。
④ 白瑞霞：《关注手语电视新闻，共促社会和谐发展》，《中州大学学报》2013年第3期。
⑤ 参见高原《听障人士公共电视服务研究》，《东南传播》2014年第5期。
⑥ 参见沈玉林《台湾与大陆电视手语新闻的比较》，《传媒观察》2015年第5期。

之处。比如,在手语盲文的创制和编写方面,盲文与手语一样尚处于不成熟期。中华人民共和国成立后进行了几次盲文研制,但是目前盲文仍然存在标调不科学、一形多词、一词多形,阅读时盲文经常需要根据上下文猜测读音等问题。① 盲文除文字创制环节外,最为重要的是盲文出版和盲文服务的提供。其实践中的问题主要表现为:

(1) 盲文的出版未能满足盲人阅读需求

盲文作为一种文字,必须借助一定的有形载体,这涉及盲文读物,而盲又是通过触觉来阅读的,因此盲文的出版物不同于普通人阅读的出版物。盲文的出版之所以会成为一个焦点,是因为相对于普通读物,盲文读物受众少,导致盲文出版社少,而且盲文的出版需要先将普通出版物的内容翻译为盲文。目前,盲文出版取得了较快发展。这些发展表现为:一是已经设立了一些专门的盲文出版社,推出了诸如《中国盲童文学》《盲人月刊》等专门的盲文期刊和盲文报刊,一些普通期刊也推出了盲文版,制定了一些盲文教材和盲文词典;二是盲文的出版数量大大增加,各类资金投入增加;三是盲文出版的研发在新科技领域开始出现,如在计算机系统②、电信系统中已开发盲文版。

在盲文出版迅速推进的同时,也存在着一些问题:一是盲文出版社较少。出版物尽管数量增加,但盲人人均出版物数量少,几乎平均约"3万盲人拥有1种盲文书"③。二是盲文出版物数量品种少、内容滞后,大多是工具类书,而休闲类、IT类、经济类较少,尤其是实效性强的读物更加稀少。④ 三是盲文出版物获取渠道十分有限,市场上难以购买到,基本上只能通过出版社点对点邮寄。近年来伴随着电子商务的发展,网上书城开始销售盲文出版物,但是仍然存在问题。网上书店并没有明确标识待售图书是否是盲文书,盲文书与普通书混杂在一起,不利于人们购买,而且盲文书总量也少。四是盲文书目翻译少,因而可出版物也少。

---

① 参见钟经华、肖航、张海丛等《基于盲文语料库的现行盲文标调研究》,《中国特殊教育》2015年第6期。

② 参见李兆琪《中国盲文出版社研制开发"阳光"系列软件》,《中国新闻出版报》2002年11月21日第2版。

③ 孔维荣:《中国盲文出版物的现状及问题》,《青年记者》2010年第23期。

④ 参见孔维荣《中国盲文出版物的现状及问题》,《青年记者》2010年第23期。

五是盲文出版成本高，盲文出版基本为公益性质，盲文出版资金短缺。此外，盲文的出版还面临着书籍厚重不方便携带的问题，这主要是因为盲纸的技术问题（盲纸较厚），以及盲文书写的间隔符太大导致每页盲文能书写的盲字少。总体来说，目前盲文出版仍然不能满足盲人阅读的基本需求。

（2）盲文的公共与社会服务

随着经济与社会的发展，我国对盲人权利日益重视，国家与社会越来越多地在不同场合为盲人提供盲文服务，以满足盲人的出行、办事和交流需求。这些服务主要体现在以下几个方面：一是在盲人的阅读服务上，国家和政府在不同层级和不同地区建立了一些盲文图书馆，不少公共图书馆也设置了盲文阅览室。比如，2011年6月建立了"中国盲文图书馆"，①面向全国盲人提供借阅服务，又如杭州图书馆建立了盲文分馆。二是在各类公共场合设置了盲文标识牌，如北京、天津乃至一些小城市②在公交站台设置了盲文线路图。三是在一些重要商品物品中配置盲文。如，部分药房在药品包装上写有盲文，以方便盲人购买。③ 这些并未完全概括和列举的实践成就都表明我国对盲人人文关怀的进步。

同样，问题与进步并存。这些问题主要有：（1）盲文图书馆数量少，且仅限于部分城市。即使是已开设的盲文图书馆，也由于其盲文"书少且比较陈旧"④，导致图书馆很少有人光顾，而在其他普通公共图书馆设置的盲文阅览室则经常存在"服务人员意识与技能欠缺，残疾人专门阅览空间建设欠规范化"⑤等诸多问题，使得盲人不愿意前往。（2）在大部分的商品中，几乎没有盲文的标识，前文的部分药房在药品中标有盲文的事例也只是个别案例。（3）在公共场所，许多重要标识缺少盲文提示。如，大多数的红绿灯缺乏盲文或语音提示，使得盲人不能独立完成生活上

---

① 《让盲人"看见"世界——中国盲文图书馆见闻》，新华网，http：//news.xinhuanet.com/2012-05/10/c_123110043_3.htm，2017年3月2日访问。

② 如襄樊市。参见张文华《公交车站设置盲文站牌》，汉江网，http：//www.hj.cn/html/201012/18/1812286812.shtml，2017年3月2日访问。

③ 张铁鹰：《药品包装印盲文不算难》，《健康报》2007年5月29日第3版。

④ 严运涛：《开馆半个月 鄂首个盲文图书馆遇冷》，《湖北日报》2004年7月2日。

⑤ 王素芳：《从物理环境无障碍到信息服务无障碍：我国公共图书馆为残疾群体服务现状调研及问题、对策分析》，《图书馆建设》2010年第11期。

的诸多事务。(4) 盲文在新技术领域也远没有达到盲人的适用要求,"目前相当多的网络产品还不是真正意义上的无障碍产品,盲人在网络上遇到的障碍还是很多的"①,网络图片、影像还不能转换为盲人所能接受的文字。此外,盲人的书写和学习缺少基本的设施和条件。比如,由于盲文用纸贵,盲人面临着盲文纸张紧缺,购买不起盲文书写纸等。②

## 第二节 手语盲文问题的原因分析

引发上述手语盲文实践问题的原因是多方面的,这些原因主要有以下几个。

### 一 手语盲文作为沟通工具的特殊性

语言文字是人类在生活和劳动中发展起来的,其形成经历了一个长期的过程,语言文字体系包罗万象,语言"文字的进化非常缓慢,百年、千年,才看到一次飞跃"③。在语言文字能够完整地传达信息,成为"约定俗成"的符号体系之前,有一个生长、发育、定型的"成长期"。④ 目前,手语盲文尚未摆脱这样一个"成长期",还不能很好地完整表达所需要传达的信息。这体现在手语盲文方案经历了多次更新,仍然不能为聋人盲人方便使用、准确传达意思。这是手语在全国范围内难以规范、盲文难以全面推广的重要原因之一。手语盲文的成熟,是整个手语盲文事业的基石。基石不稳定,任何的上层建筑构想都易化作空中楼阁。前文述及法制现状中的"无专门的语言法上的规定""手语盲文规范的碎片化"等问题,在某种程度上都可以归因于手语盲文的不成熟,也使得立法开展困难;"技术性规范的不科学,操作性不强",也是因为手语盲文本身的不

---

① 陈茨:《盲人的眼睛——广州地区公共图书馆盲人服务实践与发展对策研究》,《图书馆建设》2008年第10期。

② 参见天笑《盲生读书缺盲文纸,谁能帮一把?》,《苏州日报》2012年3月8日第A13版。

③ 周有光:《世界文字发展史》,上海教育出版社2003年版,第19页。

④ 参见周有光《世界文字发展史》,上海教育出版社2003年版,第20—23页。

成熟难以明确作出技术性标准和细则。前文所述实践中的其他问题，很大程度上也可归因于手语盲文的不成熟。比如，手语翻译、手语电视节目反映的"中国手语"与聋人之间的隔阂，实质上也是我们人为创造的手语并不能完全向聋人表达我们所要输送的语义；盲文的一形多词、一词多形及标调问题是盲文难以学习、使用和推广的重要原因，盲文的书写复杂①、占纸面积大构成了盲文学习成本高的主要原因。

手语盲文的不成熟有两个方面的原因：一是手语盲文发展晚，盲文直到 19 世纪才出现，自然手语虽然在聋人中自古有之，但是作为聋人与健听人之间交流的标准手语则发展较晚，有限的发展过程会影响其文字的成熟度。二是手语（仅指标准手语）盲文与其他普通人的语言文字不同，普通语言文字一般是自然发展起来的，是根据使用者的社会需求与思维而逐步形成和发展的，手语盲文则基本上是根据其他的语言文字的语法创制，而且大多由非聋人、盲人创制。如在中国，手语盲文都是根据汉字创制，而视听障碍者与其他语言使用群体之间的生活与思维是有差异的。如此创制的结果便是手语盲文缺少了其独立性，导致视听障碍者难以适应（或艰难适应）这种根据其他语言文字而创制的手语和盲文。此外，由于这种语言文字并非基于生活和思维而发展起来，往往难以做到逻辑自洽。根据其他语言文字创制手语盲文，也是无奈之举，因为手语盲文终究是需要承载起两个不同群体——视听障碍者与普通人——之间的沟通任务，视听障碍者不可能只在其自身的圈子中沟通和生活，他们深嵌在这个社会中。手语盲文的双重使命，决定了手语盲文艰难的成长和发展道路。

## 二 手语盲文发展的推动力不足

在世界上，一些语言文字在其国家的大力推动下，能够得以迅速发展直至完善。比如，韩文、越南文在其政府当局举全国之力的推动下，进行了文字创作和改革，迅速成熟起来，韩文在某些情况下虽然仍然需

---

① 目前，许多学者及盲人都认为盲文需要再简化。参见钟经华《简写是汉语盲文升级的必由之路》，《中国特殊教育》2005 年第 11 期。

要借助汉字，但基本上已经能够完备地表达各种意思，而越南文则已经完全脱离了汉字的影响。手语盲文却不同。由于使用人数少，手语盲文问题很少进入国家任务的视野，因而缺少足够的推动力量。在手语盲文的创制中，基本上只得到较低层级的国家部门的帮助。在我国，目前基本上是来自语言文字工作委员会的关心，大多数情况下只是受聋人协会、盲人协会的高度重视，这些行政力量和社会力量对于一种语言的成熟和推广而言是远远不够的。手语盲文除了涉及与普通语言文字一样需要注意逻辑自洽、完整表达、方便生活与工作外，还需要兼顾两个完全不同群体之间的交流且需要以该社会的通用语言文字为基础。这就加大了手语盲文的创制难度，需要在大量的调研与反复检验的基础上展开。因此，手语盲文的发展是一项规模宏大的工程。在人力和物力的支持上，我国目前对手语盲文发展的支持力度均不够。这也是我国手语盲文不成熟、普及率低的重要因素。

## 三 对视听障碍者权利保护的意识缺乏

目前我国手语盲文尽管存在着种种不足，但是仍然取得了较大的进步，手语盲文也大致能够满足视听障碍者的一些需求，手语盲文的法律制度也得以初步建立。然而，手语盲文实践尚未能满足视听障碍者的基本生活和交流需求，离现行法律的要求还存在一定差距。比如，法律法规规定的电视节目、公共活动中必要的手语主持、公共设施中的盲文标识等，并没有很好地落实到位。事实上，许多要求并不难以落实，如城市盲道（盲道也是一个盲文符号）设施的建设并不困难，但是我们却经常看到城市的盲道缺少维修或修建的不符合要求，甚至可能会引起盲人的危险。这种对法律法规规定的忽视，体现了人们对视听障碍者权利缺乏尊重和保护的认知，反映了从政府到社会再到普通公民都对视听障碍者权利缺乏重视甚至是忽视。对视听障碍者权利保护的意识缺乏，使得在国家资源安排中对手语盲文的分配过少，导致手语盲文的发展缺少人力、物力、财力；亦使得政府及有关社会组织未能认真实施法律法规；还使得手语盲文服务者不能认真对待其工作，如盲文图书馆工作人员的服务往往不能让盲人方便地阅读。可以说，我们对视听障碍者权利保障意识的缺乏，是导致实践与规范层面出现落差的重要原因。

## 第三节  解决手语盲文问题的立法之途

手语盲文问题的多样化，决定了对手语盲文的建设也必须从不同方面同时展开。具体来说，手语盲文问题既涉及法律制度层面的建设，又涉及技术层面的完善，还涉及法律的落实与技术的推广。

### 一  立法先行：为手语盲文的全面发展铺设轨道

手语盲文的创制、推广及服务的提供，是一项规模宏大的工程，需要长期和多方面的持续工作，为了保障这一工作的有序、有效推进，有必要建立法律制度予以保障。同时，从人权法的角度来说，手语盲文是聋人和盲人的最基本人权之一，帮助视听障碍者创制手语盲文，为其提供手语盲文的各种服务，旨在满足保护残疾人人权的基本要求。为保障聋人和盲人的基本权利的实现，也需要建立相应法律制度。根据手语盲文的现实状况，应从如下一些方面加强手语盲文立法。

（一）加强手语盲文的专门立法

现行关于手语盲文的法律法规规定，既不全面也不系统，各种层次之间的手语盲文规定也未能有效衔接，且大多只是间接性的委任规定。鉴此，有必要制定专门的具有语言文字法性质的手语盲文法。当然，针对手语盲文制定专门性的法律，并不意味着必须制定一部"手语盲文法"，可以根据各类语言文字的特征，进行统筹立法。比如，可以考虑与其他非通用语言文字一同立法，并专章规定手语和盲文，从而节省立法成本、保持立法的统一性。但是，无论何种立法形式，至少需要在法律层面对手语盲文做一个统筹和规划性质的规定，为手语盲文法律体系的展开确定一个方向。

（二）明确手语盲文的语言文字地位

立法上应明确手语盲文的语言文字地位，以便为手语盲文事业提供法律支持，并表明国家的重视。只有使国家、社会、公众理解手语盲文并不是有声语言或可视文字的替代或辅助，而是视听障碍者的基本语言文字，是人类语言文字正常存在的一种，国家、社会和公众才会充分地认识到保障手语盲文权利对视听障碍者的重要意义，才会重视手语盲文的发展和服务。因此，有必要在法律中明确手语盲文的语言文字地位。法律在明确手语盲文地位的同时，还需要明确视听障碍者手语盲文的权利谱系，从而为视听障碍者的权利保障提供依据，为手语盲文工作提供方向。

在这一方面，我们不妨借鉴新西兰的手语立法。《新西兰手语法案（2006）》（*New Zealand Sign Language Act 2006*）在第3条"目的"的 a 款和第6条均明确规定"新西兰手语是新西兰的官方语言"[①]；同时，肯定和规定了一系列的手语权利，如，第7条中规定了在法律诉讼中使用手语的权利，包括获得翻译和合理通知的权利。这些规定，都能够为我们所借鉴。可以考虑，在专门的手语法或相关语言法中确立"中国手语"在我国语言文字中的地位，并规定视听障碍者应享有的相关权利。

### （三）规定手语盲文发展的保障措施

一方面，手语盲文建设是一项规模宏大的工程，面临着推动力不足、支持力量少，存在着技术难题未解决、推广难以进行等困难；另一方面，手语盲文的使用群体少，使用群体为残疾群体，其自身缺乏发展力量，只能接受扶助。同时，手语盲文的发展又面临着人力、物力、财力的短缺，使得手语盲文发展捉襟见肘。因此，为了保障手语盲文的创制、教育、推广以及公共服务的顺利开展，必须由国家或社会提供专业人员、提供财政的全面支持，并在立法上予以明确。就此，立法为手语盲文发展作出保障性、促进性的规定，将构成手语盲文法律制度的核心和主要内容。

在这方面，《新西兰手语法案（2006）》的规定同样可资借鉴。《新西兰手语法案（2006）》在第3条规定该法的目的是"促进和维护新西兰手语"，"指导政府部门推广新西兰手语的使用"，即表明了政府应促进、维护和推广新西兰手语。该法案在第4条的"定义"（Interpretation）条款中规定了部长应和总理共同一起负责该法的实施，第10条规定了部长应不时地报告第9条（即政府的一些具体保障措施）实施的项目进展，可见其规定了落实法律的责任人。而且，该法还规定了一些具体的法律保

---

[①] See paragraph a of Article 1, Article 6 of New Zealand Sign Language Act 2006.

障措施，其中第7条第3—6款分别规定了在法律程序中，应保障合格的翻译官可用、保障翻译的准确性、确保使用手语的人得到合理通知、不因费用问题而取消在诉讼中使用手语的权利；第9条第1款规定了政府应为聋人提供手语问题的咨询、应通过手语发布公共信息、公共信息应通过适当方式使聋人知晓，并在第2款中强调行政长官代表与新西兰手语有关的聋人的利益。此外，第13条还就实施法律作出了"授权立法"之规定：为充分发挥该法的实效，总督可以通过政府委员会制定管理和实施该法所需的法规（Regulations）。[①] 这些规定都值得我国手语盲文立法借鉴。

## 二 核心问题：攻克技术难题，创制成熟的手语盲文方案

手语盲文作为一种语言文字，本质上是一种交流工具。要保证交流的顺畅与准确，交流工具本身应当比较完善。此即前文所述的语言文字成熟问题。成熟的手语盲文，是我们整个手语盲文实践与法制的基石，基石不稳将使法律制度的建设失去根基，也会使实践混乱不堪。因此，创制成熟的手语盲文方案，是我们当前手语盲文工作的首要任务。只有手语盲文成熟才能进行良好的交流，才能进行推广、教育以及通过手语盲文提供相关服务。为此，国家和社会需要高度重视和大力支持手语盲文的创制和编写，力图使手语盲文在尽可能短的时间内达至成熟。目前，手语盲文的创制和编写需要在下列方面着力：

### （一）包罗万象且逻辑严密的语料库建设

手语盲文是晚近才开始发展的语言文字，因而常出现许多汉语汉字词句和事物无法通过手语盲文表达，给信息的传输带来极大的不便。这就需要加强手语盲文的创制和编写工作，使语料库完整丰富，基本包含社会各个方面的表达。在丰富语料库的同时，需要做到语料库的逻辑严密，尤其是不同词（手势）及句之间无冲突，避免一词多形、一形多词等现象。

### （二）优化手语盲文使其语言表达或手写（或手势）准确简便

首先，在现有的手语和盲文中，许多词（或手势）之间，常出现混

---

① See article 3, 4, 7, 9, 10, 13 of New Zealand Sign Language Act 2006.

涪、不易辨别从而让人困惑、需要猜测的现象，这就需要优化现有手势和盲字，做到表达准确；其次，目前手语盲文还存在不够简便的问题，尤其是盲文存在着标调复杂、书写占纸篇幅大等问题。手势、盲字的复杂，既使得沟通不便也使得学习和书写困难，增加了推广的难度和学习的成本。这就需要进一步优化、简化手语盲文，使其做到使用简便、沟通流畅。

（三）创制、编写过程中以聋人盲人为本位

手语盲文虽然也需要被普通人所使用和理解，但本质上且主要仍然是由视听障碍者使用。语言文字的发展、形成，与人的思维密切相关，[1] 一种语言文字只有符合使用者的思维和习惯，并考虑到使用者特殊情况，才能使用自如，为使用者所接受。目前，中国手语盲文基本上由视听健康者创制和编写，而非视听障碍者创制。虽然我国现代盲文之父黄乃先生[2]也是盲人，但黄乃先生是在成年后失明，其思维非纯粹意义的盲人思维。如此，缺少或未充分以视听障碍者思维创制、编写的手语盲文，并不能很好地在视听障碍者和普通人之间沟通。尤其是手语，目前存在两个系统——自然手语与标准手语，它们之间的隔阂太大，导致聋人不能充分理解手语主持人、手语翻译者的手语。其原因在于，手语盲文在创制过程中，基本上是根据有声汉语可视汉字的规则一一对应来创制，而较少从视听障碍者的角度去发现他们的需要。因此，我国的手语盲文改进需要改变过去以普通人使用通用语言为本位的观念，而应以聋人盲人为本位，尽可能贴近视听障碍者的思维与习惯，如标准手语的编写要尽可能地吸收自然手语。在手语盲文的创制和编写工作中，有必要吸收聋人和盲人的参与，甚至由聋人盲人主持。因为"只有聋人才知道什么才是最自然的、最有效的、最美的规范手语"[3]，只有盲人才知道什么才是最方便的盲字。

---

[1] 参见[俄] B. A. 依琳斯特《文字的产生和发展》，左少兴译，北京大学出版社2002年版，第47页。

[2] 参见章庭杰、夏声朝《"中国盲文之父"黄乃传奇》，《湘潮》（上半月）2013年第7期。

[3] 参见沈玉林《手语多样性、标准化及手语语言建设的问题与思考——从荷兰CLSLR2会议看中国手语规范化工作》，《中国特殊教育》2008年第6期。

## 三 权利落实：手语盲文的教育推广和无障碍服务

同其他任何权利一样，视听障碍者的手语盲文权利不仅应存在于法律规定中，更应存在于现实中，为视听障碍者实实在在地享有。与一般权利可由权利所有者自主享有不同，视听障碍者由于自身缺少足够的学习和行动能力，其手语盲文权利需要国家和社会积极提供条件才能享有。这就涉及手语盲文权利如何落实和保障的问题。具体而言，视听障碍者要想充分享有手语盲文权利，关键在于两个方面的能力：一是自身掌握手语盲文，二是通过手语盲文便能够顺利完成自身生活与实现自身发展。前者需要有接受手语盲文教育的机会，后者需要社会实现手语盲文的无障碍服务。

### （一）手语盲文的教育与推广

#### 1. 手语盲文教育

视听障碍者对手语盲文权利的享有，首先是从接受手语盲文教育开始的。手语盲文与其他语言不同，其他语言即使没有国家的积极教育，也能够通过家庭习得其母语，在社会交流中习得相关通用语言，对于少数知识家庭还能习得书面文字，如家长教育或家教。但手语盲文则不同，必须通过有组织的教育才能掌握标准的手语和盲文。这是因为：一方面，聋人、盲人其所在家庭很少也是聋人、盲人，其家庭也不懂手语和盲文，故一般无法从家庭习得；另一方面，即使有些家庭有经济条件为该家庭的视听障碍者请手语或盲文家教，但也往往无可聘请的懂手语或盲文的教师。因此，国家和社会提供手语盲文教育便不可或缺。对于国家和社会的手语盲文教育需要从两个方面开展：一是专门的特殊学校的手语盲文教育。目前特殊学校的手语盲文教育相对有保障，但仍然存在一些问题，比如教师缺少系统培训，教师多为入校后通过自学完成，[①] 备课不充分或备课方式不恰当，学生手语盲文基础教育时间不够等问题[②]。二是在普通学校与普通学生一同学习的视听障碍者的教育。这种情况相对较少。与前一种情况相比较，第二种情况则相对糟糕。在这种教育环境中，老师不懂手语盲文，

---

① 李凯：《聋人高等教育课堂教学中手语规范化研究》，《教育与职业》2013 年第 8 期。
② 钟经华：《盲文应用的现实困境与思考》，《现代特殊教育》2016 年第 13 期。

需要通过手语翻译完成，而翻译人员往往紧缺，即使有翻译人员，但由于翻译人员缺乏对专业术语和相关领域知识的掌握，使得翻译十分不准确，聋人不能很好地接收到老师的信息。就此，针对前一种情况，国家仍然需要加强对手语盲文教育的投入，有必要规范手语盲文教育，制定手语盲文教师培训制度和学生手语盲文水平考核制度；针对后一种情况，则需要制定手语盲文翻译员的应急机制，保障那些不常出现聋人盲人的普通学校的特殊教育。

对视听障碍者的教育，国家日益重视。教育部先后制定了《盲校义务教育课程标准》《聋校义务教育课程标准》《特殊教育提升计划（2014—2016年）》，并不断更新。对此，我们应该予以充分肯定。当然，这些标准、计划还存在不足。比如，缺少对手语盲文基础教育的具体规定、缺少具体的机制和方案。因此，还需要进一步推进制定落实这些计划的具体的可操作性工作机制和实施方案，并适当吸收至法律法规或规章之中，以保证各项目标和措施能有效地落实。

2. 手语盲文的规范化推广

与手语盲文教育密切相关的一个环节，是手语盲文的规范化推广，两者相辅相成。一方面，手语盲文的规范化有助于手语盲文教育目的的实现，只有实现规范化才能与外界交流；另一方面，手语盲文的规范化需要靠教育来实现其推广。目前，手语盲文的不规范、不统一，"已经很大程度上影响到残疾人之间、残疾人与非残疾人之间的沟通，影响到特殊教育的有效进行与教学质量的提升，影响到残疾人顺畅、平等地参与社会生活"①。对手语盲文的规范化推广需要从两个方面展开：一是尽快制定全国通用的手语和盲文，使规范化推广有可供推广的规范手语盲文，这需要依赖于前文"核心问题"（成熟的手语盲文方案）的顺利完成；二是需要加大各方面的投入力度，在视听障碍者中普及和强化对规范手语盲文的教育。

（二）实现手语盲文的无障碍

语言文字是一种媒介，它发挥的是在不同人、不同群体之间的桥梁沟

---

① 顾定倩：《加快手语、盲文规范化进程 构建无障碍沟通环境》，《语言文字应用》2013年第1期。

通作用。这一作用表明语言文字必须是作为沟通工具才有意义，因为自言自语不是语言文字的价值所在。这就决定了任何一种语言文字必须能为他人理解。要实现这种理解，有两种方式：一是通过语言转化途径使双方理解，二是双方都能使用该种语言文字。对于手语盲文的无障碍而言，第一种方式可以通过翻译的方式让双方相互理解对方的语言文字；第二种方式，则是通过普通人也掌握手语盲文来实现，因为聋人无法掌握健听人的语言，盲人不具备识别普通文字的能力，但普通人可以掌握手语和盲文。鉴此可具体采行如下一些举措：

1. 建立职业化手语翻译制度

手语翻译，是聋人获取外界信息和表达自我的主要途径，外界手语的准确传输和外界对聋人手语的准确理解，直接影响到聋人的权益。这些权利小到获取电视节目的新闻资讯、各种活动的内容，大到诉讼中的权利、接受教育等，可以说手语翻译是聋人手语权利的核心内容。因此，有必要建立职业化程度高的手语翻译制度，以确保翻译的质量和翻译的供求。具体而言，一是要完善手语翻译培训和考试制度，建立完善的培训和考核体系；二是规范手语翻译的配备，如规定哪些机构、部门在什么情况下应当配置何种等级的手语翻译员；三是要建立手语翻译的应急制度，以满足非经常性但却必要的手语翻译需求；四是要建立手语翻译员储备库，这一方面需要促进市场形成职业化的手语翻译供求机制，另一方面要建立手语翻译员的援助机制，以弥补市场缺位。如果手语翻译员需求不稳定，完全依靠市场则难以满足需求。

2. 鼓励和支持手语盲文信息化

当今，科技迅速发展，尤其是信息化技术日益成为人们生活的重要部分。视听障碍者也不可避免地卷到这场信息化之中，他们也有着强烈的意愿参与和体验信息化带来的发展。虽然目前手语盲文的信息化有了初步的发展，但是仍然远不足以满足视听障碍者的信息化活动需求。对此，国家需要协调各个领域，鼓励各个领域积极开发和实现手语盲文的信息化。具体而言，在重点难点领域可以通过国家直接支持；其他领域则可通过各种优惠和奖励政策刺激市场，如对手语盲文信息化技术或产品予以奖励、补贴、税收优惠等。策略上，可采取先满足视听障碍者的基本信息化需求，再逐步深化，逐渐拓宽手语盲文信息化服务的路线。

3. 提高手语盲文工作者的待遇

正如前文所述，我国手语翻译人员和盲文出版物种类过少，不能满足视听障碍者的阅读需求。其原因在于手语翻译和盲文出版物能够获得的收益过少，以致很少人愿意从事该行业。手语翻译员收益少，一是因为手语翻译员工作不稳定，二是手语翻译所获得的报酬过少，远低于其他语言翻译。盲文出版则由于受众少，导致翻译人员少、书店不愿意经营盲文读物。这些都最终导致视听障碍者的阅读需求不能得到满足。这就有必要提高手语盲文工作者的待遇和资助。对于手语，可以提高手语翻译人员的翻译报酬，给予职业翻译员在岗位空窗期一定的补贴，免费提供职业手语培训和考试；对于盲文，则可以提高对盲文的翻译报酬，增加对盲文出版的预算，给予销售盲文的书店一定的免税，等等。只有让手语盲文工作者能够不为生活来源而担心，不会因此而亏损，才可能为视听障碍者提供长期高质量的服务。

4. 鼓励公众志愿学习手语盲文

视听障碍者学习手语盲文主要不是为了在视听障碍群体内交流，而是为了与其他非视听障碍者进行交流，毕竟他们有他们自然生成的交流方式（如自然手语），况且视听障碍者是社会的少数分子，他们每天面对的大多是普通人。如果周边的人都不能懂手语盲文，那么视听障碍者的生活将十分不便，手语盲文的学习也失去意义。虽然可以通过翻译，但是不可能时时刻刻都能有翻译人员。因此，要实现手语盲文的无障碍沟通，还需要视听障碍者所生活的社会拥有足够多懂手语盲文的人。这就需要鼓励公众自愿学习一些手语盲文，不至于使视听障碍者处于无人理解的孤独状态。对此我们需要改变观念，不要认为自己不是视听障碍者就不需要学习手语盲文，我们要秉着对视听障碍者的人文关怀精神去适当学习他们的语言文字，去了解他们。国家和社会需要提供一定的机会让关爱视听障碍者的人士能够免费参加手语盲文的培训，同时加大宣传，发动社会组织志愿组织人员学习手语盲文，让学习手语盲文成为关爱视听障碍者的事业之一。只有当我们的社会拥有适量的懂得手语盲文的人时，手语盲文的无障碍才能真正地实现，视听障碍者才能真正地以平等的身份参与社会活动。

我国手语盲文事业的发展，成就与不足并存。总的来说，手语盲文的发展现状远未满足视听障碍者的生活、交流和阅读需求。手语盲文发展中存在的问题，主要源于手语盲文作为语言文字的不成熟，手语盲文发展的推动力不足，社会对视听障碍者权利保护的意识缺乏。手语盲文需要肩负视听障碍者群体内的沟通、视听障碍者与普通人之间沟通的双重使命。推进手语盲文事业发展，需要从立法、技术及权利落实三个方面展开。完善立法，是为手语盲文事业的全面发展铺设轨道；攻克技术难题创制成熟的手语盲文方案，是手语盲文发展的关键，是手语盲文真正成为语言文字的基本要求；权利落实，是手语盲文事业发展的最终目标。对此，立法上，需要制定具有语言法特色的专门的手语盲文法，明确手语盲文的语言文字地位，在人、财、物上为手语盲文的发展提供法律保障；技术上，应创制成熟的手语盲文方案，建立起包罗万象且逻辑严密的语料库，优化手语盲文使之表达准确、手写（或手势）简便；权利落实上，应做好手语盲文的教育推广和无障碍服务，提升手语盲文的教育，加大手语盲文的规范化推广力度，建立职业化手语翻译制度，鼓励和支持手语盲文信息化，提高手语盲文工作者的待遇，鼓励公众适当自愿学习手语盲文。这三个方面，相辅相成，不可缺一，立法是保障，技术是关键，权利的落实则决定了前两者的实效。

# 第五章　网络语言文字立法研究[①]

语言文字的出现是人类文明发展史上的重大转折点。作为人类社会精神文明的产物，语言文字不仅扮演着传递信息、沟通交流的角色，而且也充当着文化构成的基础要素。龟壳上的甲骨文、竹简上的小篆体、白纸上的铅字等，这些都是一定时期鲜明的文化标志。汉字在不同时间表现出的形态，一定程度上反映了社会不同的发展阶段和文化生活。伴随着科技的不断进步和社会发展，语言文字的传播形式也会随之发生变化。

20世纪90年代始，互联网在中国开始发展壮大，又一次革新了语言文字的传播形式。在互联网出现之前的报纸、广播、电视等，被称为传统媒体；而互联网以及移动网络则被称为继传统媒体之后的"新兴媒体"或"新媒体"。新媒体，不仅改变了语言文字的传播方式与存在形式，同时也颠覆了人们的沟通交流方式。在新媒体出现之后，人们的沟通交流不再受限于空间和时间。在新媒体这个虚拟空间，我们可以看到不同空间、不同时间、不同人发表的言论和传达的思想以及留下的信息足迹。网络语言文字作为在特定领域、供特定群体使用的语言文字，是不同于通用的规范语言文字的一种变异语言文字。同时，随着新媒体的井喷式发展，使用网络的网民数量激增，网络语言文字的正面影响和负面影响都不断扩大。由此，法律亦应适应时势之需对这种社会现象进行具有现实针对性的规制，如何规制网络语言文字，无疑对当今法治建设尤其是文化法治建设提出了重大挑战，也构成了法律规制领域的一个重大难题。

本章对网络语言文字的立法展开探讨，拟从以下几个部分展开：其一，研讨我国网络语言文字的基本现状，探讨我国网络语言文字发展中存

---

① 本章由姚志伟协助完成，部分内容由杨解君、姚志伟发表于《中国地质大学学报》（社会科学版）2019年第2期。

在的问题及其危害,以作为后续研究的基础;其二,研讨我国网络语言文字法律规制的现状;其三,从宪法的角度研讨限制网络语言文字使用的正当性问题;其四,基于网络广告语言文字是网络语言文字中的一种且是一种商业化的网络语言文字的考虑,对其网络广告语言文字的法律规制问题予以单独讨论;其五,在上述讨论的基础上,给出完善我国网络语言文字法律规制的若干立法建议。

## 第一节 我国网络语言文字的现状和问题

### 一 网络语言文字的兴起

新媒体产生之后,文章的发表与言论的表达以及信息的传递,只需要通过电脑等电子设备就能发表在网络虚拟空间,身处网络虚拟空间的其他人只要打开网页即可阅览。可以说,虚拟空间与现实空间最大的区别便是空间与时间的突破。网络将不同实体空间的人集聚在虚拟公共空间里,人们的沟通交流方式也随着时间和空间障碍的消除发生了巨大的变化。

网络语言文字(以下也简称"网络语言")产生,概括而言主要基于以下几点原因:(1)活跃于互联网虚拟空间的网民会出于追求效率,节约时间的考虑,在发表言论时运用自创的一系列便捷用语,例如,用数字谐音代替文字表达,用符号表达感情,用图片表达情绪。(2)为了引人注意,凸显自己的个性特点,在用词造句上标新立异,自创字体或者使用另类繁体字、异体字,在语序表达上也不遵循常规语序。(3)为了追求诙谐幽默效果,故意将词语或者成语的字替换成其他同音字,达到一定诙谐幽默语言艺术效果。另外,有的人为了不暴露自己身份、性别或者性格,在网络上使用与现实生活中截然不同的说话方式和语气,话语中会夹杂数字、拼音、方言谐音等让人猜不出文字写作者的身份。(4)在聊天打字时为了营造亲切感,直接将自己家乡口头语言的谐音转化为书面文字用来交流。

网络语言,并不是与社会语言相对的另外一种语言形式,它只不过是在特定领域由特定人群使用的一种另类社会语言。这种语言是在普通规范语言基础上稍加改造,然后被特定人群慢慢接受、默认使用而形成的,并非是凭空创立的另外一种截然不同的语言文字体系。使用网络语言的特定领域即指新媒体，特定人群指的便是利用新媒体活跃在虚拟空间的网民们。这种语言的特色是，表达方式不仅限于使用通用规范语言文字，使用者还可以根据自己的想象、爱好结合特定事件、社会现状创立新的字词、语句以及使用符号、表情、图片代替文字传达意思、情感。由于网络是个虚拟的世界，大家在这个虚拟世界里可以自由发表言论，语言文字的使用不需要审核，也没有人监管，因此语言文字的使用较为随意化、口语化。而这种随意的语言文字以其简便、创新、诙谐等优点被网民广为接受使用，形成特有的一种语言特色。

对于网络语言在网民中使用程度如何，中国青年报社会调查中心在2015年通过中国网和问卷网对1601人进行的一项网上问卷调查显示，89.9%的受访者日常生活中会使用网络语言。[①] 除了使用群体众多，网络语言使用的场合也从线上走向了线下。从春节联欢晚会节目到书籍、报纸、杂志再到广告牌、指示牌、实体店名称等线下场合，都能看到网络语言的身影。网络语言的影响也从国内走向了国外，2015年在上海书展亮相的《新世纪汉英多功能词典》中增加了网络热词"啃老族""人肉搜索"等对应的英文翻译，这是为了让学习汉语的外国人能准确理解学习社会热点、热词的意思。而中国网民自创的中式英文表达："YOU CAN YOU UP""NO ZUO NO DIE"等被收录进美国在线俚语词典，国外甚至还专门创造了与"给力""土豪"等网络新词对应的英文词汇。

网络语言之所以被如此广泛地使用，原因在于它鲜明的网络特色：传播范围广、更新速度快、创意繁多。网民在使用它的过程中能获得乐趣、满足娱乐心理。娱乐性是网络文化的精髓所在，网络语言自带的娱乐性正好迎合了网民的这种心理，因而一出现即在网络上流行传播开来。

## 二 网络语言文字的表现

网络语言与传统的通用规范汉字的区别在于，其产生没有规律可循，

---

① 向楠、许锦妹：《64.2%受访者认为当下网络流行语入侵汉语现象严重》，《中国青年报》2015年2月5日第7版。

是网民根据现有的语言文字、数字加上外来语言的随意组合使用，有些通过自己的大胆创新发明新文字、新发音。

由于网络语言的形成没有特定的规律，这类语言的分类比较复杂，总结近几年的网络流行语言文字，可以将它们作如下分类：

①拼音首字母缩写，例如：BT（变态）、PMP（拍马屁）、LZ（楼主）；

②互联网上的特定术语称谓，例如：版主（特定网页版块的负责人）、楼主（在论坛版块上发主题帖子的人）；

③用数字谐音代替汉字，例如：88（拜拜）、7456（气死我了）、7878（去吧去吧）；

④数字、拼音，英语以及汉字的混合使用，例如：V587（威武霸气）、上班ing（上班中）、no zuo no die（不作不死）；

⑤赋予旧词新意，例如：恐龙（形容长得不好看的女孩子）、青蛙（形容长得不好看的男孩子）、沙发（第一个回帖子的人）；

⑥英文极简缩写，例如：IC（I see，我知道了）、THX（thanks，谢谢）、SE（see you，待会见）；

⑦谐音词语，例如：造（知道）、萱（喜欢）、酱紫（这样子）、表（不要）；

⑧同音错别字词语转化，例如：霉女（形容女孩长相丑）、栗子（例子）、神马（什么）；

⑨各地方言口语转化，例如：杠杠的（东北话，形容很棒，很好）、炸毛（形容非常生气）；

⑩自创字体和词语，例如：白富美（形容长得白且漂亮富裕的女孩子）、吐槽（形容对一件事看法不满）、绿茶婊（形容外表清纯好看，但是内心势利拜金且善于伪装的女孩子）、槑（形容一个人木讷）、duang（形容加特效）；

⑪外来词音译，例如：伊妹儿（email，电子邮件）、烘焙鸡（homepage，网络主页的）；

⑫一句话缩略而成的四字词语，例如：不明觉厉（虽然不明白，但是觉得很厉害的样子）、说闹觉余（其他人有说有笑有打有闹，觉得自己很多余）；

⑬异体字、繁体字、火星文，例如：偂啧孞（男朋友）、茘口耐（很可爱）、伱傃谁（你是谁）；

⑭指代特定事件的词语，例如：上头条（指汪峰几次想上新闻头版，但是都意外碰到别的情况没成功）、躲猫猫（云南青年李乔明死在看守所，警方称其"躲猫猫"时撞墙）；

⑮各种形象符号、表情、图片，例如：、、→_→、，等等。

上述分类之下还可以细分出很多更小的类别。由此可见，新媒体中语言文字的形成方法特别多，而且没有规律可循，新词诞生的原因和场合也是多种多样的。可能因为一篇文章，一部电视剧，一个新闻事件或者一个评论，新的网络词语就诞生传播开了。表情、符号以及图片的使用，则更是种类繁多。网络语言还有一大特点是更新速度快，一旦有新的词语产生，通过互联网马上就会被传播开来。语言是不断变化的，这种变化本身又包含着继承性和延续性。但是，网络语言没有遵循语言本身变化发展的规律，没有承袭传统语言文字的特点，没有语言的继承性和延续性，① 且不符合汉语词汇、汉语造词规律和语法规范，其所用的字母、符号、数字往往由使用者随意选取，随意性强，更新、组合速度让人应接不暇。

## 三 网络语言文字发展中的问题

随着新媒体的普及化，网民数量急剧上升。根据中国互联网信息中心发布的数据来看，截至 2014 年 6 月 30 日，我国网民数量为 6.32 亿，手机网民数 5.27 亿。② 从这一数据上升趋势来看，网络语言使用群体的激增伴随而来的是语言文字更加迅速地发展。但是，针对这种爆发式的发展现状及趋势，并没有与之相对应的约束监管机制，以致网络语言这种"社会方言"在发展过程中出现了一些值得警醒的问题，人们将这些网络语言使用的不规范问题大体概括为如下几个方面：一是用字用词浅薄和粗

---

① ［美］爱德华·萨丕尔：《语言论》，陆卓远译，商务印书馆 1985 年版，第 132—154 页。
② 中国互联网络信息中心：《第 34 次中国互联网络发展状况统计报告》，http://www.cnnic.net.cn/。

俗的倾向明显，① 二是语码混用现象严重、情景化色彩浓厚，② 三是较高的变异性和不稳定性。③ 在我们看来，较为突出的问题可归纳为如下两个方面：一是内容方面的粗俗化与无用化；二是应用范围的突破与越界。

(一) 内容方面

首先，网络语言发展的粗俗化趋势越来越严重。网络语言是通用规范语言文字的一种补充语言，在虚拟空间使用网络语言可以丰富人们的情感表达方式。但是，网络语言的发展一旦落入低俗化的境地，不仅不能起到丰富和补充通用规范语言文字的作用，反而会对我国规范语言文字使用环境造成一定污染，不利于我国社会主义精神文明建设。

2015 年 6 月 2 日，人民网舆情监测室发布了《网络低俗语言调查报告》，公布了一张 2014 年网络低俗语言的排行榜单（如表 5-1 所示）。

表 5-1　　　　　　　　2014 年网络低俗词语排行榜④　　　　　　单位：条

| 排名 | 网络词 | 中文报刊检索结果（标题中使用） | 原发微博提及量 |
| --- | --- | --- | --- |
| 1 | 尼玛 | 3 | 249646340 |
| 2 | 屌丝 | 818 | 181216808 |
| 3 | 逗比 | 276 | 150043492 |
| 4 | 砖家/叫兽 | 92/452 | 8714012/101776196 |
| 5 | 艹 | 0 | 70602880 |
| 6 | 你妹 | 5 | 50778812 |
| 7 | 装逼 | 22 | 45632060 |
| 8 | 草泥马 | 81 | 41516308 |
| 9 | 我靠/我擦/我艸艸艸 | 3/4/0 | 39103768/32847660/9322 |
| 10 | 妈蛋 | 0 | 36934544 |
| 11 | 逼格 | 65 | 30109324 |
| 12 | 他妈的/特么的 | 4 | 29362880/10083180 |

---

① 李思思：《论网络语言中的语言污染》，硕士学位论文，中南民族大学，2011 年，第 22 页。
② 杨永和、陈英红：《语码混用现象的社会语用学解读》，《外语学刊》2014 年第 3 期。
③ 翟秀霞：《汉语网络语言的变异的认知研究》，硕士学位论文，汕头大学，2005 年。
④ 人民网舆情监测室：《网络低俗语言调查报告》，http://yuqing.people.com.cn/n/2015/0603/c364391-27098350-2.html。

第五章 网络语言文字立法研究　　111

续表

| 排名 | 网络词 | 中文报刊检索结果（标题中使用） | 原发微博提及量 |
|---|---|---|---|
| 13 | 撕逼 | 7 | 20356064 |
| 14 | 滚粗 | 12 | 19131236 |
| 15 | 蛋疼 | 38 | 18652852 |
| 16 | 小婊砸 | 0 | 10788384 |
| 17 | 傻X | 11 | 7691260 |
| 18 | 跪舔 | 4 | 6301472 |
| 19 | 绿茶婊/心机婊 | 66 | 5695244 |
| 20 | 碧莲 | 0 | 5245728 |
| 21 | 碧池 | 0 | 5159124 |
| 22 | 土肥圆 | 28 | 3224968 |
| 23 | 你妈的/你M的 | 4 | 474273/544368 |
| 24 | 矮矬穷 | 28 | 65984 |
| 25 | 焚蛋/坟蛋 | 0 | 851/933 |

　　根据我国人民网舆情监测室发布的2014年网络低俗用语排行榜来看，入榜的25个低俗用语有"草泥马""屌丝""装逼""矮穷挫""我操"等明显带有歧视性、侮辱性、人身攻击性的粗俗脏话。

　　入榜的这25个脏话粗口，在现实生活中是让人很难以启齿的，但是，在网络虚拟空间中这些脏话粗口的使用频率却非常高。在2014年一年中有16个低俗词的原发微博数量超过了千万次以上，其中有4个词的原发微博数量超过了亿次。可见，现今网络语言低俗化趋势明显。网络文章及作品的用语用词不受传统出版物的限制，虽然发表出来也是供大众阅读，但是缺乏传统出版物之前的校对、审核程序。作者在用词用语方面比较随心所欲。有的为了吸引大众注意提高点击率，故意使用含粗俗字词的标题；有的为了充分表达自己的过激情绪，在用词用语时不假思索，脏话、下流话充斥文章之中。从表5-1还可以发现，除了微博这种网络社交场合粗俗词语的使用频率较高之外，中文报刊检索的结果表明，在中文报刊中粗俗用语也同样存在，只是使用频率上明显低于网络。

　　舆情报告还同时提供了一张百度搜索引擎中入榜的25个低俗用语30天的平均检索量的表格，表格除了公布入榜的25个低俗网络词语的搜索量外，还公布了与之相关联的网络词语。如表5-2所示①：

表5-2　　　　　　2014年网络低俗词语关联词搜索量　　　　　　单位：条

| 排名 | 网络词 | 百度检索指数<br>（30天均值） | 网络用语相关搜索趋势 |
|---|---|---|---|
| 1 | 尼玛 | 1326 | 你妹/欣奥/碉堡了/打酱油/蛋疼 |
| 2 | 屌丝 | 5043 | 坑爹/逆袭/打酱油/吐槽/逗比 |
| 3 | 逗比口 | 3174 | 蜜糖体/黑出翔/校内体/天然黑/滚粗 |
| 4 | 砖家/叫兽 | 1102 | — |
| 5 | ++ | 1258 | — |
| 6 | 你妹 | 1041 | 碉堡了/打酱油/校内体/蜜糖体/不明觉厉 |
| 7 | 装逼 | 1584 | — |
| 8 | 草泥马 | 2902 | 你妹/神马/兄贵/坑爹/碉堡了 |
| 9 | 我靠 | 525 | 你妹/我晕/我勒个去/坑爹/shit |
| 10 | 妈蛋 | 500 | 兄贵/扑街/卧槽族/腐女/怪蜀黍 |
| 11 | 逼格 | 2169 | — |
| 12 | 特么的 | — | — |
| 13 | 撕逼 | 2753 | — |
| 14 | 滚粗 | 429 | 黑出翔/高铁体/蜜糖体/校内体/膝盖中箭 |
| 15 | 蛋疼 | 1524 | 你妹/打酱油/蛋定/碉堡了/逗比/切克闹 |
| 16 | 小婊砸 | 1221 | 绿茶婊/碧池/奶茶婊/朝阳婊/外围女 |
| 17 | 傻X | — | — |
| 18 | 跪舔 | 1853 | 查水表/给跪了/滚粗/醒工砖/挽尊 |
| 19 | 绿茶婊 | 7037 | 绿茶妹/外围/嫩模圈/蜜糖婊/身度 |
| 20 | 碧莲 | 1361 | 芳草天/碧池/喜大普奔/挽尊/人艰不拆 |
| 21 | 碧池 | 1778 | Bitch/你妹/去年买了个表/尼玛 |
| 22 | 土肥圆 | 353 | 白瘦美/包拯很黑/孔雀女屌丝节/男默女泪 |
| 23 | 你M的 | — | — |
| 24 | 矮矬穷 | — | — |
| 25 | 焚蛋/坟蛋 | — | — |

从表5-2中可见，网络词语的粗俗用语不仅被使用、搜索的频率

---

① 人民网舆情监测室：《网络低俗语言调查报告》，http://yuqing.people.com.cn/n/2015/0603/c364391-27098350-2.html。

高,而且低俗词语不断更新、创造、衍生出相近意思词语或者相关联的低俗词汇。为何产生如此繁多的网络低俗用语,主要有以下三个方面的原因:

一是人们在现实生活遭遇不顺心,于是到虚拟空间中宣泄不良情绪,肆意对人进行谩骂。网络是现实生活的延伸和拓展,人们在网络这个虚拟空间里可以很轻易地隐藏自己的真实身份和职业,从而为其随心所欲表达自己情感提供了有利条件,使用低俗下流词语以后,还可以安全离开网络回归现实继续工作生活,不会对自己的工作、生活造成任何困扰,也不用为自己的言行负责任。如果在现实生活中肆意发泄情绪,对陌生人、对熟人任意谩骂都会给自己的生活带来麻烦和困扰,但是在网络虚拟世界中,这些困扰都不会存在。在虚拟空间,人在没有监管、规范的情况下,人性的丑陋、阴暗面都会暴露出来,由此网络为其以低俗语言文字形式呈现并出现在公众视野提供了极大的便利与最佳条件。

二是在网络中,网民以对他人进行人身攻击为目的,利用粗俗脏话实施语言暴力。语言暴力的产生往往来自网民对事件过于激愤的羞辱性评论。在网络世界里,人人都享有话语权,都可以自由地表达自己对某一事件的观点评论,这本是正当行使言论自由的行为。但是,很多人在事实真相尚未清晰,仅从表面现象出发,结合自己的猜想就认为事实如此,因此对事件妄加评论,对事件中的人进行批判,如成都女司机被打事件的网络效应就是个典型案例①。在第一天公布女司机被打视频后舆论是一边倒,网友强烈谴责批判打人者;第二天随着另一段行车记录仪的视频公布,舆论瞬间大逆转,纷纷指责女司机霸道变道。在这个新闻中,无论是打人者还是被打者都先后遭受网友的语言人身攻击。可见,并非每个人都可以理性看待事件的发生,理性发表看法、评论,相反很多网友在发表评论时都带有主观色彩,但是如果主观色彩太浓厚,在评论时带有情绪,带有人身攻击性和羞辱性的低俗语言就很容易被使用。而这些评论都是公开的,也即在公众场合发表意见,但是网络提供的便利让人可以"蒙脸"在公共场合发表意见。如果说一个人的语言暴力对人的伤害没有多大的话,当每

---

① 网易新闻,《惊天逆转:成都被打女司机如何从舆论天堂掉入地狱?》,http://news.sina.com.cn/c/zg/jpm/2015-05-05/18211000.html。

一个人施加的语言暴力加起来集中指向一个人时，对当事人的精神伤害可以说几乎是毁灭性的，在遭受网络语言暴力后不堪忍受压力而选择自杀的情况在很多国家都有发生。

三是互联网中，网民视低俗网络语言为个性，并且盲目跟风。有些网民为了追求个性、凸显性情，张口就是国骂以及使用低俗语言，以自己说话与普通人不一样，来突出自己的与众不同。盲目跟风使用低俗网络词语导致整个网络语言使用环境变差，从而导致网络语言低俗化。在低俗语言排行榜发布之后，有调查显示80%的人都承认使用过榜单上的词语。因为这些词语被人使用场合比较多，频率比较高，很多人不觉得使用低俗语言文字有不文雅之处，也不觉得那些词语具有侮辱性和人身攻击性。

以上几个原因引发的粗俗用语如果不借助网络平台出现在公众场合，所产生的影响不会成为一个需要关注解决的问题。而生活中粗俗用语的使用不会对大众群体造成太大的影响，原因是个人言论的影响力非常有限。一旦借力网络平台，在虚拟公共空间发表的不雅言论、粗俗词语会被大众普遍看到。如果是有影响力的公众人物，所发表的带有粗俗词语的言论内容会被扩散式地转发，从而出现在公众眼前。

其次，网络语言的发展趋向无用化。最初网络语言的产生很大一部分原因是为了节省时间，提高聊天回复速度。于是，使用者采用一些让人一看就明了的表情或者数字谐音来代替，即使有时候打字匆忙，出现错别字也不纠正，将错就错。因而最初网络语言文字错别字使用的情况比较严重。后来随着输入法技术的升级，输入法可以进行单词联想以及智能化地对高频使用词排序，网络词语错别字现象得以减少。如今，在追求便捷之余，网民们在使用通用规范语言文字时发挥了自己的创新力，将通用语言文字和现实生活中的口语方言通过创意改造变成新兴语言文字，应用于网络以及社交软件中。通过富有想象的改造之后产生的语言文字能更加贴切地表达情感，能更好地体现文字作者的情绪口吻。网络词语例如"给力"登上《人民日报》，以及正能量、吐槽、接地气等网络词语被收入现代汉语词典等，这些充分体现了对这种积极有意义的创新的肯定。但是，如今网络语言文字，创新力正在慢慢减弱，很多网络新词语的诞生让人感觉纯粹是为了创新而创新，这种毫无意义的新词不断产生是对文化的一种破坏。例如，2014年度热点网络词语，不哭站撸（"屌丝不哭，站起来撸"的缩写），裤脱我看（"裤子都脱了，就给我看这个"的缩写，讽刺文章内容和标题不一致的情况），喜大普奔（"喜闻乐见，大快人心，普天同庆，奔走相告"的缩写）。十动然拒（十分感动，然而还是拒绝）、十动然应（十分感动，然后答应了）。这类的网络新词热词用词奇怪，让人乍一看不明就里，一头雾水，根本不明白是什么意思。但是，仔细了解词语产生原因、背景及明白意思以后，会觉得词语无聊、低级趣味。网络语言，作为特定场合使用的社会语言，其特有的创新力是推动传统语言文字发展的新兴力量和对传统规范语言文字的一种补充。但是，无聊、低级趣味的网络语言不断更新传播，不仅对语言文字的发展没有任何意义，反而成了规范语言文字发展的一大困扰。

（二）应用范围

如今，网络语言使用场合已不再局限于新媒体，它不仅侵入传统媒体之中而且甚至在行政公务活动中也屡屡被借用。

网络技术的革新大大地延长了人们上网的时间，因而虚拟空间与现实生活之间的界限越来越模糊。大量的网络语言渗透到现实生活中，对传统规范语言文字的使用造成了很大的冲击。网络语言侵入了传统媒体——广播、电视、报纸、期刊、图书。传统媒体为了提高竞争力，吸引眼球，增加发行量，体现时代感，在标题、图书名称以及内容中使用热点网络词语。除此之外，电视剧名称，台词对白，广告语，甚至我国一年一度的春节联欢晚会节目中也出现大量网络语言。网络语言中有很多不规范的词语以及语序表达，甚至存在错别字。网络语言在某种程度上被视为亚文化的代表，其应该限定在特定的场合使用。如果在广播、电视以及图书这种比较严肃庄重的传统媒体中出现网络语言，就会使传统媒体丧失其应有的严谨性。

网络语言入侵到政务文书中，是近几年来出现的一个现象。行政机关在一些公务活动中为了增加亲民化色彩，也创新性地采用了网络语言。例如，成都红绿灯十字路口，交警提示牌出现了网络淘宝体："亲，注意避让行人！"咆哮体："不看红绿灯，您伤不起。"[①] 颇具争议的合肥派出所

---

① 《成都"淘宝体"交通提示牌引发热议》，http://scnews.newssc.org/system/2011/08/05/013259479.shtml。

民警在网络上发布的凡客体的通缉令:"爱开车,爱撞人,爱隐藏,爱逃避,也爱没事换身份,我不是坏淫,我是交通肇事者,有人看见我有木有!还记得那起交通事故吗?回来吧,逃亡的路上,你累吗?看见的盆友请与我联系,联系电话:110。"①

行政机关是国家公权力的代表者,其公务活动用语理应十分严肃,谨慎。使用网络语言文字或许能让行政机关亲民一些,但是这种亲民是有失规范表达的亲民,未免有失偏颇。

## 四 网络语言文字不当应用引发的弊害

网络语言使用最为突出的亮点和最大的问题都是"自由",自由丰富了语言文字的表达,拓宽了沟通交流的渠道,畅通了信息资源的共享。但是,也正由于其自由过度,不受限制,对通用规范语言文字的使用造成了冲击,甚至破坏了文化的传承。事实上,在许多网络论坛里,参与者并不像真正的印刷品作者那样,为自己的读者搜肠刮肚的构思作品。正如有学者所言:"网络论坛的参与者首先考虑的是打字和输入的速度,用词准确性、语法、拼写和标点符号的运用在许多情况下都难以成为讨论者顾忌的因素。"② 语言在网络环境中的运用变得非常灵活,使用者可以打破现实生活中的传统规范,自己任意发挥,只要信息的接收人能明白信息发送人的意思即可。网络语言的类型也由最开始的同音字、谐音字、错别字发展到增加自创文字、词汇、另类语言等越来越混乱的局面。因此,我们能在网上看到"童鞋""喜大普奔"以及火星文等各种类型的网络语言被广泛使用的现象。随着网络语言使用群体激增,自由过度所造成的负面影响越来越大,其负面影响主要集中在网络语言的随意使用导致其滑向低俗化、滥用导致其冲击传统规范语言文字等方面。

### (一) 网络语言随意使用致其趋向低俗化发展

搜集近几年来诞生的流行网络词语我们可以发现其中出现了一大批

---

① 王凯:《警方微博追逃 逃犯投案自首》,《江淮晨报》2011年12月8日第A11版。
② 王四新:《网络空间的表达自由》,社会科学文献出版社2007年版,第308页。

低俗的词汇,有看似很普通的传统词汇被网友赋予了新的包含色情、露骨表达的意思,也有原本不存在,网友凭借想象创造出来的低俗新词语。2015年6月2日上午,由国家网信办传播局指导,中国文化网络传播研究会主办的净化网络语言主题座谈会在京召开。会上,人民网舆情监测室发布了《网络低俗语言调查报告》,在报告中公布了一张2014年网络低俗语言排行榜。① 从这份排行榜来看,入榜的25个低俗用语有"草泥马""屌丝""装逼""尼玛"等明显带有歧视性、侮辱性、人身攻击性的粗俗脏话。这些在现实生活中难以启齿的粗俗词语在网络中使用的频率非常高,有些词语在微博中使用次数达到上千万人次。这些被书面化的脏话在现实生活中人们会因为自己身份、形象等原因不会轻易被使用。但是,互联网具有开放性、匿名性的特点,任何人都可以在这个虚拟空间发表自己的言论,如果匿名发表,轻易不会被暴露身份。在网络交际中,特别是匿名化交际中,对于语言的使用非常随意,因为即使使用粗俗语言一般也不会影响自己在现实生活中的形象。并且,网络语言的使用具有盲从性,新的网络词汇被创造出来,大众会因为流行而盲目跟风的使用。许多脏话、粗俗词语因为随意使用的人多了,大众渐渐被麻木从而慢慢接受。而因为有受众,不断有新的粗俗词语被创造出来更新替换。作为网络文化构成的一部分,网络语言低俗化让网络文化在某种程度上成为亚文化的代表。网络语言滑向低俗是其招致批评的原因所在。

(二) 网络语言的滥用影响青少年学习通用规范语言文字

根据中国互联网信息中心发布的数据,截至2015年12月,中国青少年网民规模达2.87亿,占青少年总体的85.3%,远超过2015年全国整体网民普及率的50.3%。② 随着电脑和智能手机的普及化,青少年网民数量呈逐年递增的趋势。青少年时期正是学习通用语言文字的关键时期,网络中大量不规范语言文字的使用会对青少年的学习造成很大的冲击。因而出现了不少小学生在写作文时运用网络语言、很多中学生将网络语言作为口

---

① 《〈网络低俗语言调查报告〉全文发布》, http://news.163.com/15/0603/14/AR6MK0CU00014JB6.html, 2016年6月12日访问。

② 中国互联网信息中心:《2015年中国青少年上网行为研究报告》, http://www.cnnic.net.cn/hlwfzyj/hlwxzbg/qsnbg/201608/P020160812393489128332.pdf, 2016年10月12日访问。

头禅挂在嘴边的现象，给家长和老师造成很大困扰。出现这种现象的原因有两个：其一，青少年心智发育不完全，还不具备辨别是非的能力。青少年不知道网络语言是网民随意自发创造的一种变异语言形式，错把他们当作通用规范语言文字来学习。这对通用规范语言文字的传承造成了不可逆转的破坏。青少年肩负语言文字继承和发扬的重任，若将网络语言错当规范语言文字学习，会严重干扰通用规范语言文字的传承。其二，青少年自制力薄弱。即使家长、老师告诉了青少年网络语言并非是规范语言，但是网络中充斥着大量的网络语言会潜移默化地影响着青少年。当他们身处网络环境中，论坛、贴吧、网络新闻以及在线聊天中都随处可见网络热词时，青少年会无意识地受到环境的影响而使用网络语言，甚至会认为使用网络语言是一种前卫时尚的表现。青少年语言表达能力尚不成熟，对于网络用语中新出的热词会不分场合、语境的任意套用、滥用。例如，网络词语"醉了"，很多场合、语境都可以套用，例如，"这个人让我醉了"，"这事真是让我看醉了"，"我当时的心情真是醉了"。频繁使用这种不分场合和语境都能套用的词汇会造成他们词汇储存贫乏、表达方式单一、表达能力退化。

## （三）网络语言的"暴力化"对公民人身权的危害

网络语言在无监管情况下衍生出的网络语言暴力，造成对公民人身权利的侵犯，近几年成为日益突出的问题。网络语言暴力，是指在互联网上以话语霸权的形式，采取诋毁、污蔑、谩骂、侮辱等手段侵害他人人格尊严、精神和心理的行为和现象。语言暴力在现实生活中会因为纠纷、口角等原因产生，但是由于实施语言暴力者身份不能隐匿，因此施暴者会因为需要为自己的言行负责而持谨慎态度。即使发生语言暴力，那也只是限于小范围的私人之间，伤害后果具有可控性。但是，发生在互联网上的网络语言暴力却截然不同。互联网是个虚拟空间，对于事件的讨论、表态并不需要所有人聚集在实体空间。因此，语言暴力实施者可以借助网络将伤害无限扩大，从而导致不可控的局面。人们之所以选择在互联网实施语言暴力，这是因为：在虚拟空间，身份可以被隐匿，虽然是在公共领域发言，但是语言使用缺乏有效的约束监管机制，使用者因此可以随心所欲发表自己的言论，也可以肆无忌惮发表人身攻击评论。再加上网络舆情典型的民间性特点带来很多非理性的表达，网络水军、公关炒作等各种手段极易煽动网民情绪。① 情绪被煽动的网民在虚拟空间对当事人群起而骂,网络将一个个轻微的语言暴力积聚在一起施加在一个人身上时,对一个人的人格侮辱以及精神伤害几乎是毁灭性的。我国台湾地区模特杨右颖、韩国艺人崔真实皆因不堪网络语言暴力结束了自己生命。除了公众人物,普通人物同样也会遭受网络语言暴力。据英国《每日电讯报》等媒体报道,14岁的英国北爱尔兰东部郡女孩汉娜·史密斯,在社交网站Ask.fm网站注册了个人主页并上传了照片,没想到竟无辜遭到网络暴徒的谩骂。最终,不堪重负的汉娜选择了在位于莱斯特郡的家中上吊自杀。②

语言施暴者真实目的并非想要将当事人"置于死地",或许只是情绪被煽动得过于激动,或许只是现实遭遇不顺想发泄情绪,甚至有些只是出于凑热闹跟风。在没有约束、监管的情况下,语言暴力的后果开始失去可控性,网络公共区域在某些情形下沦为语言垃圾场。另外,网络语言的暴力化,还会对公民的言论自由权造成侵害。基于网络语言的公共场域特点及暴力化倾向,会有人担心因为自己言论、观点不妥当遭遇他人人身攻击,人格侮辱,从而不敢自由发表言论。

(四) 网络语言在广告中不适当使用带来的危害

广告,按照通常观点,是指:"一种由广告主、个人或组织机构将经过编码的特定信息以适当的符号形式,通过一定的传播媒介反复传达给目标受众的,以达到影响或改变目标受众的观念或行为的公开的、非面对面的、有偿的信息传播活动。"③ 由于广告往往具有诱导性,其对受众可能产生较大的影响力,影响受众的购买行为。如果广告信息出现误导或错误,则会对受众产生不良影响,这也是为什么各国会普遍对广告行为进行规制。我国更是制定专门的广告法。广告中语言的不当使用,也会对用户产生不良影响,所以我国有专门规制包括网络广告语言使用的部门规

---

① 祝华新、单学刚:《2009中国互联网舆情分析报告》,社会科学文献出版社2009年版,第57页。

② Sophie Curtis, *Tinder owner buys social network Ask.fm*, http://www.telegraph.co.uk/technology/news/11034923/Tinder-owner-buys-social-network-Ask.fm.html (留言内容:"帮帮忙去死吧,你这个可怜的家伙""你真的很丑""太肥了""遭遇死神""得癌症"等,赤裸裸的谩骂出现在汉娜的主页上,最终14岁女孩不堪忍受而在家中上吊自杀)。

③ 陈培爱编著:《广告学原理》,复旦大学出版社2014年版,第2页。

章——《广告语言文字管理暂行规定》。

当网络语言在广告中不当使用时，会产生以下危害：

其一，使用绝对化用语误导消费者（受众）。绝对化用语是广告法上的用语，指对商品或服务使用没有事实支撑的绝对化描述，误导消费者。《广告法》第9条第3款规定："广告不得有下列情形……（三）使用'国家级''最高级''最佳'等用语。"该款是广告法对绝对化用语的禁止性规定，当然绝对化用语不仅限于"国家级""最高级""最佳"三个词。网络语言由于其灵活性，会被不良商家用了规避法律对绝对性用语的限制，例如商家会使用类似"全网销量最X（广告法不让说）的手机"这样带有俏皮性质的语言进行绝对化表达。这种语言的使用不仅可以变相达到绝对化使用的效果，规避了法律的限制，还具有网络语言的幽默效果，可以引起消费者的兴趣，具有较好的营销效果，但是这种使用无疑是违法的。

其二，将低俗的网络语言用于广告，违背社会良好风尚。正如前文所言，网络语言的发展具有低俗化趋势，其中的低俗化语言显著高于通用语言。当网络语言将低俗化带至广告中时，就违背了社会良好风尚，也违反了《广告法》的规定。《广告法》第9条第7款、第8款规定："广告不得有下列情形……（七）使用'国家级''最高级''最佳'等用语；（八）含有淫秽、色情、赌博、迷信、恐怖、暴力的内容；"例如一些网络时髦的词汇，如上文列举的"草泥马""屌丝"等低俗化词汇也经常被用于网络广告中，商家也是借用这些词汇，激起部分受众的"共鸣"，达到营销效果。同时，一般情况下，网络广告的影响范围比通常的网络语言使用场合更大，所以低俗化的网络广告语言带来的危害，特别是给青少年的危害更大。

其三，图像化的网络语言的不当使用侵害他人肖像权。网络语言的一个特性是图像化，即指网络语言文字中大量借用图像进行表达。图像中重要的一个形式即是人物的肖像。例如，前几年很火的"小胖"、最近几年比较热门的姚明肖像。并且现在还有各种极其方便的工具，可以非常简单地制作各种他人肖像的"表情包"。当未经当事人同意，把这些"表情包"用在广告中时，就侵害了他人的肖像权。

## 第二节 我国网络语言文字的立法现状

### 一 网络语言文字的法律规制滞后

我国长期以来对语言文字的规范都颇为重视。为推动国家通用语言文字的规范化、标准化及其健康发展，全国人大常委会于 2000 年 10 月 31 日通过了《国家通用语言文字法》，随后吉林、黑龙江、辽宁、内蒙古等 31 个省（自治区）依据《国家通用语言文字法》，结合本省（自治区）情况，相继出台了语言文字使用的地方性法规。但是，无论是全国性的法律还是各地的地方性法规，对语言文字的规范重心大都聚焦于通用语言文字的推广及其传统媒体上，法律或法规对于网络语言文字的规范几乎空白。

对于网络语言的规范，有关部门已经意识到了规范的必要性并且给予了明确的意见和指导。在《国家中长期语言文字事业改革和发展规划纲要》（教育部、国家语委）中明确提出要加强社会语言生活监测和引导，引导网络、手机等新兴媒体规范使用语言文字，打造社会语言生活监测平台，跟踪研究语言生活中出现的新现象和新问题，纠正语言文字使用不规范现象，引导社会语言生活健康发展，形成规范使用语言文字的社会氛围。在《国家语委关于进一步做好语言文字信息化工作的若干意见》中也明确要"加强网络传媒用语用字监管，做好虚拟空间的语言生活管理"。目前，我国已完成了对省部级政府网站语言文字使用规范状况的监测报告。但也必须看到媒介融合发展趋势日益明显，以语言文字为基础要素和载体的信息或文化产品，通过手机、网络等各种媒体被广泛传播、应用和消费，在不断扩大人们交际空间、给人们带来即时便捷的同时，也因为媒体类型多样、交流频繁、规模海量等新特点，对语言文字监管服务等工作提出了新的挑战。网络语言、流行语不断翻新，在丰富语言生活的同时，也在一定程度上冲击着语言文字的规范性。对网络语言这种新语言现象采取何种政策措施，特别是如何引导受网络影响较大的青少年正确使用祖国的语言文字，已经成为广泛关注的社会问题,成为摆在我们面前迫切需要解决的现实问题。① 可见,网络语言的规范问题,尤其是法律规范问题,开始受到有关部门的高度重视并可能被提上议事日程。

当下,对于网络语言的使用并没有相应的法律或法规予以规定。不过,如果从广义范围上理解的话,法律、法规或规章以及一些规范性文件间接规定了网络语言的使用问题——从侧面排除使用网络语言的场合。比如,《国家通用语言文字法》在第 14 条中规定了应该以国家通用语言文字为基本的用语用字情形,可见其从侧面禁止了网络语言使用的几种情形;在第 17 条中列举了六种可以保留或者使用繁体字、异体字的情形。但是,这些规制针对的都是现实生活中的领域、场合,对于网络虚拟空间中是否可以使用既包含繁体字又包含异体字的网络语言却没有明确规定。例如,在互联网中,非常流行的火星文集合了符号、繁体字、日文、韩文、冷僻字图形文字以及汉字拆分等元素,② 还同步出现了翻译软件、火星文设计软件。对于互联网上这类的异体字是否可以使用,以及在互联网的什么场合能使用却没有相应的规范。

由于网络语言文字的健康发展与使用引导已经成为需要关注的社会问题,国家语委亦高度重视。但由于受其主体地位的制约,对于网络语言使用的引导,国家语委主要通过行政指导、行政计划的方式在推动。比如,《国家中长期语言文字事业改革和发展规划纲要》即是一种行政计划的方式,其所确定的行为方式也主要表现为监测与引导:一方面跟踪研究语言生活中出现的新现象、新问题,纠正语言文字使用不规范的现象;另一方面引导网络等新媒体规范使用语言文字,引导社会语言生活健康发展,以形成规范使用语言文字的社会氛围。在缺少法律规范尤其是强行性规范的情况下,国家语委对于网络语言文字的使用情形及其发展趋势也只能采取此类"软性"手段。当下中国网络语言的现实境遇,表明现有规范对网络语言的"待遇"是远远不够的,尤其是现有法律的规范及其手段苍白无力。

---

① 李卫红:《依法全面推进语言文字工作》,http://kszy.jnjyw.edu.cn/yywz/201405/2461.html。

② 马中江:《亚文化符号:网络语言文字》,《中国青年报》2014 年 11 月 24 日第 2 版。

## 二 网络语言文字立法缺乏系统性和协调性

网络语言使用的立法，除了滞后外，还存在缺乏系统协调性的问题。2005年12月29日，上海市十二届人大常委会第二十五次会议审议通过了《上海市实施〈中华人民共和国国家通用语言文字法〉办法》（以下简称《实施办法》），自2006年3月1日起正式施行。在上海《实施办法》颁布之前，全国已有11个地方制定颁布了语言文字方面的地方性法规或规章。但是上海市比较创新的是，第一次正面对网络语言提出了明确的规范要求：国家机关公文、教科书不得使用不符合现代汉语词汇和语法规范的网络语言；新闻报道除需要外不得使用不符合现代汉语词汇和语法规范的网络语言；及在上海市注册的网站的网页用字必须使用规范汉字。上海市在制定语言文字法的《实施办法》时将网络语言的使用纳入其中，随后海南等一些地区也有将网络语言规范写入其地方性的实施办法。这种地方法规将网络语言使用纳入规制的做法虽然具有先行探讨的意义，但不可否认也存在相当大的问题：其一，国家法律层面，即《国家通用语言文字法》并没有对网络语言的使用有明确限制，而地方性法规对网络语言的使用提出明确限制，有的限制范围还十分广，例如上海对网站网页用字的规范，涉及的面就十分广。国家立法（或中央立法）的未明确限制与地方立法的明确限制之间显然存在明显的不协调或者说冲突。其二，这种不协调在互联网领域会更加明显，因为互联网具有天然的无边界性，虽然地方性法规名义上约束范围是一定地域内的行为，当然由于互联网的无边界性，其约束力必然会跨越地域性。例如上海规定在上海注册网站的网页用字必须使用规范字，看上去限制范围仅限于上海。但实际上，其必然导致个人如果通过在上海注册的网站平台上如博客、论坛及商业网站的评论栏发表言论也必然受到上海市法规的约束。所以，互联网的无边界性使得地方性法规的管辖范围出现"外溢"，这更进一步加剧了地方性法规和国家法律之间的不协调性。其三，立法的不协调会导致执法的不协调。立法上的不协调使得执法机关在执法时必然要处理执法依据之间的不协调问题。更严重的是，由于国家法律层面没有明文规定，执法机关根据地方性法规对违反其规定的网络语言使用行为进行处罚时，还会面临合法性的质疑。例如，执法机关根据上海的《实施办法》对在上海登记的个人网站违规行为——即使用不符合规范字的网络语言行为——进行处罚时，会被面临其处罚依据合法性的质疑。因为对于个人对网络语言的使用，涉及公民的基本权利——言论自由权，对言论自由的限制仅能由法律做出，地方性法规无权进行限制。[①]

## 三 网络出版物语言文字使用的法律规制局限

2000年我国颁布《国家通用语言文字法》，这是我国专门针对语言文字使用而制定的一部法律。该法明确了我国通用语言文字是普通话和规范汉字，国家推广、普及通用语言文字的使用。按照该法，汉语出版物、广播电台、电视台、公共服务行业、信息处理和信息技术产品中使用的语言文字应该符合通用语言文字的规范和标准，该法第14条更是强调："下列情形，应当以国家通用语言文字为基本的用语用字：（一）广播、电影、电视用语用字；（二）公共场所的设施用字；（三）招牌、广告用字；（四）企业事业组织名称；（五）在境内销售的商品的包装、说明。"这部在网络语言出现六年后颁布的语言文字法律并没有正面提及网络语言使用的规则。那么《国家通用语言文字法》有没有可能涉及网络语言的使用呢？还是有可能的。

按照《国家通用语言文字法》第11条的规定，汉语文出版物应当符合国家通用语言文字的规范和标准。当出版物的概念遇到网络后，就会产生"网络出版物"的概念，而网络出版物就可能涵盖个人的网上言论，从而使得个人对于网络语言的使用受到《国家通用语言文字法》的限制。

国家新闻出版广电总局、工业和信息化部2016年联合颁布了《网络出版服务管理规定》，第2条对网络出版物的概念进行了界定："本规定所称网络出版物，是指通过信息网络向公众提供的，具有编辑、制作、加工等出版特征的数字化作品，范围主要包括：（一）文学、艺术、科学等领域内具有知识性、思想性的文字、图片、地图、游戏、动漫、音视频读物等原创数字化作品；（二）与已出版的图书、报纸、期刊、音像制品、

---

① 对于这个问题本章第三节还将详述，此处从略。

电子出版物等内容相一致的数字化作品；（三）将上述作品通过选择、编排、汇集等方式形成的网络文献数据库等数字化作品；（四）国家新闻出版广电总局认定的其他类型的数字化作品。"对这个规定可以做出如下解读：

其一，网络出版物属于出版物，这是制定该办法的主管部门所明确的，国家新闻出版广电总局相关负责人在接受《中国新闻出版广电报》记者采访时表示："网络出版服务是伴随社会生产力的发展而出现的出版形态和传播方式，是新兴出版样式之一。网络出版物相对于传统出版物，如书、报、刊、音像制品、电子出版物等，在本质属性上有高度的一致性，可以看作传统出版在网络上的延伸与发展。"[1] 既然网络出版服务与传统出版服务具有高度一致性，那么同理，网络出版物与传统出版物也具有高度一致性，从而也可将网络出版物归入出版物的范畴。

其二，网络出版物中界定的第一项"（一）文学、艺术、科学等领域内具有知识性、思想性的文字、图片、地图、游戏、动漫、音视频读物等原创数字化作品"，这会把个人在网络上发表的言论涵盖进去，典型如通过个人微信公众号、个人微博号等"自媒体"形式发布分言论。在该办法征求意见之时，业界就将这一条解读为将涵盖"自媒体"在内，从而引发"自媒体"也许要办理出版服务许可证的恐慌。[2] 后来，总局出来说明，开设微博、微信公众号的自媒体是信息内容的创作者、生产者，不是信息内容的提供者，不纳入许可管理。[3] 但值得注意的是，总局强调的是"自媒体"不纳入许可管理，而没有否认"自媒体"的言论仍然属于网络出版物的范围。

其三，并非所有个人网络言论都会被归入网络出版物的范围，满足以下四个条件的个人网络言论可以被涵盖在网络出版物范围内：（1）向公众提供；（2）具有编辑、制作、加工等出版特征；（3）属于文学、艺术、

---

[1] 尹琨：《总局解读〈网络出版服务管理规定〉热点问题》，http://www.gapp.gov.cn/news/1656/277316.shtml，2016年7月8日访问。

[2] 单磊：《网络出版新规下，自媒体到底要不要"办证"》，http://www.tmtpost.com/1510341.html，2016年7月8日访问。

[3] 尹琨：《总局解读〈网络出版服务管理规定〉热点问题》，http://www.gapp.gov.cn/news/1656/277316.shtml，2016年7月8日访问。

科学等领域；(4) 具有知识性和思想性。当然，这四个条件所设置的门槛并不高。

所以，按照上述解读，个人的网络言论符合网络出版物范围，且为汉语形式，就可以被归入《国家通用语言文字法》第 11 条的管辖范围，从而受其规制。事实上，《网络出版服务管理规定》本身对网络出版物在语言使用上的限制，已经做出了规定，其第 30 条第 2 款规定："网络出版物使用语言文字，必须符合国家法律规定和有关标准规范。"这里的"国家法律规定"显然指的就是《国家通用语言文字法》第 11 条，这里的"标准规范"指的就是"国家通用语言文字的规范和标准"。因此，从《网络出版服务管理规定》的角度出发，网络语言的使用应该受到《国家通用语言文字法》的限制。

虽然结合《网络出版服务管理规定》可以将网络出版物归入出版物范围内，从而实现对个人网络言论的规制；但必须指出的是，在国家法律层面，即《国家通用语言文字法》的层面，对网络语言的使用规制仍然是滞后的，因为《国家通用语言文字法》没有对网络语言的使用做出明确规定，也就是国家法律层面没有对个人使用网络语言做出明确限制，其限制有赖于《网络出版服务管理规定》这一部门规章来实现。由部门规章而非国家法律来限制个人网络语言使用将会面临限制的正当性问题。[①]

## 第三节 网络语言文字的使用自由及其限制

### 一 问题的提出：网络语言文字使用的自由与限制

随着互联网的发展，网络日益成为人们生活的重要场所，从而使得网络语言文字的使用更为频繁。正如上文所言，网络语言文字并不是与通用规范语言文字截然不同的另外一种形式的语言，只不过是在特定领域供特定人群使用的一种变异语言。这种语言的产生是根据普通规范语言文字稍加改造，然后被特定人群慢慢接受、默认使用的，并非凭空创立的另外一

---

① 下文详述，此处不予展开。

种截然不同的语系。这种语言的特色是表达方式不仅限于使用通用规范语言文字，还可以根据自己的想象、爱好，结合特定事件、社会现状，创立新的字词、语句以及使用符号、表情、图片代替文字等，用以传达意思和情感。

网络语言文字广泛使用的同时也带来了一些问题。2015年10月15日，教育部和国家语言文字工作委员会联合公布了2014年中国语言生活状况报告。报告中称中国语言生活热点频发，网络语言文字上广播电视节目，进入教科书或词典等问题引发热议，网络语言文字粗鄙化需要治理。① 有学者也认为，网络不是"法外之地"，网络语言文字的使用同样要遵守语言使用的法律规范，如《国家通用语言文字法》，因此有必要对网络语言文字的使用进行治理。② 对网络语言文字的使用进行治理，就涉及语言使用的自由和限制问题。

网络语言文字的使用涉及言论自由的两个层面，即表达的形式层面和表达的内容层面。从表达的形式层面来看，言论自由意味着可以自由选择表达的形式，这其中必然包括可以选择表达所使用的语言。③ 言论表达的内容层面，是指言论的实际内容，放在网络语言文字使用的环境下，是指网络语言文字作为载体所承载的表达内容。本节对网络语言文字的界定，是从语言形式入手的，强调其是通用语言的特定变异语言形式，因此在讨论言论自由问题上，也只限于研究言论自由的形式层面。

按照通说，言论自由是一项基本权利。作为一项基本权利，其被国际公约和各国的宪法所明文确认。《公民权利和政治权利国际公约》第19条第2款规定："人人有自由发表意见的权利；此项权利包括寻求、接受和传递各种消息和思想的自由，而不论国界，也不论口头的、书写的、印刷的、采取艺术形式的或通过他所选择的任何其他媒介。"《欧洲人权公约》第10条第1款规定："人人有言论自由的权利。此项权利应包括保

---

① 教育部语言文字信息管理司组编：《中国语言生活状况报告（2015）》，商务印书馆2015年版，第89页。

② 周克庸：《网络不是〈国家通用语言文字法〉的"治外法权"区》，《浙江传媒学院学报》2010年第1期。

③ 有学者提出了语言权的概念，语言权中包含了语言的使用权，而语言的使用权就会涉及言论自由权，参见苏金智《语言权保护在中国》，《人权》2003年第3期。

持主张的自由，以及在不受公共机关干预和不分国界的情况下，接受并传播消息和思想的自由。本条不应阻止各国对广播、电视、电影等企业规定许可制度。"除国际公约外，按照相关学者统计，世界上有102个国家以宪法或宪法性文件的方式规定了公民的言论自由。[①] 我国《宪法》同样也规定了言论自由，其第35条规定："中华人民共和国公民有言论、出版、集会、结社、游行、示威的自由。"

尽管言论自由作为一项基本权利非常重要，但并不意味着其可以不受限制。要维护真正的自由，必然要给自由设定一定限制，从一定程度上来说，基本权利的受限性是与其不可侵犯性相伴而生的。[②] 一般认为，基本权利要受到两个方面的限制：其一，基本权利之间的相互制约，权利之间存在一定的冲突性，例如言论自由权与隐私权之间就可能发生冲突，从而形成制约性，这种制约通常被称为内在制约。其二，公共利益对于基本权利的制约，这种制约又可称为外在制约。

言论自由作为一项基本权利，当然也受到上述两方面的限制。《公民权利和政治权利国际公约》第19条第3款规定："本条第二款所规定的权利的行使带有特殊的义务和责任，因此得受某些限制，但这些限制只应由法律规定并为下列条件所必需：（甲）尊重他人的权利或名誉；（乙）保障国家安全或公共秩序，或公共卫生或道德。"这里的甲项对应的是内在制约，即一项基本权利对他项基本权利的制约；乙项对应的是外在制约，即公共利益对基本权利的制约。

我国《宪法》对于基本权利的限制有一般性的规定，第51条明确规定："中华人民共和国公民在行使自由和权利的时候，不得损害国家的、社会的、集体的利益和其他公民的合法的自由和权利。"这个一般性规定当然涵盖了对于言论自由的限制。

言论自由包括使用各种媒介和方式表明、显示和公开传递思想、意见、观念、主张、情感或信息、知识等内容而不受他人约束、干涉和惩罚的自主性状态。[③] 对于表达言论时是使用哪国语言、哪个地区的方言甚至

---

[①] 甄树青：《论表达自由》，社会科学文献出版社2000年版，第8页。当然，不同国家对于言论自由权的称谓并不一致。

[②] 胡肖华、徐靖：《论基本权利限制的正当性与限制原则》，《法学评论》2005年第6期。

[③] 甄树青：《论表达自由》，社会科学文献出版社2000年版，第11页。

哪种形式的语言都是大众可以自由选择的。网络语言文字虽然与通用规范语言文字相比不具有规范性，但是网民在进行言论表达时是否使用网络语言文字完全是可以自由选择的。但自由选择语言进行表达是有一定界限的，网络语言文字自由使用的前提是尊重他人权利或名誉，保障国家安全或是公共秩序、公共健康以及公共道德。离开这个前提的自由是丧失秩序保障的伪自由。

作为语言的使用者，每个人对语言的运用有不同的习惯，作为公布或发表出来的文字和作品，其语言和文字上的风格和习惯就不再属于个人。它会对读者产生影响，因而，这类公共领域内的产品就需要注意它的传播造成的负面影响。传播学奠基人之一的拉斯菲尔德和著名的社会学家莫顿提出了大众传播具有负功能的观点。他们认为，大众传播会麻痹我们的精神，降低民众的道德水准，将不具备一定认知能力的未成年人引入歧途。[①] 规范网络语言文字的使用，为大众言论划定一定的界限，从而引导人们正确表达并以积极的方式构筑网络空间表达的理想语言环境。如果互联网表达空间中充斥着大量的粗俗、色情词汇以及暴力词语，久而久之，一旦人们对这种不雅词汇习以为常，那么就是在潜移默化中接受了以丑为美，以粗鄙为流行，以破坏为创新的价值取向。参与者通过敲击键盘将这些语言炸弹随意扔出从而形成对他人的攻击，被攻击者采取同样的方式进行反击。当言辞攻击达到一定的程度，就会破坏网络空间的表达环境，从而让理性文明的网民在恶劣的语言表达环境中害怕遭受人身攻击而保持沉默，非理性野蛮的网民因为没有相应的规制、不会遭受惩罚而更加猖狂无畏。为参与表达的人提供良好的言行标准并且对少数言论出格者进行限制和惩罚，使网络空间的表达环境达到人们都能接受的程度，以此来保证互联网上的讨论能够向所有人开放，使一般人不至于因为表达环境的恶化选择退出或保持沉默，这才是对网络语言文字使用自由的保障。

基于此，本节是在言论自由及其限制的理论框架下，对网络语言文字的使用与限制进行研讨。需要说明的是，言论自由是一项公民的政治自由权利，因此在言论自由框架下进行讨论时，仅探讨公民个人使用网络语言文字的自由和限制，而不及于政府、商业组织或其他组织对网络语言文字

---

① 王四新：《网络空间的表达自由》，社会科学文献出版社2007年版，第124页。

的使用。同时，此处的使用强调的是作为语言形式的使用，而不及于语言的内容，因为语言的内容涉及的法律关系过多，非本书所探讨之主旨。①

## 二 网络语言文字使用限制的正当性考量

正如上文所言，网络语言文字在完全不受限制使用的情况下必然会带来一些负面问题，而现行法对网络语言文字使用及其限制的规定存在明显的滞后和不协调。因此，十分有必要从应然层面对网络语言文字使用的限制进行考察。由于网络语言文字使用涉及言论自由这一项基本权利，因此立法对其进行限制时，必须要考虑正当性的问题。

基本权利并非不可被限制，但由于其重要性，必须对其限制进行严格的正当性审查，也就是基本权利限制的限制。对于言论自由的限制同样也要受到限制，正如《公民权利和政治权利国际公约》第19条第3款所规定："这些限制只应由法律规定并为下列条件所必需：（甲）尊重他人的权利或名誉；（乙）保障国家安全或公共秩序，或公共卫生或道德。"欧洲人权组织官员将这些限制可以被概括为一个严格的三步测试，"它要求任何限制都必须：a）由法律规定；b）旨在保障第19（3）条提及的合法权益的其中一项；c）对实现这一目标来说是必要的。"② 我们可以用这三步测试法来对网络语言文字的使用限制进行正当性考察。

### （一）法律保留

对基本权利的限制只能由法律规定，这可称为法律保留原则。其含义是只有国家立法机关通过的法律才能对基本权利进行限制，除法律外，其他行政机关制定的各种法规不能限制公民的基本权利。法律保留原则在我国《立法法》中亦有体现，《立法法》第8条规定了特定的事项只能制定法律，其中就包括了涉及基本权利的"对公民政治权利的剥夺、限制人身自由的强制措施和处罚"。言论自由属于公民的政治权利范畴，因此对其限制也只能由法律进行规定。

---

① 因此，如无特别说明，网络语言的使用是指公民个人对于网络语言形式的使用。
② 丹尼尔·西蒙斯：《对言论自由的可允许限制》，《国际新闻界》2005年第4期。

在现行法体系下，对于言论自由表达限制的法律层面规定，① 仅有《国家通用语言文字法》。按照该法，汉语出版物、广播电台、电视台、公共服务行业、信息处理和信息技术产品中使用的语言文字应该符合通用语言文字的规范和标准。

《国家通用语言文字法》的这些规定有两个特点：其一，涉及的主要是公共组织或者商业组织使用语言文字的限制，没有明显涉及对个人使用的限制。其二，正如前文所言，由于立法年代问题，没有涉及网络语言文字的使用。那么《国家通用语言文字法》有没有可能涉及个人对于网络语言文字使用的限制呢？按照上文的分析，结合《网络出版服务管理规定》，个人的网络言论符合网络出版物概念，且为汉语形式，就可以被归入《国家通用语言文字法》第 11 条的管辖范围。按照这个逻辑，是否个人网络言论②一定应该受到限制，必须要符合国家通用语言文字规范和标准？

答案是并非尽然。因为按照法律保留的原则，法律对基本权利的限制必须是清晰和易懂的，应该具有明确性。欧洲人权法院对这一点进行很好的阐释："规范不可被视为'法律'，除非它在制订时具有足够的精确性从而使公民能够规范其行为；他必须能够——如果需要适当的忠告——在一定程度上预见到特定情形可能会发生的结果，而这种程度在该情形下应当是合理地发生的结果，而这种程度在该情形下应当是合理的。"③《国家通用语言文字法》第 11 条是否适用于个人网络言论，仅从该法本身去解释，是具有模糊性的，还必须结合《网络出版服务管理规定》，才能推论出个人网络言论可否归入网络出版物，从而受到限制。这里的推理链条比较长，因此不能说符合法律保留所要求的明确性，不能在法律上给公民以清晰、易懂的指引。所以，笔者认为，从现行《国家通用语言文字法》出发，基于该法第 11 条对网络语言文字使用进行限制，在法律保留方面的正当性，是存在疑问的。

---

① 指在表达层面是否应采用通用语言文字这种形式。
② 这里的个人网络言论是指汉语文形式的言论，下同。
③ Sunday Times v. United Kingdom, 30 Eur. Ct. H. R. (ser. A.) at 49 (1979). 转引自丹尼尔·西蒙斯《对言论自由的可允许限制》，《国际新闻界》2005 年第 4 期。

## (二) 合目的性

对言论自由限制正当性测试的第二点是考察其限制的目的是否为保障或促进合法性目标，并且这个合法性目标是宪法所确认的。例如《公民权利和政治权利国际公约》第 19 条第 2 款，对言论自由的限制必须是为"（甲）尊重他人的权利或名誉；（乙）保障国家安全或公共秩序，或公共卫生或道德。"又如我国《宪法》上的一般性限制规定："中华人民共和国公民在行使自由和权利的时候，不得损害国家的、社会的、集体的利益和其他公民的合法的自由和权利。"概括而言，对言论自由限制的限制必须是为了促进或保障其他公民的权利或者公共利益。

显然，仅从语言形式而言，一般情况下，单纯使用网络语言文字这种形式不会侵害到他人的权利，毕竟从个人权利的角度出发，并不存在个人要求其他个人必须使用某种形式语言的权利。所以，从保障个人权利的角度，并不能推导出对网络语言文字使用的限制。

从公共利益的角度来看，国家推行通用的语言文字规范与标准，有其重要意义。因为语言不仅是个人进行沟通的工具，更是具有重要的公共价值意义。正如有学者所言："透过多数相同语言使用者的沟通将能创造出属于该语群的文化，并且促使运用相同语言的多数人彼此产生归属感。"[①] 人民由于对同一语言的使用所产生的归属感，是民族认同感产生的重要根源，因此，语言也就成为民族构成的重要元素之一。同时，现代国家是建立在民族之上，即所谓的"Nation-State"。由此，语言也就成为国家构建的重要元素。现代国家对于语言问题是十分重视的，往往会设置官方语言或者"国语"。官方语言或"国语"的设置，一方面可以通过语言的同质性增强国民的归属感和认同感，强化国家的统一性；另一方面也可以促进公民的交流，提高教育、经济等诸活动的效率。因此，国家设置官方语言或"国语"具有明显的促进公共利益倾向。我国颁布《国家通用语言文字法》，推广通用语言文字的使用，也是基于此种考虑。正如全国人大教科文卫委员会副主任委员汪家镠在对《中华人民共和国国家通

---

[①] Maeder, Sprache und Recht: Minderheitenschutzrecht in Deutschland, JuS 2000, S. 1151. 转引自张慰《宪法中语言问题的规范内涵——简论中国宪法第 19 条第 5 款的解决方案》，《华东政法大学学报》2013 年第 6 期。

用语言文字法（草案）》进行说明时所言："实现国家通用语言文字的规范化、标准化，是促进民族间交流、普及文化教育、发展科学技术、适应现代经济和社会发展的需要，是提高工作效率的一项基础工程，对于社会主义物质文明建设和精神文明建设具有重要的意义。"[1]

推行通用语言文字，可以促进重要的公共利益。因此，在推行通用语言文字过程中，限制网络语言文字使用的自由，其目的也是公共利益。从这点出发，限制网络语言文字使用的自由，符合公共利益与他人利益这一目的性之要求。

（三）必要性

对言论自由的限制除了必须符合法律保留原则及合目的性，还需要考虑必要性，即限制是否必要的问题。通常来说，必要性原则需要考虑两个方面：第一，限制应基于迫切的社会需求；第二，限制所带来的损害应该最小化。是否应对网络语言文字使用进行限制，也应该从这两个方面进行考虑。

从迫切性的角度来看，网络语言文字滥用产生了一系列问题，正是这些问题产生了限制网络语言文字使用的社会迫切性，对其限制是合理的。

同时，如果进行限制，这种限制所带来的损害应最小化。也就是说，在有多个方法的情况下，应选择伤害最小的方法。我们认为，整体上而言，如果要减少网络语言文字的滥用，方法只能是限制网络语言文字的使用，但从减少损害的角度而言，应该将限制的面缩到最小。

在网络语言文字使用上，私主体之间的交流，如微信点对点的信息交流，不应该受到限制，因为这种场合下语言的使用，受影响的仅是沟通的双方或多方，通常不会涉及公众，不会影响公众对语言的感知，因此，也不会过分妨碍于通用语言文字的推行，进而影响公共利益。与私人沟通场合相对应的是网络语言文字在公共场合的使用。因为互联网天然具有公共性，可以被认为是一个虚拟的公共场所，言论只要不是特定的点对点传播，而是公开发表在互联网上，就具有公共性。如果将这些言论的使用都进行限制，都要求使用通用语言文字，显然有限制过大之嫌。例如，普通

---

[1] 汪家镠：《关于〈中华人民共和国国家通用语言文字法（草案）〉的说明》，http://www.npc.gov.cn/wxzl/gongbao/2000-07/03/content_ 1481430.htm，2016年10月9日访问。

人在网上论坛发表的言论、普通人发表的微博等，一般情况下，这些言论所影响的范围是有限的。如果要一概限制，所影响的言论自由范围过大。并且，还要考虑，这些言论在网上过多，一旦限制，执法成本是极高的。

因此，笔者认为，从尽可能减少限制带来损害的角度，应该限制的仅是具有出版物特征的个人网络言论，表现在网络言论领域，就是符合网络出版物定义的个人网络言论，主要是自媒体言论。出版物，作为经过编辑、制作、加工的作品，对比普通的个人公开言论，更有条件去吻合国家通用语言文字的规范和标准，毕竟其往往是由专业人员操作。同时，相比普通个人公开言论，通常出版物对公众的影响力更大，对其限制的收益也会更大，这也是《国家通用语言文字法》要求汉语文出版物要符合国家通用语言文字标准和规范的原因，这个逻辑没有理由不延伸到网络上。同时，从执法角度来看，按照《网络出版服务管理规定》，网络出版必须通过专门的网络出版服务单位进行，因此，执法部门在执法时可以不需要面对海量的个人，而是可以通过网络出版服务单位对平台上的个人进行监管。

在对法律保留、合目的性及必要性三个方面进行研讨后，可以发现，对网络语言文字使用的限制是符合合目的性要求的；在法律保留原则方面，如果从现行法的基础上进行考虑，则立法限制的正当性存在疑问（规章层面上的限制，而非由法律作出规定）。如果要限制，需要考虑修改现行法律。从必要性的角度而言，如果将限制的范围限于符合网络出版物定义的个人网络言论，是符合必要性要求的。在对正当性进行考察后，也就划出了应该限制的网络语言文字使用的范围，即符合网络出版物定义的个人网络言论。

## 三　网络语言文字使用的法律限制及技术规制

从正当性的角度研讨出网络语言文字使用限制的应然范围后，本节最后一个部分探讨这个限制的实现问题。美国著名网络法学家劳伦斯·莱斯格认为，法律与代码是规制网络空间的两个重要方法。[①] 这个判断放在网

---

① [美] 劳伦斯·莱斯格：《代码 2.0：网络空间的法律》，李旭、沈伟伟译，清华大学出版社 2009 年版，第 157 页。

络语言文字使用的治理方面同样成立，因此，要实现网络语言文字使用的限制，可以从法律和技术层面入手。

（一）法律制度层面

法律制度层面上要解决的主要问题，是限制网络语言文字使用的正当性缺失问题，即应该解决上文提到的《国家通用语言文字法》对网络语言文字使用限制的不明确问题。考虑到限制范围，建议明确《国家通用语言文字法》第11条限制的范围应包含网络出版物在内，具体策略可以考虑将第11条修改为："汉语文出版物应当符合国家通用语言文字的规范和标准。需要使用外国语言文字的，应当用国家通用语言文字做必要的注释。汉语文出版物包括汉语文网络出版物。"这样的修改虽然有重复之嫌，但由于法律层面并没有对网络语言文字使用进行限制，在法律条文中清晰指出网络出版物同样应符合国家通用语言文字的规范和标准，有助于降低法律的模糊性，使其对网络语言文字使用的限制符合法律保留所要求的明确性。当然，替代性策略是不进行法律条文上的修改，而是由立法机关即全国人大常委会对出版物进行解释，明确其包含网络出版物。但考虑到全国人大常委会对法律进行解释的次数较少，为一部较小领域的法律进行解释的可能性不大，因此我们认为对条文直接进行修改更为简便妥当。

从法律协调统一性的角度而言，对于上海等地方性法规关于网络语言文字使用的规定与《国家通用语言文字法》不一致而出现的冲突或不协调的情形，互联网的无边界性无疑放大了这种冲突或不协调。因此，从限制网络语言文字使用的角度观之，地方性法规应保持与《国家通用语言文字法》的一致性，以确保法律体系在网络语言文字使用方面规定的协调性与统一性。

（二）技术应用层面

正如劳伦斯·莱斯格所言，代码是规制网络空间的重要手段，代码所代表的技术在规制网络空间上起到"架构"的作用，因为网络空间就是以代码的方式构建起来的。[①] 通过代码这种技术手段，可以有效地对网络

---

① 参见［美］劳伦斯·莱斯格《代码2.0：网络空间的法律》，李旭、沈伟伟译，清华大学出版社2009年版，第159页。

语言文字的使用进行限制。例如，可以采用关键词过滤技术，将相关不符合通用语言的网络词汇列为"关键词"，从而过滤掉不符合规范的网络语言文字，也就是让网民无法将其在网上发出，或者发出后系统发现马上删除。除了较为简单的关键词过滤外，还可以有比较复杂的模型识别技术。即，建立识别特定违法网络语言文字的技术模型，然后以一定手段在监控中自动识别特定违法的网络语言文字，在发现后还可以技术性地自动处理掉，一般是删除相关文字。

利用技术手段对网络语言文字使用进行控制，是见效最快但也最容易越过法律所设的限制性边界的方式。特别是技术模型建构和识别过程中，并不能保证百分之百的准确率，也就是说完全可能导致一些没有违反《国家通用语言文字法》的网络语言文字被识别出来，然后被自动处理掉。合法的言论被技术手段所限制，实际上就侵害了当事人的言论自由权利。

### （三）法律和技术手段的综合运用：以网络出版平台为中心

网络空间的治理具有治理对象极多、涉及面广及易变性的特点，与线下治理相比，难度相对更大。因此，单纯依靠法律或者技术手段并不足以实现对网络语言文字使用的良好治理，必须要创新治理方式，将法律手段和技术手段进行结合，以实现网络语言文字使用的合理限制。

在治理过程中，应以平台——即网络出版平台——作为治理的中心环节。因为使用网络语言文字的个人是海量的，执法机关面对海量的个人进行执法，其成本太高，难度太大。从治理的有效性角度而言，必须将治理重点转向个人使用网络语言文字的平台——网络出版平台。按照上文所言，个人网络言论中仅属于汉语网络出版物的言论才会受到规制，而这部分个人言论是通过网络出版平台——例如微信、微博才得以发表的。因此，通过规制网络出版平台来实现对个人网络语言文字的治理是更为恰当和合理的治理手段。

由此可知，在综合运用法律和技术手段的基础上，在治理策略上应该：

其一，应由中央相关执法机构负责建立专门的网络语言文字使用执法监管平台。该平台应该采用技术手段，如爬虫技术，对主要的网络出版平台上的个人网络言论进行监测，并通过技术性手段识别其是否使用了不符合通用语言文字规范的网络语言文字。在发现违法行为时，可以对网络出版平台和网络语言文字使用者进行警示，同时也可以固定证据，作为采取后续执法措施的依据。该平台建成以后，将极大地减轻各地相关执法机关的执法压力，有效提升执法效率。考虑到建设该平台的成本和收益，并参考其他领域的监控平台的做法，① 应由中央相关执法机关主导建立。

其二，以网管网，通过网络出版平台进行治理。以网管网，通过第三方平台进行治理，也是互联网治理的趋势，② 表现在网络语言文字使用治理上，应该有效借助网络出版平台的力量。网络出版平台作为出版物的提供者，必须要遵守《国家通用语言文字法》，确保其网络出版物不使用不符合通用语言文字规范的网络语言文字。但考虑网络出版过程中，通常网络出版并不采取传统的由出版社先审后发程序，而是由作者直接决定发表，所以网络出版平台必须采用适当的技术手段和内部规则控制网络语言文字的使用。③ 网络出版平台在发现网络语言文字使用的违法情形后，应及时采取必要措施制止，在必要的情况下，还应该通知相关执法机关，并配合执法机关的后续执法行动。

## 第四节　网络语言文字的法律规制：以网络广告语言文字为例

网络不应当是法外空间。网络语言文字的不当应用会产生诸多弊害。因而公民的网络语言文字使用自由亦不应是绝对的自由，应当是有所限制

---

① 如国家互联网广告监控平台。

② 例如在电子商务领域，行政主管机构难以面对海量的卖家，因此通过电子商务平台进行治理；在网约车领域，行政主管机构通过网约车平台进行治理。对这一趋势较好地归纳可参见腾讯研究院的相关研究，具体见柳雁军、杨乐、彭宏洁等《平台时代反思：互联网平台行政义务之缘起、流变及四大问题》，http://mp.weixin.qq.com/s?src=3&timestamp=1479114018&ver=1&signature=O-YYIk5edU5fPL-uCwc16gaxkC*6V*JZsPzfCop-YCw4Wipae379wFGlFFpu6LI5Ezk9k-6gMlU3X6Y0eVZQT2jkPTiLUx6Y*i3UgJwXa59lBKL2pHzW1c1Hh5vO7Y*626wNIIocZc0PmyliqoT4f2-ceZeT4D6nr9it1mo8zx0z4=，2016年11月10访问。

③ 技术手段，如在发表之时进行技术性过滤；内部规则，如对发现违规使用网络语言的自媒体作者进行处罚。

的。为此，法律需要对网络语言文字的滥用等行为予以规制。同时，鉴于网络语言文字问题，最突出地体现在网络广告方面，且网络广告具有公共性。鉴此，本部分以网络广告语言文字为例，专就网络语言文字的法律规制进行探讨。①

## 一 问题的提出

自 2015 年新的《广告法》② 颁行以来，其实施过程中所带来的一些问题日益为大众传媒所关注。③ 2016 年的魏则西事件，更是让网络广告的法律规制问题成为大众所关注的焦点问题，④ 此类事件说明网络广告这种新的广告形式提出了诸多法律规制方面的新问题和新挑战。而在这些新问题和新挑战中，还存在一个易为人们所忽略的问题——网络广告语言文字（以下简称网络广告语言）的法律规制。⑤

正如前文所述，网络语言文字并不是一种与国家通用的规范性语言文字（以下简称通用语言文字）截然不同的语言形式，它所不同的主要是在特定领域供一定人群使用，它并不是凭空创立的一种新语言文字，而是在对普通规范语言文字稍加改造并被特定人群慢慢接受、默认使用之后而

---

① 本部分参见杨解君、姚志伟《论网络广告语言文字的法律规制》，《中国地质大学学报》（社会科学版）2019 年第 2 期。

② 这里所称的新《广告法》，与 1994 年的旧《广告法》相对称，是指 2015 年 4 月 24 日全国人大常委会通过并于 2015 年 9 月 1 日正式实施的《广告法》。

③ 大众传媒主要关注的是绝对化用语限制所带来的问题。其实，对于绝对化用语的限制，修订前的广告法中即有规定，并非新《广告法》所新增。但在新《广告法》下，由于广告范围特别是网络广告范围的扩张，导致绝对化用语的限制范围扩展到很多领域（如电子商务领域），从而引发了较大反弹的声音，也因此吸引了大众传媒的注意。此外，大众传媒还关注广告代言人的问题，新《广告法》增加了广告代言人责任，并禁止 10 周岁以下未成年人作广告代言。

④ 魏则西是西安电子科技大学 2012 级学生，患有滑膜肉瘤疾病，在通过百度搜索得知"武警北京总队第二医院"有新疗法的推荐（但当时他并未意识到那是推广信息）后，魏则西尝试了肿瘤生物免疫疗法，治疗完成后出现肺部转移并于 2016 年 4 月 12 日病逝。由于百度搜索而导致"耽误治疗"，所以舆论的焦点集中于百度搜索的"竞价排名"是否属于广告、百度是否应该为广告主背书和担责等。参见夏金彪《"魏泽西事件"拷问互联网医疗广告监管》，《中国经济时报》2016 年 5 月 5 日第 6 版。

⑤ 通过检索中国知网，截至 2017 年 7 月，尚未发现有关该问题的探讨文献。

逐渐形成的。与通用语言文字相比，网络语言文字具有简洁化、符号化（图像化）、变异化、杂糅化等特点，①这些特点也同样体现在网络广告语言中。②网络语言文字和网络广告语言的特点，使得它们与通用语言文字在表现形式上有一定的差异。从语言的规范性角度来看，网络广告语言较之规范化、标准化的通用语言文字而言，大多具有非规范性。

需要指出的是，语言文字的使用在我国是受到一定程度的法律规制的。《国家通用语言文字法》规定了汉语出版物、广播电台、电视台、公共服务行业、信息处理和信息技术产品中使用的语言文字应该符合通用语言文字的规范和标准，并且特别规定了广告用字应当以通用语言文字为基本的用语用字。除《国家通用语言文字法》外，对于广告语言文字，国家工商行政管理总局还颁布了专门的部门规章——《广告语言文字管理暂行规定》③。按照该规定，广告语言文字应当使用普通话和规范汉字，并且除规定的特殊情况外，不得使用繁体字、已废止的异体字等不规范的语言文字；不得单独使用汉语拼音和外国语言文字。

依照现行法律和规章规定，不难发现，网络广告语言的非规范性特点和现行法要求的广告语言规范性存在着明显的冲突。如果按照现行法律和规章予以判断，则必然会对现实的广告用语状况形成普遍违法的认定；如果对这种普遍违法不依法治理或矫正，则现行立法规定就会落入"形同虚设"之境，同时也会影响人民群众和谐的语言生活。正是基于解决这种冲突的考量，本部分拟对广告语言法律规制的理由及现状、网络广告语

---

① 简洁化，是指网络语言文字相对于通用语言文字更加简洁，例如用"BT"代表"变态"；符号化（图像化），是指网络语言文字中大量借用符号和图像进行表达；变异化，是指网络语言文字通常会在通用语言文字的基础上产生变异形式，例如从通用语言文字的"东西"变异为网络语言文字的"东东"；杂糅化，是指网络语言文字经常会将通用语言文字、外文、符号甚至所谓"火星文"等多种形式混用，例如"I 服了 U"。对于网络语言文字特点的阐述，可参见袁子凌、许之所《网络语言的特点及其文化意义》，《武汉理工大学学报》（社会科学版）2008年第4期；张晓苏《当代网络语言的特点及流行的文化原因》，《学术探索》2012年第5期。

② 对于网络广告语言特点的阐述，可参见管琰琰《语用视角下的网络广告语言的语体探讨》，《语文建设》2014年第29期；李海峰《网络广告语言探析》，《江汉大学学报》（人文社科版）2004年第3期；冯蔚宁《网络广告语言的语法与语用特征》，《河南科技大学学报》（社会科学版）2010年第6期。

③ 国家工商行政管理总局最早于1998年12月3日发布该规定，2014年9月9日发布《广告语言文字管理暂行规定（修正）》（第86号令）。

言规制的困难展开讨论，并在此基础上探讨切合网络广告特点的网络广告语言法律规制，① 以期从立法上解决这一两难的现实困境。

## 二 网络广告语言的法律规制现状

### （一）广告语言文字立法规定及其解读

在讨论广告语言文字法律规制现状之前，有必要先对语言文字法的规制范围做一介绍。

首先需要明确的是，并不是所有的语言文字使用问题都需要纳入法律调控范围，法律只干涉其社会交际的公共部分，此点已在相关语言文字立法说明中得到印证。2000年7月3日在第九届全国人民代表大会常务委员会第十六次会议上，时任全国人大教科文卫委员会副主任委员的汪家镠曾对《国家通用语言文字法（草案）》的调整范围作了说明："本法调整的不是国家通用语言文字的个人使用，而是社会的交际行为。本法第二章对国家通用语言文字使用中的政府行为和大众传媒、公共场合中的用语、用字进行调整，具体针对国家机关、学校、出版物、广播电台、电视台、影视屏幕、公共设施及招牌、广告、商品包装和说明、企业事业组织名称、公共服务行业和信息技术产品中的用语用字，而对个人使用语言文字只作引导，不予干涉。"② 从该立法说明中可以得知，立法者对语言文字的使用做了一个"二分法"的区分并明确了法律是否介入的标准与范围，即：社会交际使用和个人使用，前者属于法律干涉的范围，后者法律则不予规制。这种"二分法"的区分，主要是考虑到语言文字在社会交际中的影响面和影响度都比较大，社会交际用语必然会影响到公众交流和公共服务，因而有必要通过法律加以规制。相比较而言，语言文字在个人使用中的影响面则较窄，法律对其规制的成本却极高，规制的收益亦微乎其

---

① 本书所研讨的网络广告语言问题，限于商业广告中的语言文字问题，而不及于公益广告。关于公益广告的部门规章——《公益广告促进和管理暂行办法》（由国家工商行政管理总局、国家互联网信息办公室、工业和信息化部、住房城乡建设部、交通运输部、国家新闻出版广电总局联合发布）已自2016年3月1日起施行。

② 《关于〈中华人民共和国国家通用语言文字法（草案）〉的说明》，http://www.npc.gov.cn/wxzl/gongbao/2000-07/03/content_1481430.htm，2017年3月2日访问。

微,也就没有必要将个人使用语言文字的情形纳入法律规制的范围。在社会交际的语言文字使用中,法律重点规制的是:"语言文字使用中的政府行为和大众传媒、公共场合的用语用字。"[1] 在这里,广告作为大众传媒的其中一种,其广告语言文字也就自然地被纳入法律规制的范围。

现行立法对广告语言文字的规定,主要见于《国家通用语言文字法》和《规定》。《国家通用语言文字法》第 14 条规定:"下列情形,应当以国家通用语言文字为基本的用语用字:……(三)招牌、广告用字;……"该法第 23 条还对广告语言文字的管理和监督作出了特别规定:"县级以上各级人民政府工商行政管理部门依法对企业名称、商品名称以及广告的用语用字进行管理和监督。"该条之所以特别指明由工商行政管理部门来监管企业名称、商品名称和广告的用语用字,主要是照顾到既存的客观事实,工商行政管理部门在《国家通用语言文字法》出台之前就已经对上述领域进行了监管而且也便利监管。

具体就关于广告语言文字监管的规定而论,国家工商行政管理总局在 1998 年 12 月就颁布并实施了专门监管广告语言文字的部门规章——《广告语言文字管理暂行规定》(以下简称《规定》),2014 年进行了修订。该《规定》不仅早于《国家通用语言文字法》,而且明确提出广告语言文字应当使用普通话和规范汉字,并对广告中非规范语言文字的使用做出了明确限制,包括:不得单独使用汉语拼音、外国语言文字;不得违反国家法律、法规规定使用繁体字;不得使用错别字、使用国家已废止的异体字和简化字、使用国家已废止的印刷字形、其他不规范使用的语言文字。不过,该规章也规定一些例外:(1)注册商标定型字、文物古迹中原有的文字以及经国家有关部门认可的企业字号用字可以使用,但应当与原形一致,不得引起误导;(2)广告中因创意等需要使用的手书体字、美术字、变体字、古文字,应当易于辨认,不得引起误导。同时,该《规定》还设定了明确的罚则:"违反本规定其他条款的,由广告监督管理机关责令限期改正,逾期未能改正的,对负有责任的广告主、广告经营者、广告发布者处以 1 万元以下罚款。"

该《规定》就广告语言文字的规范性要求,可以做出如下一些阐释

---

[1] 魏丹:《语言文字立法过程中提出的一些问题及其思考》,《语文研究》2003 年第 1 期。

性解读：

其一，明确规定外国语言文字不得单独使用，但也设置了例外情况。① 这是由于当时一些人大代表、政协委员对广告中夹杂使用外语的情况反应很强烈，② 外文的夹杂使用被认为反映了社会上有"崇洋媚外"的思想，对中国语言产生了"污染"。因此，国家工商行政管理总局以"维护祖国语言文字的纯洁性和尊严"③ 为目的设置了此条。

其二，广告中禁止繁体字、简化字等非规范用字，但也设置了重要的例外，特别是广告中允许因创意需要使用手书体字等非规范用字。此条的设立是考虑到广告的艺术观赏性，因创意需要使用一些非规范用字。④ 该例外为广告实践中的创意留下了一定的空间，也使得法律规制行为具有了一定的裁量空间。

其三，该《规定》设定了明确的罚则。一般认为，我国语言文字相关法律，特别是《国家通用语言文字法》的一个重要特点是强制性较弱，以教育引导为主。⑤ 其"立法的目的不是处分或处罚，而是为了引导大家共同遵守国家通用语言文字使用的规范、标准和有关规定"⑥。因而，《国家通用语言文字法》的法律责任主要限于责令改正、警告、批评教育等较轻微的制裁形式，并没有设定罚款或其他较为严厉的制裁方式。但这一特点却并不适合关于广告语言文字的《规定》，该《规定》不仅具有明显的强制性，而且在罚则中还明确了责令停止或改正违法行为和行政罚款等方式。

---

① 不得单独使用外国语言文字的规定有两点例外："（一）商品、服务通用名称，已注册的商标，经国家有关部门认可的国际通用标志、专业技术标准等；（二）经国家有关部门批准，以外国语言文字为主的媒介中的广告所使用的外国语言文字。"

② 参见魏丹《语言文字立法过程中提出的一些问题及其思考》，《语文研究》2003年第1期。

③ 国家工商局广告司：《第二十讲 关于〈广告语言文字管理暂行规定〉的适用》，《工商行政管理》1998年第10期。

④ 参见国家工商局广告司《第二十讲 关于〈广告语言文字管理暂行规定〉的适用》，《工商行政管理》1998年第10期。

⑤ 参见陈章太《说语言立法》，载周庆生、王杰、苏金智主编《语言与法律研究的新视野》，法律出版社2003年版，第17页；王铁琨《〈国家通用语言文字法〉的意义与特色》，载周庆生、王杰、苏金智主编《语言与法律研究的新视野》，法律出版社2003年版，第75页。

⑥ 《关于〈中华人民共和国国家通用语言文字法（草案）〉的说明》，http://www.npc.gov.cn/wxzl/gongbao/000-07/03/content_1481430.htm，2017年3月20日访问。

同时，与其他领域的语言文字监管不同，在广告语言文字领域有着明确并具有较强执法能力的监管机关——工商行政管理部门。《国家通用语言文字法》虽然也规定了地方语言文字工作部门和其他有关部门为监管机关，但是"其他有关部门"并不够明确，而语言文字工作部门并没有常设性的执法力量和能力。工商行政管理部门却不同，它本来就是我国行政机关体系中最重要的市场秩序监督机关之一，拥有一支较为稳定的执法力量。因此，工商行政管理部门有能力执行《规定》，将其监管职能和方式落实到执法实践中。相对而言，《国家通用语言文字法》的实施，除工商行政管理部门监管的广告、企业名称、商业名称用语用字外，其他领域的用语用字则由于缺乏有力的监管机构而较难落实。从行政处罚实践的角度观察，据笔者的不完全检索，有工商行政管理部门根据《规定》进行处罚的案例，[1] 也有工商行政管理部门根据《国家通用语言文字法》实施处罚的案例，[2] 却尚未见其他监管部门（包括语言文字工作部门）根据《国家通用语言文字法》进行处罚的案例报道。

（二）广告语言文字立法在网络广告语言中的实施新局

对于网络广告语言文字的法律规制，现行法并没有特别规定。但是，从行政执法视角来观察，已有工商行政管理部门根据《规定》对网络广告语言文字使用进行处罚的实践及其案例。例如，"纽海电子商务（上海）有限公司发布违法广告案"。在该案中，纽海电子商务（上海）有限公司经营第三方网络交易平台活动（1号店），通过其平台运营的第三方卖家被工商行政管理部门认定在其平台发布了违反《规定》的广告，包括违规使用繁体字、夹杂使用外国语言文字，工商行政管理部门根据《规定》第15条的规定，对纽海电子商务（上海）有限公司处以了责令停止发布广告、罚款五千元等行政处罚措施。[3] 可见，网络广告语言文字的使用并非"法外之地"，它同样应遵循现行的《国家通用语言文字法》

---

[1] 例如沪工商自贸案处字〔2015〕第410201410009号行政处罚决定书、浦市监案处字〔2015〕150201510117号行政处罚决定书。

[2] 例如京工商丰处字〔2009〕第1345号行政处罚决定书。

[3] 该案涉及多个第三方商家行为导致的行政处罚，有单处责令改正的，也有责令改正与罚款五千元的并行处罚，具体可参见沪工商自贸案处字〔2015〕第410201410009号行政处罚决定书。

和关于广告语言文字监管的《规定》。

## 三 网络广告对现行广告语言文字法律规制的挑战

网络的兴起对诸多社会领域的治理都带来了前所未有的挑战，在广告语言文字领域亦同样如此。相较于传统广告，网络广告出现了一系列重大变化，这些变化使得规制传统广告的现有法律机制面临着严峻的挑战。这些挑战突出地表现在：

（一）个人（自然人）成为重要的广告发布主体使得传统的"二分法"失效

在传统广告模式下，广告发布者一般是公共媒体，如电视台、广播电台、报纸、杂志等，自然人被排除在广告发布主体之外。因此旧的《广告法》（修订前）规定："广告发布者，是指为广告主或者广告主委托的广告经营者发布广告的法人或者其他经济组织。"

但在网络广告模式下，发布广告的门槛却降得极低。在主体上甚至可以说，凡有民事行为能力的人都可以发布网络广告。例如，自媒体广告——个人通过微信、微博等自媒体为自己或他人发布广告；又如，个人在网络论坛、贴吧、视频网站、网络直播平台等网络公共场所发布广告。正是基于这种变化的考量，新《广告法》对广告发布者的概念做了相应调整。该法第2条第4款规定："本法所称广告发布者，是指为广告主或者广告主委托的广告经营者发布广告的自然人、法人或者其他组织。"可见，该规定明显顺应了信息社会的发展趋势，明确把个人（自然人）纳入广告发布者的范畴。

如前所述，现行语言文字法律制度的规制范围是以社会交际使用和个人使用这种"二分法"为前提的。社会交际使用属于法律干涉的范围，而在个人使用领域法律则不予规制。在传统广告模式下，个人不会（也难以）成为广告发布主体，个人对语言文字的使用被置于法律规制之外。也就是说，"二分法"在传统广告时代是与社会状况相适应的，而且也是正当的。但在进入网络时代后，个人完全可以而且已然频繁地成为网络广告发布的重要主体。从语言文字使用的角度来看，这种个人发布网络广告的行为实则具有"双重性"，即该种使用既可以被视为"个人使用"，也可以被视为"社会交际使用",二者呈"相交"甚至"重合"之状。

其一,个人发布网络广告的行为在性质上首先表现为个人行为。在这里,个人行为是以自己的名义、代表着自己的意志而非他人意志而做出的具体行为。个人发布网络广告的行为有别于演员在电视广告中的行为,演员在电视广告中的行为并不代表自身的意志,他(或她)代表的是发布电视广告的广告发布者的意志。从使用语言文字的广告角度而言,虽然电视广告中演员使用广告语言文字的行为看上去也是一种"个人使用",但由于其行为不代表自身意志,因而并不是该演员的个人行为,其使用语言文字的行为不能认为是其个人使用语言文字的行为,不能被归入"二分法"中的"个人使用"。与之相反,个人在网络上发布广告的行为,代表其自身的个人意志,属于个人行为。因此,个人在网络广告发布中使用语言文字的行为即为"个人使用"。

其二,个人在网络广告发布中对语言文字的使用(以下简称为个人网络广告语言使用)同时还可以被视为"社会交际使用"。"社会交际使用"强调的是使用的场合为公共场合,会影响到公众。网络具有天然的公共性。个人在网络上公开发表的言论,一般情况下可以被视为是在公共场合使用,这种使用会影响到公众,因此也符合"社会交际使用"的界定。

当个人网络广告语言使用既符合"个人使用"又符合"社会交际使用"时,传统的个人使用/社会交际使用的"二分法"即告失效。传统"二分法"的失效,意味着现行广告语言文字法的调整对象(或范围)模糊,不能清晰地回答个人网络广告语言使用是否在其规制范围内。

(二)广告的范围扩大使得需要规制的范围过大

传统广告,一般是指发布在电视、报纸、广播、户外媒介等公共媒体的商业性推广信息,按照修订前的《广告法》规定,广告的构成要件中还需要有"付费性",即由商品经营者或服务提供者承担费用,从而较大程度地限定了广告的范围。在网络时代,网络具有天然的公共媒体属性,网络广告的范围也因此大大扩充。按照《互联网广告管理暂行办法》(国家工商行政管理总局 2016 年 7 月 8 日发布,9 月 1 日实施)规定,纳入该办法监管的互联网广告形式包括:"(一)推销商品或者服务的含有链接的文字、图片或者视频等形式的广告;(二)推销商品或者服务的电子邮件广告;(三)推销商品或者服务的付费搜索广告;(四)推销商品或者服务的商业性展示中的广告,法律、法规和规章规定经营者应当向消费者提供的信息的展示依照其规定;(五)其他通过互联网媒介推销商品或者服务的商业广告。"据此规定,互联网广告包含了图片广告、文字链广告、视频广告、电子邮件广告、付费搜索广告、商业性推广展示中的广告、自媒体广告等多种形式,且由于新《广告法》取消了"付费性"这一要件,① 更使得互联网广告的法定概念范围极速扩大。以商业性推广展示中的广告为例,按照现行立法之规定,所有网络商家所展示的商业性信息,包括其在专门的电商网站、手机应用程序客户端(App)和自己的官网、App 展示的信息,除应当向消费者提供的信息外,都可能被归为广告。② 甚至可以这样说,互联网上的大部分关于商品或服务的商业性信息都可以纳入广告范围,可见网络广告的范围远超于传统广告。

  网络广告范围的扩大,使得网络广告语言文字法律需要规制的范围也随之扩大,这一需要扩大的规制范围也已远超传统广告语言文字法的规制范围。而规制范围的扩大必然会增加两个方面的负担:其一,对于监管机关而言,监管任务增加,监管责任加重。对于作为网络广告语言文字监管机关的工商行政管理部门而言,除了承担原有的繁重的市场秩序监管任务,包括市场广告的内容监管任务之外,还要肩负起广告语言文字的监管责任。但是,据检索,在工商管理部门的年度工作报告中基本没有提及广告语言文字工作。如果一项工作不能在该部门的年度工作报告中体现出来,基本上可以认为该项职能在其工作业务中并不重要。实际上,并不是该项工作不重要,而是由于监管资源的极其有限性而致该项工作难以开展。极其有限的监管资源和监管范围的极速扩大及其所带来的沉重的监管负担,导致需求与应对的现实矛盾难以调和。其二,对于被监管对象而言,以前不在监管范围的主体被纳入了范围,最典型的便是个人主体已经被纳入监管之中,这必然会产生一些新的监管矛盾和冲突。毕竟,个人使用语言文字的行为长期以来一直未被纳入法律的监管范围,人们在此领域

---

  ① 新《广告法》第 2 条规定:"在中华人民共和国境内,商品经营者或者服务提供者通过一定媒介和形式直接或者间接地介绍自己所推销的商品或者服务的商业广告活动,适用本法。"与修订前的《广告法》相比较,可以发现"由商品经营者或服务提供者承担费用"这个要件已经被去除。

  ② 只要满足"介绍自己所推销的商品或者服务"即可,对于商业性信息而言这一要件极易满足。

尚未形成相应的遵从观念与习惯。

(三) 网络广告语言的非规范性加剧了法律与现实之间的冲突

与传统广告语言文字相比，网络广告语言的非规范性大为增强，种种非规范性的网络广告语言使用现象频频涌现，诸如：单独使用外语、拼音，使用繁体字、变体字乃至"火星文"，使用网络符号、图像，杂糅使用各种文字、图像、符号，等等。网络广告语言非规范性的增强，主要在于如下三个方面的原因：

一是网络广告语言必然具有网络语言文字发展的特点。网络广告语言是网络语言文字的一种，网络语言文字所固有的简洁化、符号图像化、变异化、杂糅化等特点，也必然体现在网络广告语言之中。从营销的角度观之，网络广告要吸引网民的关注，也必须遵循网络语言文字的普遍特点。而这些特点一旦寓于其中，网络广告语言的非规范性也就必然增强。

二是网络广告与传统广告的运行机制不同。传统广告通常是通过公共媒体发布的，这些媒体出于自身声誉和风险的考虑，通常会在广告用语上较为谨慎。这不仅有《广告法》的要求（广告发布者应建立起事前的审核机制，审核广告内容的合法性），[1] 而且实践运行中的传统广告发布也是广告发布者先审查合格后发布。由于有公共媒体做发布前的审核，因此传统广告语言的非规范性问题大多可以消除，这一问题也并不突出。但是，网络广告却改变了这一运行机制。网络广告具有海量性、实时性的特点，[2] 依

---

[1] 新《广告法》第27条规定："广告经营者、广告发布者依据法律、行政法规查验有关证明文件，核对广告内容。对内容不符或者证明文件不全的广告，广告经营者不得提供设计、制作、代理服务，广告发布者不得发布。"修订前的《广告法》第27条规定："广告经营者、广告发布者依据法律、行政法规查验有关证明文件，核实广告内容。对内容不实或者证明文件不全的广告，广告经营者不得提供设计、制作、代理服务，广告发布者不得发布。"

[2] 海量性，是指互联网广告数量巨大，并能在短时间内积累起海量的数目。具体论述，可参见余人、高乔《新〈广告法〉中互联网广告规定的更新与实践》，《中国出版》2016年第3期。实时性，是从网络广告发布的角度来说的，网络广告发布有一个采用"实时竞价（RTB）系统"的趋势，即在用户点击某个页面的时刻，由实时竞价系统进行自动竞价，最后自动进行广告发布。有学者认为实时竞价广告是"在对用户数据进行分析的基础上，针对每一个用户的广告展示行为展开实时竞价的买卖交易"。参见鞠宏磊、王宇婷《改写广告业的"实时"与"竞价"——实时竞价（RTB）广告的产业链流程和运行机制研究》，《编辑之友》2015年第4期。

靠较为关注声誉和风险的发布机构很难进行事前审查，会导致通过第三方机构进行过滤的机制成效较低。同时，还有大量的自然人成为网络广告的发布主体，跟机构相比，自然人对于声誉和风险的考量显然没那么重，其发布非规范性语言文字广告的可能性更大。此种现象从个人发布大量违规广告的情形来看，即可窥见一斑。

三是网络具有无边界的特点。外来词汇包括外国语言文字和繁体字等必然大量进入网络词汇中。同时，在电子商务广告中，随着跨境电子商务的迅猛发展，大量的境外产品通过互联网向中国消费者进行销售，而销售则需要借助广告。境外产品的商标、说明、信息告知中必然含有大量单独使用的外国语言文字，同时也会大量夹杂在汉字中使用。① 如果是港澳台地区的产品宣传，则有大量的繁体字出现。这些商标、说明、宣传性的信息很大部分会被用在广告中，将外国语言文字、繁体字等带入广告中也就顺理成章。按照现行法的规定，在这些使用中仅有很少部分例如注册商标中的外国语言文字可以免除其违法性，其他场合的使用一般来说都是违法的。但是，如果将这些外国语言文字和繁体字都转化为通用语言文字，则又面临成本过高的问题。②

据此，一方面网络广告与传统广告相比其非规范性大大增强，而另一方面现行法并未对网络广告有特殊规定，这就意味着网络广告与传统广告一样，在语言文字使用上需要符合现行法律要求的规范性。如此，在网络广告中网络语言文字实际使用的非规范性与法律要求的规范性之间所存在的冲突烈度将增强。

## 四　网络广告语言法律规制的调适及其路径

为应对网络广告给现行广告语言文字法律制度带来的挑战，立法上需

---

① 该现象只要到各大跨境电商网站上稍作浏览即可发现，兹不列举。

② 当前，跨境电商中的销售者对在进口产品上贴上中文标签都无法普遍实现，而不贴标签是该产业的普遍现象，由此导致其屡屡被职业打假人投诉、起诉。参见黄维震、曹志玲《浅析跨境电商职业打假诉讼的现状、原因及对策》，《中国国门时报》2016年9月29日第4版。国家质检总局认为，跨境电商通过直购、代购进口的属于个人合理的商品，法律对商品上的中文标签不做要求。参见国家质量监督检验检疫总局〔2016〕56号政府信息公开告知书。既然中文标签都无法普遍实现，那么要实现商品销售页面所有说明、宣传性语言文字中所有信息都转换为通用性语言文字，更是难上加难。

对现行广告语言文字法律制度进行调适，同时行政执法的理念与方式也应做出相应调整，从而通过立法的完善和行政执法的改进对网络广告语言实施有效的法律规制。

（一）放松规制与规制范围的限定

为应对网络广告带来的挑战，广告语言法律制度应该在某些领域放松规制并对规制的范围作出必要的限定。

1. 放松对外国语言文字、繁体字等非规范性语言文字使用的限制

之所以应放松外国语言文字、繁体字等非规范性文字使用的限制，主要是基于以下一些考虑。

其一，在网络时代，如果仍然对外国语言文字、繁体字等非规范性语言文字的网络使用作出极其严格的限制，会与网络广告产业的现实产生极大冲突并可能对相关产业的发展构成妨碍。正如上文所述，相较于传统广告的语言文字之使用，网络广告语言使用的非规范性大大增强，特别是使用繁体字、单独使用外国语言文字等情况频繁发生。这种使用现象的产生，主要是因为跨境电子商务的发展以及互联网的无边界性等因素而导致的，如果强行限制，会严重影响到相关产业的发展。

其二，在全球化、区域一体化日益强劲的时代背景下，对外国语言文字、繁体字等在网络使用中予以硬性地限制是不明智的，亦会妨碍中华文化的交流合作和"一带一路"倡议的落实。一方面，任何一种语言都不可能一成不变而是处于不断变化发展中的，不同语言之间的接触、碰撞、理解、吸收、融合、借用等，本身就是文化交往的一部分。对于作为文化交流的语言部分，同样应持开放的心态，以此促成语言乃至文化的交流与发展。另一方面，对于外来语的传入是限制还是宽容，在当初国家通用语言文字立法中就存在颇大的争议，而最终采纳的是较为宽松的取向。据参与《国家通用语言文字法》起草工作的同志介绍："起草过程中，对外文使用的意见分歧很大，一部分人认为决不能任其泛滥、冲击民族语文，必须要管；而另一部分人则认为外文的使用是社会发展的必然，阻挡不了，如果要管就会影响到改革开放和社会的发展。鉴于目前外文使用的复杂情况，政策界限难以把握，有些问题还很难用法律做出规定，因此，《国家通用语言文字法》仅对在中国境内汉语文出版物和广播影视中使用外国语言文字的情况做了原则规定。随着

社会的发展,特别是申奥、申博的成功和加入世界贸易组织,外语、外文的使用会越来越多,这是不可阻挡的趋势。"[1] 在外文越来越多地在国内使用已成趋势的情况下,立法应顺应现实的发展和要求,放弃对外来语不可单独使用的规定。

2. 限定规制范围,将网络广告落地页面排除在规制范围之外

网络广告给现行广告语言文字法律制度带来的重大挑战之一,便是极大地扩大了法律规制的范围,给监管者和被监管者都带来了沉重的监管负担。对此,有必要对现行的法律规制范围作出一定的限制,而不能漫无边际地任其扩张,否则执法将会面临难以实施的难题。

现行语言文字法律制度,是通过"二分法"来限定其规制范围的。虽然"二分法"在网络广告语言的使用上已经不能完全适应当下时代的发展需要,但其思路仍值得借鉴。"二分法"的核心逻辑是规制语言文字使用的必要性,取决于其对公众的影响程度。语言文字使用所造成的公众影响越大,就越有必要对之进行规制;如果其对公众的影响越小,就越没有必要对之进行规制。虽然网络天然是一个公共场所,在网络上公开发表的言论具有天然的公共性,但根据其发表位置的不同,其影响公众的范围无疑具有大小之别。例如,发表在门户网站首页的广告与一个普通人在微博发表的广告的影响力显然不在同一个层次上。当然,立法难以就每种特殊情况进行比较或划分,往往是针对普遍情形给出一般性的解决方案,但对于可以作出区分的情形则应予以区别对待。

根据网络广告的实际情况,可以做出网络广告的展示页面与网络广告的落地页面[2]之分。网络广告的展示页面存在之目的,是为吸引消费者关注,诱导消费者点击,这种形式必然具有一定的公众影响

---

[1] 参见魏丹《语言文字立法过程中提出的一些问题及其思考》,《语文研究》2003年第1期。

[2] 网络广告与传统广告的一个不同之处,在于广告与广告所推广的商品或服务的即时连接性,即用户点击看到的网络广告呈现页面,无论是横幅广告或者社交广告后,通常可以到达广告所推广的商品或服务的网址。以球鞋的广告为例,通常消费者点击该广告后,可以到达该球鞋的购买页面。在这个流程中,广告向消费者最初呈现页面,消费者进行点击的页面称为"广告展示页面",而消费者点击到达的商品或服务所在页面可以称为"广告落地页面"。

力，如此才能吸引到消费者关注和点击。而网络广告的落地页面则不同，虽然按照现行广告法的规定，这个页面中的部分内容也可被认定为广告，但这里的广告其实已经不再是吸引消费者关注或点击，而是呈现具体的商品或服务，其页面呈现的通常是直接的购买，其目的是诱导消费者完成购买流程。网络广告的展示页面，就像商店外的广告招牌，把客人带进商店，这个招牌当然具有较大的公众影响力；而网络广告的落地页面，则如商店内的店员对消费者进行导购，介绍商品，诱导消费，这个过程重在对具体消费者的影响，其对公众的影响力范围和程度已经很小。因此，在我们看来，在网络广告语言的法律规制方面，也可作出一个"二元化"的区分：对有一定公众影响力的网络广告展示页面实施规制；而将公众影响力很小的网络广告落地页面排除出规制范围。如此，则既有效地缩小了规制范围，也不失规制之目的——对有一定公众影响力的语言使用行为进行规制。

3. 规制的重点，应从网络广告语言的使用转向网络广告平台

对于网络广告语言使用的非规范性问题之治理，应以网络广告平台作为治理的中心环节，而非以网络广告语言使用者的行为为治理重心。当下，网络广告的数量已经远超传统广告，执法机关面对巨量的网络广告，其执法和监管成本都太高，难度过大。从治理的有效性角度而言，必须将治理重点从网络广告语言的使用行为转向网络广告平台（即网络广告发布的平台），如社交媒体、网络论坛、付费搜索广告平台等。现如今，通过第三方平台进行治理，是互联网治理的趋势。[①] 网络广告，正是通过网络广告平台才得以发布。因此，通过网络广告平台对网络广告语言文字的使用进行一定程度的监督甚至执法，是更为合理且有效的途径。同时，鉴于网络广告发布平台在网络广告发布过程中通常并不采取传统广告发布者

---

① 例如在电子商务领域，行政主管机构难以面对海量的卖家，因此通过电子商务平台进行治理；在网约车领域，行政主管机构通过网约车平台进行治理。相关的研究成果参见柳雁军、杨乐、彭宏洁等《平台时代反思：互联网平台行政义务之缘起、流变及四大问题》，http：//mp. weixin. qq. com/s？src = 3&timestamp = 1479114018&ver = 1&signature = O-YYIk5edU5fPL-uCwc16-gaxkC ＊ 6V ＊ JZsPzfCop-YCw4 Wipae379wFGlFFpu6LI5Ezk9k6gMlU3X6Y0eVZQT2jkPTiLUx6Y ＊ i3UgJwXa59lBKL2pHzW1c1Hh5vO7 Y ＊ 626wNIIocZc0PmyliqoT4f2ceZeT4D6nr9it1mo8zx0z4 =，2016年12月1日访问。

的先审后发程序（而是由网络广告发布者直接决定发表）的客观状况，网络广告平台自身还必须加强自我监管，采用适当的技术手段和内部规则监测网络语言文字的使用。① 网络广告平台一旦发现网络广告语言文字使用的违法情形，应及时采取必要措施制止，在必要的情况下还应通知相关执法机关并配合执法机关的执法。

（二）法律规制的调适路径

立法上欲实现对外国语言文字、繁体字等非规范性语言文字的放松规制及其对规制范围的限定，则必须健全和完善现行广告语言法律制度，其中主要是对《国家通用语言文字法》和《规定》进行适时的修改或补充。一是应启动《国家通用语言文字法》的修改。通过对《国家通用语言文字法》的修改，确立网络语言文字使用的基本原则与规则，一方面明确对网络语言文字的规制（放松规制并不等于不规制），另一方面应对其规制的范围和方式作出必要的限定。二是应及时修改《广告语言文字管理暂行规定》。随着新《广告法》的颁布施行，作为实施广告法的配套性规章——《规定》本应适时进行修订，② 至今却仍未见修订。因此，在建议尽速修改该《规定》并予以颁行的同时，特对该《规定》提出如下一些具体的修改意见。

其一，基于放松对繁体字等非规范语言文字、外国语言文字使用限制的考虑，应修改其第 13 条之规定。该《规定》第 13 条规定："广告中因创意等需要使用的手书体字、美术字、变体字、古文字，应当易于辨认，不得引起误导。"这一规定本来就是一个例外条款，是为广告创意的需要而设计的例外，用以平衡产业发展与法律规制的需要，因而建议进一步扩大这一例外，将该条修改为："广告中因特殊需要使用的手书体字、美术字、变体字、古文字、繁体字或单独使用外国语言文字，不适用本法第 8

---

① 技术手段方面，如在发布之时进行技术性过滤；内部规则方面，如对发现违法的广告发布者实施必要的约束或限制手段。

② 实际上，国家工商行政管理总局已于 2015 年 7 月就《广告语言文字管理暂行规定（修订稿）》向全社会公开征求意见。按照该征求意见稿最后一条，修订后的办法应在 2015 年 9 月 1 日与新《广告法》一同实施。但直至 2017 年 8 月 5 日，在媒体上仍未见修订后的《规定》出台或者与之相关的信息。

条、第 10 条①的规定，但应当易于辨认，不得引起误导。"

这一修改主要体现为两处：（1）将"创意"改为"特殊需要"，扩大了例外的范围。在这里，"特殊需要"可以做较为广义的理解。例如，跨境电子商务过程中，由于跨境产品的宣传材料本来就是外文或繁体字，因此其将这部分外文或繁体字用于广告可以被认为是"特殊需要"。又如，因为创意需要或者为适应消费者（网民）的使用习惯的，②也可以理解为宽泛意义的"特殊需要"，从而照顾到现实需要。（2）增加了"繁体字或单独使用外国语言文字"。

其二，为体现规制范围应受限制的目的，应增加一条规定："直接销售商品或服务的页面广告，不适用本规定"。这里的直接销售商品或服务的页面，指的是网络广告落地页面。因为页面网络广告语言使用的公共影响力低，应从广告语言法律规制范围中予以排除，因此不适用本规定。"不适用本规定"是借鉴国家工商行政管理总局《消费者权益保护法实施条例（征求意见稿）》（2016 年 8 月 5 日国家工商行政管理总局发布征求意见公告）之规定，该条例将"职业打假人"排除在消费者之外，采用的就是"不适用本条例"的表述，③这种表述比直接规定"不属于消费者"所引起的争议较小，却能达到同样的效果。

网络广告的发展给现行广告语言文字法律制度主要带来了三个方面的挑战：第一，个人成为重要的广告发布主体使得传统的"二分法"失效；第二，广告的范围扩大使得对广告予以规制的范围也相应地扩大；第三，

---

① 这里的第 8 条和第 10 条，是指现行办法第 8 条和第 10 条的规定，第 8 条："广告中不得单独使用外国语言文字。广告中如因特殊需要配合使用外国语言文字时，应当采用以普通话和规范汉字为主、外国语言文字为辅的形式，不得在同一广告语句中夹杂使用外国语言文字。广告中的外国语言文字所表达的意思，与中文意思不一致的，以中文意思为准。"第 10 条："广告用语用字，不得出现下列情形：（一）使用错别字；（二）违反国家法律、法规规定使用繁体字；（三）使用国家已废止的异体字和简化字；（四）使用国家已废止的印刷字形；（五）其他不规范使用的语言文字。"这里修订后的《规定》条文顺序不变，如果条文顺序变化，则应该根据这两条的到时的实际序号做修改。

② 例如"送给最爱 MM 的礼物""让你的眼睛更囧囧有神"。

③ 该征求意见稿第 2 条规定："消费者为生活消费需要而购买、使用商品或者接受服务，其权益受本条例保护，但是自然人、法人和其他组织以营利为目的而购买、使用商品或者接受服务的行为不适用本条例。"

网络广告语言的非规范性加剧了法律规定与现实的冲突。为应对这些挑战，必须调整现行的广告语言文字法律规制机制，在立法上放松外国语言文字、繁体字等非规范性语言文字的使用限制；限定法律规制的范围，将网络广告落地页面排除在规制范围之外；在规制对象上，应以网络广告平台为治理中心。同时，应及时对现行《国家通用语言文字法》和《广告语言文字管理暂行规定》做出修改。

本节主要是基于网络广告产业现有主要业态所做的探讨。我们有理由相信，随着网络广告产业出现的新趋势，如移动广告、原生广告等新形式的发展，必然会影响到网络广告语言的使用而致其发生相应的变化。那么，语言文字法律制度如何应对这些新变化，则是未来研究需要进一步探讨的问题。

## 第五节　完善我国网络语言文字法律规制的对策

在本章若干上述部分已对我国网络语言文字的现状与使用中存在的问题及其弊端、我国网络语言文字法律规制的现状、限制自然人使用网络语言文字的正当性及网络广告语言文字的法律规制四个问题进行讨论的基础上，还有必要提出完善我国网络语言文字法律规制的建议，以供读者、相关决策部门参考。

### 一　网络语言文字法律规制的总体思路

网络虽名曰为虚拟空间或虚拟世界，但作为相对于现实生活存在的第二世界，亦是真实、客观存在的，除了个别网络领域（如网络游戏）存在较强的虚拟性之外，其余绝大部分领域，如网络社交、网络购物等网络生活往往是现实生活的延伸。无规矩不成方圆，网络生活不应成为法外之地而无序发展。因而，对于网络语言文字的使用，包括对网络媒介和网络平台的规制，都需要纳入法律治理的轨道。当然，网络生活与现实生活并不能完全对应，这就意味着网络生活的特有领域需要有相应的法律规则进行规制和管理。针对网络语言文字中出现的问题以及现实中的规范及其手段的不足，应当突出和强化法律对网络语言文字的规制，从而对网络语言文字的使用实行有效的法律化治理。

第一，将网络语言文字明确地纳入法律规范调控的范围。不可否认，网络生活本身具有一定的虚拟性和隐蔽性，这些特点（从某个角度上说也是局限）决定了网络生活必然会出现一定程度的无序性和非理性。同理，网络语言文字作为网络世界特有的产物，网络语言文字的使用同样会出现一些无序性和非理性的现象。如果无视网络语言文字使用的法律治理，这些现象就会演化成为倾向，可控就会走向失控。当然，对网络语言文字的使用需要综合考虑语言文字因素、网络特点、社会因素、人的心理因素等进行伦理化、纪律化、社会化多层面等的规范，但更为重要的是，将网络语言文字明确地纳入法律调控的范围。

第二，坚持"二分法"的调控/限制逻辑。即秉承《国家通用语言文字法》之前设计的"二分法"之精神，即社会交际使用和个人使用，前者属于法律干涉的范围，对后者则法律不予规制。由于互联网天然的媒介性，在互联网上社会交际使用和个人使用往往很难区分。因此，应在此基础上，修改为基于公众影响力的二分法：即法律应该限制的是有较大公众影响力的使用，而对于较小公众影响力的使用则不干涉。当然，公众影响力的标准具有一定模糊性，立法和相应执法只能根据这个标准进行摸索，先明确有较大公众影响力的网络语言文字使用，例如网络出版物中的网络语言文字使用、一般网络广告中的网络语言文字使用（网络销售页面广告应除外）需要限制；而对于明确公众影响力不大的网络语言文字使用，例如一般公众在社交媒体（如微信、微博、网上论坛）的使用，则无须纳入法律限制的范围。

第三，网络语言文字的法律化治理应"软硬"兼治。毫无疑问，我国网络语言文字的使用、规范和管理，应当遵循国家语言文字的相关法律法规，如《国家通用语言文字法》以及多部实施《国家通用语言文字法》的地方性法规。但综观这些法律法规，对于语言文字的规制大多以"软法"为主，其倡导性、号召性、宣示性明显，缺乏"硬法"的约束力、强制力，此种情形之于网络生活中的语言文字的规范，就容易成为"虚无条款"。在这里，并非否定"软法"的积极意义和作用，但为了形成有效的、立体的、综合的、系统的法律治理结构，网络语言文字的法律化治理应实行"软硬兼治"——软法与硬法的综合。特别地，从"硬法"角度补充网络语言文字使用者、管理者、网络提供者、网络运营商以及相关侵权者等不同法律主体的刑事和民事法律责任,通过行政处罚、行政强制等法律手段,增强网络语言文字的法律化治理效果。

例如,青少年在网络上使用的非规范字(诸如繁体字、"火星文")渐成风气,这对规范汉字的学习以及青少年身心健康必会造成不利的影响。随着互联网的普及和信息化的发展,青少年接触网络已经不可避免,亦无须避免。但青少年身心发育不成熟以及是否辨别能力不足,容易被网络不良信息所误导。而这些方面的法律化治理,除了原有的"软法"规定进行调整和指导之外,亟须"硬法"的出台予以有效治理。比如,明确规定政府应投入建设专门适宜青少年浏览的公益性网页,必须确保网络中公益性和规范性的互联网资源的共享,并以此作为其他网络资源的榜样或样板,否则,应该承担相应的行政不作为责任。又如,对于网络社交方面,应该以"硬法"明确网络提供者或者软件运营商提供"违法语言文字提示功能"①,提醒网络使用者或用户进行纠正,否则应该承担相应的行政责任等。

第四,网络语言文字的法律化治理应坚持事前预防、事中处理和事后矫正的全过程治理。守法、健康、和谐的网络语言文字环境的创设与营造,要靠网络语言文字的法律化治理,而在法律治理过程中单单靠事前预防、事中处理和事后矫正的其中一方面,是远远不够的。网络语言文字法律治理的预防需要借助于相关网络服务提供者(现阶段主要是网络出版平台和网络广告平台)的力量,通过行政授权赋予相关网络服务平台的监督监测的权力,并配之以相应义务性条款,然后由这些网络平台采用技术性措施防控网络语言文字的违法。

## 二 网络语言文字立法和执法方面的具体建议

(一)立法上的具体建议

其一,修改《国家通用语言文字法》第 11 条,将第 11 条修改为:

---

① 采用 word 文档中对文字的纠正手段,在聊天时发送的语句中包含错别字、异形字以及不规范网络用语时,词语句子下方显示下划线加以提醒。

"汉语文出版物应当符合国家通用语言文字的规范和标准。需要使用外国语言文字的，应当用国家通用语言文字做必要的注释。汉语文出版物包括汉语文网络出版物。"正如上文所言，这样的修改虽然有重复之嫌，但由于法律层面并没有对网络语言文字使用进行限制，在法律条文中清晰指出网络出版物同样应符合国家通用语言文字的规范和标准，有助于降低法律的模糊性，使其对网络语言文字使用的限制符合法律保留所要求的明确性。

其二，建议《国家通用语言文字法》增加一条："广告中因特殊需要使用的手书体字、美术字、变体字、古文字、繁体字或单独使用外国语言文字，不适用本法第11条、第13条、第14条①的规定，但应当易于辨认，不得引起误导。"这处修改是为了适应网络商业广告中大量使用外语和非规范文字的现状。这里的修改也是借鉴了现行《广告语言文字管理暂行规定》第13条的写法，通过把"创意"改为"特殊需要"，为网络广告中使用非规范汉字留出空间，使得法律与现实能够衔接，避免让《国家通用语言文字法》因与现实差距过大而担负过大的规制压力。同时《国家通用语言文字法》的修改也可为《广告语言文字管理暂行规定》的修改提供上位法依据。

其三，修改《广告语言文字管理暂行规定》，将第13条修改为："广告中因特殊需要使用的手书体字、美术字、变体字、古文字、繁体字或单独使用外国语言文字，不适用本法第8条、第10条的规定，但应当易于辨认，不得引起误导。"这个修改与上一点理由目的完全一致，是做配套修改。

其四，《广告语言文字管理暂行规定》增加一条："直接销售商品或服务的网络页面广告，不适用本办法"。正如上文所言，增加这一条还是

---

① 第11条规定："汉语文出版物应当符合国家通用语言文字的规范和标准。需要使用外国语言文字的，应当用国家通用语言文字做必要的注释。"第13条规定："公共服务行业以规范汉字为基本的服务用字。因公共服务需要，招牌、广告、告示、标志牌等使用外国文字并同时使用中文的，应当使用规范汉字。提倡公共服务行业以普通话为服务用语。"第14条规定："下列情形，应当以国家通用语言文字为基本的用字用字：（一）广播、电影、电视用语用字；（二）公共场所的设施用字；（三）招牌、广告用字；（四）企业事业组织名称；（五）在境内销售的商品的包装、说明。"

在保持网络语言文字限制的谦抑性，对限制范围进行二元化区分，规制有一定公众影响力的网络广告展示页面；而将公众影响力很小的网络广告落地页面置于规制范围之外，从而可以有效限定规制范围，增强规制效果，同时也更加有的放矢——对有一定公众影响力的语言文字使用行为进行规制。

其五，地方语言文字相关法规中与修改后的《国家通用语言文字法》《广告语言文字管理暂行规定》不一致的地方，要做相应修改，保持立法的统一性和协调性。

（二）执法上的建议

其一，应由中央相关执法机构负责建立专门的网络语言文字使用执法监管平台。该平台应该采用技术手段，如爬虫技术，对需要规制的网络语言文字，如主要的网络出版平台上的个人网络言论、网络广告语言进行监测，并通过技术性手段识别其是否使用了不符合通用语言文字规范的网络语言文字。在发现违法行为时，可以对网络出版平台、网络广告平台和网络语言文字使用者进行警示，同时也可以固定证据，作为采取后续执法措施的依据。该平台建成以后，将极大地减轻各地相关执法机关的执法压力，有效提升执法效率。考虑到建设该平台的成本和收益，并参考其他领域的监控平台的做法，应由中央相关执法机关主导建立。

其二，应以网络平台作为治理的中心环节。时至今日，需要治理的网络语言文字的数量已经是海量，执法机关面对海量的网络语言文字，其监管和执法成本太高，难度太大。从治理的有效性角度而言，必须将治理重点转向网络平台，包括网络广告平台和网络出版平台。通过第三方平台进行治理，也是互联网治理的趋势，网络语言文字通过网络平台才得以发表，因此，通过网络平台对网络语言文字的使用进行监督和执法是更为合理且有效的手段。网络平台在事先可以采用一定的技术性手段，如关键词过滤技术进行事先防控。在事中，应该采用技术手段对平台上的网络语言文字使用进行巡查。事后，平台在发现网络语言文字使用的违法情形后，应及时采取必要措施制止，必要的情况下还应该通知相关执法机关并配合执法机关的执法行动。

# 第六章　其他非通用语言文字立法探讨

除应加强和健全少数民族语言文字、汉语方言及手语盲文的立法外，还有一部分在我国大陆地区更为少用的语言文字也需要立法予以规范和协调，如异体字、繁体字及外来语问题。这些语言文字的使用，一方面是公民自由权的一部分，即公民自由使用语言文字的权利。比如，有些公民对繁体字情有独钟，有些公民希望面向国际化发展而热衷英语等外语语种。另一方面，这些语言文字的使用会影响到现有的语言交流或语言生态。比如，大陆地区异体字和繁体字的使用会影响到交流，不利于规范汉字的发展；而外语的过分使用或滥用，则容易影响到汉语汉字的正常发展和国家的语言文字主权。这些问题亦需要纳入语言文字立法的探讨范围。本章将以"其他非通用语言文字"为题对这些语言文字及其立法问题展开讨论。

## 第一节　关于繁体字、异体字的立法探讨

繁体字、异体字的使用，是规范汉字确立后一直存在的问题。近几十年来，国家在社会和各级教育中大力推广规范汉字，但人们使用汉字仍会出现繁体字和异体字，尤其是与港澳台地区交流时，仍然需要使用到繁体字。如何面对和处理繁体字、异体字的使用与交流，也是语言文字法需要认真对待的一个问题。

### 一　我国大陆地区繁体字、异体字的规范问题

中华人民共和国成立以来在我国大陆地区，进行过多次文字改革，最终形成了现行的规范汉字，2000年《国家通用语言文字法》正式确立规

范汉字为我国通用文字。根据《国家通用语言文字法》第 17 条的规定，在我国大陆地区可以保留或使用繁体字、异体字的情形为：（1）文物古迹；（2）姓氏中的异体字；（3）书法、篆刻等艺术作品；（4）题词和招牌的手书字；（5）出版、教学、研究中需要使用的；（6）经国务院有关部门批准的特殊情况。该规定同时也表明其他情形应禁止使用繁体字、异体字。然而，社会上不乏繁体字、异体字的爱好者，他们在交流中经常使用繁体字和异体字，尤其是信息化发展使得电脑、手机对繁体字的书写更为简便，其使用越来越频繁。这引起了不少语言工作者和学者的担忧，担心这种不规范的语言文字行为会影响到规范汉字的发展，影响到人们的交流，进而提出规制建议，甚至主张追究行为人的法律责任。

正如前文章节所论述的，公民生活中的语言文字使用属于其私人领域，是其个人的自由，法律应保持克制，不能对之进行强制性约束。至于繁体字、异体字的使用会不会影响到规范汉字的健康发展，则大可不必担心。语言文字作为一种交流工具，是建立在社会共识的基础之上的，任何人要想与他人交流，必须使用与他人都能通晓的语言文字，否则只会出现交流不畅，他人也不会乐意与之交流。因此，在我国主流文字为规范汉字的情况下，繁体字、异体字使用注定只能在很狭小的范围内使用，对规范汉字的影响也微乎其微。当然，繁体字、异体字的频繁出现可能会提升公众对繁体字、异体字的接受度，从而影响规范汉字的空间。对此，我们只需做好教学中的规范汉字教育，规范国家公共文书以及新闻媒体中的语言文字行为，然后再以宣传使用规范汉字为辅助，便能稳固规范汉字的地位。这是因为人们的语言文字习惯一旦养成便将处于稳定状态，并随习惯进行语言文字活动，教育是文字习惯养成的重要方式；国家公共文字行为及新闻媒体的文字行为则是社会文字活动最重要的方面，能够使人耳濡目染，有必要加以规范，避免误导公众；宣传使用规范汉字则可以强化人们使用规范汉字的意识，甚至反省自身的汉字使用行为。所以，我们并不需要过度担心繁体字、异体字对规范汉字带来的影响。事实上，纵观中国文字发展史，汉字历经数次变革，从未出现过变革前的文字影响新文字发展的情况，而且在古代中国更无语言文字法律规范加以引导。

此外，人们适当掌握繁体字、异体字，也是人们知识水平的一种体现，有利于人民对我国传统文化的了解与继承，也有助于与港澳台及海外使用繁体字的华人群体之间进行交流。

## 二 与港澳台地区繁体字之间的关系协调问题

虽说对公民使用繁体字、异体字的爱好无须过多干涉，但是目前港澳台地区仍然普遍使用繁体字，这对相互交流带来诸多不便，立法需要予以关注。

目前，关于究竟应该选择使用繁体字还是简体字，不管是在大陆地区还是在港澳台地区均有争论。在大陆地区，尽管简体字已经实施数十年，但仍然有不少人呼吁恢复使用繁体字；① 在台湾地区，各种观点则更为多样，既有主张与大陆一样使用简体字的声音，也有如马英九"识繁书简"的主张。② 这些观点和理由均值得讨论和重视。虽然在大陆目前已经全面实现了汉字简化，但是繁体字具有深厚的文化内涵，对中华文化也具有象征意义，因而我们认为繁简之选择是一个历史与文化的考量，需要严密的论证，在短期内我们不必指望实现书同文。因此，在语言文字立法上，我们需要解决的是文字沟通问题，即如何在汉字繁简之间无障碍沟通，而不是书同文。对此，为方便与港澳台地区沟通，立法可规定由国家语言文字部门负责与港澳台地区协调，并制定繁简对照表。事实上，之前台湾地区亦有此意，2009年台湾地区时任领导人马英九便主张两岸合编一部中华大辞典，将繁简比较陈列，③ 这不失为一种可行的办法。除此之外，立法不宜做太多关于汉字繁简问题的规定，这是因为繁简选择需要审慎考量且港澳地区实行高度自治，台湾与大陆也尚未统一，分属不同的法律体系，立法应尊重当地民众的文字使用习惯，不宜由全国性法律统一做出硬性规定。

---

① 参见胡洁人《繁体字复兴之争》，《检察风云》2014年第3期。
② 参见许长安《海峡两岸"书同文"研究》，载苏新春主编《台湾语言文字问题对策研究》，厦门大学出版社2016年版，第135—141页。
③ 参见许长安《海峡两岸"书同文"研究》，载苏新春主编《台湾语言文字问题对策研究》，厦门大学出版社2016年版，第135—141页。

## 第二节　外来语的立法探讨

外来语在国内的使用，近年一直受到讨论。外来语的使用和学习一直为人们所争论，甚至成为全国人民代表大会中的热点问题。[①] 那么，对于外来语，是否需要立法加以规范以及如何规范？

### 一　外来语是否需要立法加以规范

对于外来语是否需要立法规范，需要考虑两个问题：一是外语在我国的使用是否会威胁到本国语言文字的发展，进而威胁到国家主权和尊严；二是外语的使用是否会影响到国内外的交流，进而影响到对外交流合作及国外对中国的认识。前者是保护本国文化安全和树立国家自信的重要问题，也是许多国家语言立法的考量因素，如法国制定了一系列旨在纯洁和保护法语的政策和法规以防止外语的侵入；[②] 后者是一个国家实现国际化发展，提升国际影响力的需要。从这两个方面来看，随着全球化的推进和我国改革开放的深入，立法也有必要对外来语的使用适当地予以规范，从而协调外来语与本土语言文字的关系。

### 二　立法对外来语应如何规范

法律应有所为也有所不为。根据上述两个考量点，对于第一个问题（即国家语言文字主权和尊严），立法对外国语言文字的规范主要是为了维护汉语汉字的地位。因此，对外来语的规范应是使用场合及使用比重的安排问题。为此，通常情况下外国语言文字的使用不能占主导地位，只能是次要地位，从而避免外语冲击到汉语汉字的地位。比如，《上海市公共场所外国文字使用规定》第 7 条第 2 款规定，禁止公共场所的招牌单独使

---

[①] 比如，两会期间有人大代表主张高考取消外语作为必考科目。参见武守哲《人大代表李光宇：建议高考取消英语科目，必修改选修》，观察者网，http://www.guancha.cn/Education/2017_03_05_397281，2017 年 3 月 22 日访问。

[②] 李克勇：《法国保护法语的政策与立法》，《法国研究》2006 年第 3 期。

用外国文字；第 8 条规定，在公共招牌中同时使用汉字和外国文字时应当以规范汉字为主、外国文字为辅。对于第二个问题（即外来语使用对国际交流与国家形象的影响），则相对较为复杂，因为这实际上是一个正确使用外来语与正确翻译外来语的问题，即外来语的使用不应引起对外交流的误解。外语使用和翻译是由使用者的外语水平所决定的，因此而引起的问题不应具有可谴责性，这只能依赖行政指导。不过，对于少部分能够固定下来的双语互译，则可以规定适当的标准和责任。此外，政府可以提供或促进市场提供相关的外来语服务以提升外来语的使用水平。

至于外语教学及考试在中国的存废、外语规划等问题，虽然对我国公民权利也有重大影响，但这是属于教育和文化发展范畴的大问题，而不是语言文字法所应关注和解决的问题，否则会超出语言文字法的使命，有越俎代庖之嫌。

## 三 外来语的具体规范措施

基于上述外来语问题的讨论，提出以下建议：

（一）确立公共双语使用原则：以汉语为主、外语为辅

个人语言文字的使用具有私权属性，而且个人的语言行为也难以对主导语言文字产生影响。因此，立法无须规范个人的外来语言文字行为，只需规范公共场所的外来语言文字行为。公共场所的语言文字使用，我们可以粗略归纳为这几种情形：一是国家机关的各类公文；二是社会公共设施和公共场合的文字行为，如公共交通、公园、博物馆及街头标牌等用字；三是新闻媒体用字；四是商业用字，商业用字虽然是商户私人行为，但是商品流通或商业服务是面向不特定对象的。这些场合的文字使用，一方面需要让人明确理解，方便他人；另一方面会对公众产生耳濡目染的影响。为保障公众的方便和对汉语汉字的维护，这些场合的语言文字使用行为，应坚持以汉语为主、外语为辅的原则。比如，应规定禁止单独使用英文（专门的外语板块除外），通常只使用中文，确需双语的，应使汉字的空间和顺序都优于外语，从而确保汉语汉字的主体地位。

此外，这些场合的外来语使用必须准确无误，符合其所对应的汉语之义，且符合我国语言文字的公序良俗习惯。

## （二）制定专有名词的翻译标准

对外交流依赖于行为者的双语水平，这不是法律可以规制的范围。而且，对外交往中的语言文字沟通正确与否，其结果由沟通双方承受，法律亦无须关注。但是，沟通中对一些专有或专业名字的翻译和使用会影响到我国的语言文字主权及国家形象的展示，如我国地名、人名的翻译，会影响到我国的汉语汉字使用习惯，又如对中国特有文化事物的翻译应符合其内涵，才能把握我国文化对外的主动权，提升文化软实力。此外，专有名词翻译标准的制定还是前文公共双语用字准确使用的保障，也是对公众日常生活外来语行为的引导，能够促进对外经济文化交流。同时，专有名词具有唯一性，法律上也可控。因此，立法可规定由相关机关主持制定专有名词的双语对照标准。事实上，国家及部分地区针对某些领域已经制定了相关的译写标准，如国家质量监督检验检疫总局、国家标准化管理委员会，于2013年12月31日发布了《公共服务领域英文译写规范（第1部分：通则）》，并于2014年7月15日起实施。对此，可进一步整合与制定汉字与外来文字的专有名词翻译标准并推广。

## （三）规定公共双语使用的监管机关职权和责任

我国《国家通用语言文字法》被人诟病之处主要是缺乏法律责任和强制性，这说明仅靠引导是不够的，还需要加强行政监管。但是，语言文字行为对社会没有直接危害，而且大多不规范行为是不自觉行为，行政监管又很容易侵犯到公民的权利。因此，有必要规定恰当的监管机关，并规定其监管职权和职责，使监管行为既不侵犯公民权利，又不会放任社会公共用语用字的不规范使用。

关于监管机关监督社会公共外来语用字的职权，立法可赋予其建议权、指导权甚至其他必要的监管职权等，可对不规范使用外来语言文字的行为有权提出改正或建议，也可以采取一定的制裁措施等。

关于监管机关的职责，应规定监管机关必须履行对社会上不正确的公共外来语用字行为的检查工作，并积极行使建议权，对消极履职规定一定的责任。这种责任必须明确且严格，否则规定最终将成为空文，行政机关往往容易行政不作为。

# 第七章 我国非通用语言文字的法律体系与制度建构

通过对我国语言文字法律制度的观察，不难发现通用语言文字的"一方独大"（通用语言文字法律制度虽尚待进一步完善，但毕竟立法和执法皆备）与非通用语言文字的"面目不识"（非通用语言文字立法缺位）。语言文字的现实际遇是，国家重点保障和支持通用语言文字事业的发展，而非通用语言文字发展空间日益萎缩，非通用语言文字权利缺乏保障。因而，亟须加强非通用语言文字立法，从立法上确立和保护非通用语言文字权利，改变目前语言文字事业法制的"跛足"之状。尤其是，与国家通用语言文字法体系相对照，我国非通用语言文字立法极不健全。除少数民族语言文字在法律或部分地区立法中有所体现外，其他非通用语言文字基本无专门立法，非通用语言文字的发展缺少来自法律的支持和保护。我国语言文字事业发展的现实及存在的问题，表明亟须加强对非通用语言文字的立法并对之进行体系性和制度性构建。

## 第一节 非通用语言文字的法律体系

国家非通用语言文字法律体系的构建，可以从两个方面展开：一是制定一部"国家非通用语言文字法"[①]，二是以"国家非通用语言文字法"为核心制定一系列具有操作性的符合各地方具体情况的非通用语言文字法规、条例（自治条例和单行条例）及规章，从而构成一个健全的体系。此外，需要注意的是，对非通用语言文字进行立法，首要的是革除现有语

---

[①] 当然，在制定统一的"国家非通用语言文字法"条件不具备的情况下，也可考以虑在《国家通用语言文字法》中设专章规定与国家通用语言文字相对应的非通用语言文字，这也是一种可行的变通方案。

言文字法制中的障碍。这需要对《国家通用语言文字法》中过于限制非通用语言文字发展的规定予以修正，放松规制、避免法律冲突，为今后非通用语言文字的法律工作顺利开展奠定基础。

## 一　制定国家非通用语言文字法

非通用语言文字的发展和保护，是一个全国性问题，局部地区的立法不足以满足种种非通用语言文字发展的需要，因此需要制定一部与《国家通用语言文字法》相并行的全国性法律。同时，出于立法的科学性、经济性考虑，在立法政策的选择上宜优先选择对各种非通用语言文字统一立法。在我们看来我国需要制定一部统一的"国家非通用语言文字法"并以此为基点逐步构建起非通用语言文字法律体系。

就"国家非通用语言文字法"的效用而言，一方面要确保全国范围内所有的非通用语言文字都能够得到最基本的保护和规范，避免出现诸如非自治地方的少数民族语言文字得不到保护的现象。这要求该法不仅是一部对全国范围内的非通用语言文字做出较为全面规定的法律，还应具有一定可操作性，而不仅仅只是一个总则性的法律。另一方面，该法应统领下位立法，充当下位立法的基石，规范和指导各地区各种非通用语言文字的发展和保护。

## 二　加强行政法规、地方性法规和自治法规的体系建设

非通用语言文字的多样性、复杂性特点，使得全国性的"国家非通用语言文字法"注定难以满足不同地方、不同种类语言文字的需求。因此，还需要制定更为细致更为特别的各位阶的法规或规章。对此，需要通过一系列行政法规、地方性法规、自治条例和单行条例及相关规章共同构筑起一个多层次的非通用语言文字法律体系，来满足不同地方、不同种类语言文字的发展和保护需求。

在这些不同的法律规范形式中，尤其需要利用地方性法规和自治法规的立法资源。汉语方言具有鲜明的地域特色，基本上在不同省不同市县均有差异，可以利用地方立法权根据各自区域内的方言的情况制定特别的规

定。尤其是随着《立法法》的修订，设区的市也拥有了一定的立法权，使得对方言的立法保护可以更为灵活。少数民族语言文字在不同民族具有不同的特点，可以通过各民族自治地方的自治机关根据本民族的情况，制定符合其自身发展需要的条例或法规。民族自治地方的自治立法权，不仅能具体到自治县，而且可以对上级的法律规定予以一定的变通，使其更加符合本民族地区的语言文字状况及发展要求。

## 第二节　非通用语言文字法的主要框架

"国家非通用语言文字法"除总则和法律责任外，还应包括汉语方言、少数民族语言文字、手语盲文及其他非通用语言文字四章。在各章中根据各非通用语言文字的特点作出不同规定。以此为基础，再通过其他层级的立法根据各部门或各自地方的情况作具体规定。对于少数民族语言文字立法可以充分利用自治地方立法权；对于汉语方言保护及非自治地方的少数民族语言文字立法可以充分利用地方性法规立法权。不过，手语盲文及异体字、繁体字乃至外来语的规定则宜由国务院通过行政法规做出规定。因为，手语盲文的发展，需要在全国范围内统一规范，手语盲文的专业性和不成熟的现状需要集全国的稀缺人才来解决；异体字、繁体字则主要是针对规范汉字而言的，由行政法规加以规定较为妥当；外来语同样是相对于国家语言文字主权而言的，地方亦不宜规范。

## 第三节　非通用语言文字法的主要内容

### 一　非通用语言文字法的目的

非通用语言文字立法的目标体现在三个方面：首先是保护少数群体的语言文字权利，包括基本的使用自由、文化发展权利。其次是保护语言文字的多样性以及以语言文字为载体的文化的多样性。这两个目标，既要求保障非通用语言文字权利主体能够自由使用其自身语言文字，也需要国家和社会积极帮助这些语言群体发展其语言文字并提供相关条件，更要求抢救濒危的语言文字。最后则是促使各不同语言文字之间的和谐相处，促进共同发展。不同语言文字是不同语言群体的象征和感情寄托，只有平等对待各种不同主体间的语言文字及其交流，促进其共同发展，才能实现全社会包括不同群体之间的和谐发展。

## 二 非通用语言文字法的基本原则

法律原则在法的系统中具有极为重要的功能，它是整个法律制度的指导思想和核心，是法律制度内部协调、统一的保障，它将不同种类、不同等级的规范组织起来，使之相互关联、相互协调，并在适当的时候弥补法律空白或漏洞。[①] 因此，我们有必要科学确定"国家非通用语言文字法"的基本原则，使整个非通用语言文字法律制度的构建及今后的非通用语言文字工作服从该法的目的。在非通用语言文字法中至少应确立以下三个法律原则。

### （一）比例原则

非通用语言文字由于其"非通用"属性，注定了其在实践中不可能获得与普通话和规范汉字完全相同的地位和重视。因此，非通用语言文字在法律制度安排上接受来自普通话与规范汉字的一定限制是可以理解的。但是，这种限制必须是必要的，且对非通用语言文字的损害应尽可能最小，亦即要符合比例原则的要求。这一原则同时也应作为《国家通用语言文字法》的原则。不过，"国家非通用语言文字法"作为保护非通用语言文字发展的法，更应该强调这一原则。因为，《国家通用语言文字法》出于其定位，在立法和法律实施中，都容易忽视非通用语言文字，这就凸显"国家非通用语言文字法"明确这一原则的重要，以抵挡可能来自通用语言文字强势地位的侵蚀。对此，在"国家非通用语言文字法"中应从正面阐明：任何法律、任何主体不得不正当地对非通用语言文字的使用场合与使用情形予以限制，除非限制是确有必要且必须选择对非通用语言文字侵害最小的方式。

---

① 孙国华、朱景文主编：《法理学》（第三版），中国人民大学出版社2010年版，第244页。

## （二）平等与非歧视原则

我国语言文字实践往往过于注重维护通用语言文字的地位。这表现为国家和社会大力推广普通话而忽略了对其他非通用语言文字的推广和保护，或者是对其他语言文字的保护力度远不如普通话。可以说，非通用语言文字受到了某种程度地不同等对待。语言之间具有竞争性，许多人在接受了强势语言后容易放弃其自身语言，也正如前文所述普通话的推广是其他语言文字萎缩和濒危的原因之一。可见，不同的投入力度对不同语言文字发展，是有很大影响的。那么，为了避免因推广通用语言文字而冲击到非通用语言文字的发展，有必要改变过去过于注重通用语言文字而轻视非通用语言文字的做法。在对普通话、规范汉字推广和维护的同时，也应对其他语言文字投入相当的保护力量，至少不能过于悬殊。比如，在推行普通话教育的同时，也应强调各自母语的重要性；又如，立法上应改变目前在公共场所几乎只能使用通用语言文字的规定，允许和要求广播电视等媒体使用一定时长的非通用语言文字，而不是严格禁止。

## （三）特殊保护原则

非通用语言文字多为弱势语言文字，缺少足够的自我发展和保护的力量。从人权的发展权、文化权的角度来看，需要国家对非通用语言文字实施积极的保护。同时，与通用语言文字相比，有些非通用语言文字还需要采取实质平等的保护方式，才能足以保护或促进这些语言文字的发展，如对濒危语言文字、手语盲文的保护力度必须大于对普通话及其他非濒危语言的保护力度。因为，对于弱势语言文字的使用者来说，他们没有平等条件和竞争能力来与强者一样平等地享有权利，需要国家和社会"对社会弱者给予特别帮助和救济……不是被动地不作为而是积极地作为"。[①]

## 三 非通用语言文字的法律主体

在非通用语言文字法律关系中，主要涉及代表国家的行政机关和请求国家予以保护其非通用语言文字权利的公民（或群体）。

---

① 汪习根：《法制社会的基本人权——发展权法律制度研究》，中国人民公安大学出版社2002年版，第237页。

## （一）非通用语言文字法中的公民

公民，应享有使用语言文字的权利包括非通用语言文字权利。对公民的非通用语言文字权利，在现行法律的规定和不同语言群体中略有差异。目前，我国法律对少数民族语言文字的权利内容做了较全面的规定，确定了四个方面的权利：(1) 平等和自由使用、发展本民族语言文字的权利，(2) 以其语言接受公共服务、参与政治的权利，(3) 接受其语言文字教育的权利，(4) 接受国家帮助发展和保护本民族语言文字的权利。[①] 在我们看来，少数民族的语言文字权利内容也符合其他非通用语言文字群体的权利需求，其他群体的语言文字权利可在此基础上根据其自身语言文字情况予以增删。汉语方言，由于其通用语言为汉语普通话，因此不能硬性要求政府以其方言提供服务和在学校接受方言教育的权利。当然，政府在提供服务过程中可以根据当地的情况，适当使用方言以方便公务和方便群众；同时，法律不应完全禁止政府在公民事务中的方言使用、学校中的方言教育及学校中的方言使用。手语盲文，由于残疾人的特殊属性，还应享有政府为其创造手语盲文无障碍环境的权利。

## （二）非通用语言文字法中的行政主体

在非通用语言文字的保护中，需要明确各主管部门及其职责，以保障立法中规定的各项保护措施能够有效落实，防止其成为空洞的宣言。在《国家通用语言文字法》中，由语言文字工作部门负责规划指导、管理监督，工商行政管理部门及城市市政管理及相关行政管理部门负责涉及其领域的语言文字管理。相比较而言，由于非通用语言文字的特殊性，除了语言文字工作部门作为统筹机构外，还需其他行政主体在保护工作中发挥不可或缺的作用。(1) 在汉语方言方面，需要将文化部门也作为主管部门，负责汉语方言的文化工作，如组织申报方言方面的非物质文化遗产，组织博物馆等参与方言保护工作等，为诸如旅游部门提供有关方言的商业开发指导等。(2) 少数民族语言文字方面，还需要将各级民族事务部门纳入语言文字的行政主体范畴。民族事务部门一方面具有民族事务实践经验；另一方面，相比其他工作部门，民族事务部门对民族语言文字保护更有热情，因而有利于法律的落实。此外，少数民族语言文字也具有汉语方言的

---

[①] 参见本书第三章"我国少数民族语言文字立法研究"。

特征，也需文化部门的参与。(3) 手语盲文方面，需要将社会保障部门或其他相关残疾人事务部门规定为行政主体，同时赋予残疾人组织在手语盲文事业发展中一定的事务管理权包括监督权和参与权。(4) 除了一些主要的发展与保护工作，语言文字还会涉及其他领域，如工商行业、城市公共设施的用语用字，因此还需要对工商行政管理部门、城市市政管理部门等其他相关部门的主体地位也进行适当规定。

## 四 法律责任与权利救济

法律责任和权利救济是法律实效的保证，前者是对违法者责任的追究，后者是对受损权利的恢复或补救。

### (一) 法律责任

在语言文字法律关系中，根据法律责任主体可分为行政机关的法律责任与语言文字行为者的法律责任。行政机关的法律责任，有对语言文字行为的监管责任和语言文字的社会保障责任。语言文字的监管责任，主要是对社会公共用字的监管责任，包括合法监管和积极作为；行政机关的语言文字社会保障责任，是指应规定行政机关对语言文字权利主体的各项积极权利提供保障的责任。社会保障责任，需要以国家的社会保障能力为后盾，对政府的社会保障责任宜灵活设定：对于已具备条件、能够满足公民语言文字积极权利的，以及对公民较为重要的语言文字权利的保障，应该规定较为严格的保障责任；对于尚不具备成熟条件，不能充分提供各项语言文字权利保障措施，但对公民语言文字权利较为重要的，则应规定行政机关的发展责任。

### (二) 权利救济

权利的救济途径需要根据权利的类型来设定。对非通用语言文字的消极权利（即公民语言文字的自由权）的侵犯，多为行政机关对非通用语言文字的不当干预，如禁止地方用方言译制电影电视、禁止在某些场合使用方言或少数民族语言文字。对于这类权利，给予全面的救济途径是不存在问题的。因为这些权利的保障要求，对行政机关来说并不为过，只需消极不作为即可。对于语言文字的消极权利，应准许申诉、行政复议、行政诉讼等全面的救济途径。语言文字的积极权利，则由于需要以政府的保障能力为基础，对于政府能够提供的保障，应该设定全面的救济途径。比如，有能力提供双语教育而故意不提供的，可以允许申诉、行政复议、行政诉讼；对于尚不能完全保障或不确定的，可以设定申诉、复议的救济途径，主要通过对话沟通的方式来解决。此外，积极权利不能仅根据政府的保障能力来设定救济途径，还需要根据该项权利的重要性来确定。比如，少数民族在诉讼中要求提供语言翻译的权利，则不论当地保障能力如何，均应设定相应的保障和救济途径。当然，从语言文字权利的特殊性来看，最好的救济方式是良好的对话和协商，因此，建立一个关于语言文字社会保障的沟通对话机制就更具有意义。

# 附录1 《中华人民共和国国家非通用语言文字法（试拟稿）》

（说明：一种方案是制定统一的非通用语言文字法；另一种方案是不制定统一的非通用语言文字法，采取分别立法的方式，包括少数民族语言文字法、手语盲文法和汉语方言法等。）

## 第一章 总 则

**第一条** 【立法目的和依据】为保护公民的语言文字权利，保护语言文字的多样性，促进不同语言文字群体的平等、和谐关系和文化繁荣发展，根据宪法，制定本法。

理由说明：公民的非通用语言文字权利是其语言文字权利的重要组成部分，是公民的基本权利之一；与国家通用语言文字相比，非通用语言文字对国家与社会的主要价值在于其对文化多样性的保持与发展具有不可或缺的作用；此外，非通用语言文字涉及不同语言文字群体之间的地位及和谐共处。因此，非通用语言文字立法宜确立如上目标。

**第二条** 【定义】本法所称的国家非通用语言文字，是指除《国家通用语言文字法》规定的普通话和规范汉字以外的其他语言文字，包括汉语方言、少数民族语言文字、中国手语、中国盲文、繁体字、异体字及外来语等语言文字。

理由说明：由于《国家通用语言文字法》对"国家通用语言文字"概念进行了定义，而本法拟对国家通用语言文字以外的其他语言文字予以立法。故，根据我国语言文字情况对国家非通用语言文字做上述定义。

**第三条** 【基本权利与国家保障】公民有学习、使用和发展国家非通用语言文字的权利。

国家为公民学习和使用国家非通用语言文字提供适当条件，并建立健全公民语言文字权利保护机制。

国务院和地方各级人民政府及其有关部门应当采取措施，保护公民的国家非通用语言文字权利。

理由说明：款一：公民非通用语言文字权利的宣示，既是对公民宪法权利的明确化，也是当前非通用语言文字危机背景下的语言文字实践需求。

款二、款三：非通用语言文字多为弱势语言、少数群体的语言或残疾人语言，其权利具有积极权利性质，需要国家采取积极措施予以保障。

**第四条**【鼓励发展与平等保护原则】国家鼓励和促进语言文字事业发展，平等保护和发展不同群体的语言文字，促进语言文字事业的和谐健康发展。

【比例原则】任何组织和个人，不得违法限制非通用语言文字的使用。对非通用语言文字确需限制的，必须符合比例原则。

【实质公正原则】国家在确有必要的情况下，可以采取特别保护方式对特定非通用语言文字予以保护。

理由说明：款一，非通用语言文字权利的积极权利属性决定了国家应采取鼓励和促进的发展原则，而宪法的平等原则要求国家平等保护各种不同形式的语言文字，避免相关语言文字处于不利地位，尤其是需要改变目前过于注重通用语言文字而忽略非通用语言文字的状态。

款二，现有法律制度对非通用语言文字限制较多，如《国家通用语言文字法》对方言的限制，其中有一些不合理之处。为了保证各语言文字能健康发展，限制必须是必要的，且必须采取最小损害的方式，即遵守比例原则。

款三，弱势语言、少数群体语言、残疾人语言，由于其本身缺少发展力量，仅对其平等保护，不足以抵消来自强势语言的冲击，如不加以特别保护，必然会逐渐消亡，因而有必要对其特别对待。

**第五条**【非通用语言文字的使用、发展原则】非通用语言文字的使用、发展，应当遵循语言文字的自身规律，有利于维护国家主权和民族尊严，有利于国家统一和民族团结，有利于经济建设、政治建设、文化建设、社会建设，有利于中华文明的传承。

理由说明：公民有语言文字权利，同样也应遵守一定的义务。

**第六条** 【非通用语言文字的国家权力与职责】国家和地方管理非通用语言文字的社会应用，支持非通用语言文字的教学和科研，促进非国家通用语言文字的健康发展。

理由说明：非通用语言文字的使用可分为私领域与公领域，私领域国家不应干涉，但公领域国家可以适当干预，为保障第五条的实施，应当赋予国家对非国家通用语言文字的管理权；非通用语言文字具有的特点，需要国家积极地采取各项措施，支持非通用语言文字的教学和科学研究，促进其规范、丰富和发展。

**第七条** 【物质保障】国家和地方应当将非通用语言文字工作经费纳入财政预算。

理由说明：非通用语言文字的发展需要国家和地方予以物质保障。

**第八条** 【鼓励措施】国家奖励为语言文字事业做出突出贡献的组织和个人。

理由说明：为调动社会力量，国家可以通过奖励为包括国家非通用语言文字在内的语言文字事业做出突出贡献的组织和个人，以鼓励社会参与。

## 第二章 汉语方言

**第九条** 【方言权利】汉语方言是汉族人民在各自地区使用的语言，汉族人民使用、学习其自身方言的权利，不受非法限制。

理由说明：本条是对汉族人民方言权利的确认，与其他群体一样，汉族人民也应享有宪法上的语言权利。就实践意义而言，由于实践中对汉语方言的限制较多，应强调汉语方言不受非法限制。

**第十条** 【国家方言保护义务】国家尊重汉语方言的使用，鼓励汉语方言文化发展，负责濒危汉语方言的抢救。

理由说明：使用方言作为汉族人民语言权利之内容，国家理应尊重。同时，随着普通话的推广及全球化和社会变革，使得汉语方言日益萎缩和濒危，为保护文化多样性与语言多样性，国家应鼓励汉语方言发展并负责濒危汉语方言的抢救。

**第十一条** 【方言规划与管理】地方各级人民政府及有关部门负责地方汉语方言的规划、管理。

理由说明：汉语方言具有地方性特点，故其具体工作交由地方政府负责更为妥当。

**第十二条** 【保障措施】地方各级人民政府及有关部门可以根据实际需要采取必要措施，保护汉语方言的发展。

理由说明：方言的保护需要一系列具体的措施，需要地方政府根据各自地方特点而自主作为，故概括规定。

类比：法国《关于法语和法国方言总署任务的决议》第1条第2、3款规定"方言总署负责将法语及法国方言载入文化政策中，推动其践行，鼓励对其保护并推进其增值"，"总署负责将语言的掌握载入文化政策中，并为各项计划的部际实施提供专业意见，以加强社会各界对法语的掌握"。

**第十三条** 【方言教育】地方学校及其他教育机构在遵守《国家通用语言文字法》的前提下，可以根据实际需要采取必要措施，开展汉语方言教育。法律另有规定的除外。

理由说明：语言教育是语言权利的重要内容，汉族人民的方言权利理应享有方言教育权。由于让位于国家整体的语言权利，汉语方言教育受到一定限制，但这种限制应当是合理和必要的。因此，在教育机构遵守《国家通用语言文字法》规定的通用语言文字教育的前提下，应当允许地方开展一定程度的方言教育。

**第十四条** 【语言频道】地方广播电台、电视台经国务院批准，可以设立专门的地方方言频道。

理由说明：在现代社会，广播电台电视是语言文字传播与保持影响力的重要资源和途径。从平等原则的角度来说，通用语言文字不应垄断这些资源，但为了尊重通用语言文字的通用地位，立法在允许全国性广播电台电视垄断资源的情况下，应当允许地方广播电台电视播放一定方言。

**第十五条** 【预警机制】地方语言文字工作部门应当负责建立方言的监测与预警机制。

理由说明：语言生态与生物生态一样，需要随时保持观察并防止语言灭失。同时，从保护成本和保护实效来说需要在方言陷入极端恶劣处境之前就采取保护和抢救。因此，需要建立预警机制。

## 第三章 少数民族语言文字

**第十六条** 【少数民族的语言权利】少数民族公民有权使用本民族语言文字参与国家政治生活、管理国家事务和社会事务。

少数民族公民有权使用本民族语言文字参与各项法律程序。

自治地方少数民族公民有权以本民族语言文字接受公共服务。

理由说明：款一，少数民族的语言权利，最重要的是能在国家政治生活中使用其语言，这也是各国的通行做法，如新西兰《毛利语法案》将毛利语确立为一种官方语言；同时，也是我国实践中的做法，如全国人大召开会议时用各种语言文字翻译报告等文件。此处加以立法确认。

款二，本条款是对现有诉讼法等法中的少数民族语言权利之规定的吸收。

款三，少数民族语言文字权利应当包括以本民族语言接受公共服务，但是在中国大部分地区是以汉族公民为主，如果全国范围内都以少数民族的语言提供公共服务必然导致成本高昂也无必要，加之在非少数民族地区要求以少数民族语言提供公共服务缺少正当性，故应只赋予少数民族在自治地方有权以其语言接受公共服务。

**第十七条** 【少数民族语言文字的语言地位】民族自治地方在确立国家通用语言文字作为自治地方的通用语言文字之外，可以确定一种或多种少数民族语言文字作为自治地方的通用语言文字。

理由说明：本条是确立少数民族语言文字的地位问题。在民族自治地方，少数民族语言作为通用语言是民族自治的当然内容。

**第十八条** 自治地方各级国家机关执行职务时，应同时使用国家通用语言文字与自治地方通用语言文字；同时使用当地通用的几种语言文字执行职务的，可以以实行区域自治的民族的语言文字为主。

理由说明：本条是对《民族区域自治法》第 21 条："民族自治地方的自治机关在执行职务的时候，依照本民族自治地方自治条例的规定，使用当地通用的一种或者几种语言文字；同时使用几种通用的语言文字执行职务的，可以以实行区域自治的民族的语言文字为主"的吸收和补充。

**第十九条** 【政府语言文字工作部门与职责】国家语言文字工作部门协助民族事务工作部门，负责全国少数民族语言文字的规划、保护、指导和监督管理工作，支持少数民族语言文字的教学和科学研究，促进少数民族语言文字的规范、丰富和发展。

县级以上地方人民政府语言文字工作部门协助民族事务工作部门，负责本行政区域内少数民族语言文字的规划、保护、指导和监督管理工作，支持本行政区域内的少数民族语言文字的教学和科学研究，促进少数民族语言文字的规范、丰富和发展。

县级以上自治地方人民政府有关部门按照各自的职责，共同做好少数民族语言文字工作。

理由说明：款一、二，语言文字工作需要具体到工作部门，语言文字工作部门作为专门的工作部门自然应当负责少数民族语言文字的工作，同时由于民族事务工作部门对少数民族语言文字情况更为了解和熟悉，对其语言保护也更为有热情，故宜由其为主承担少数民族语言文字工作。

款三，语言文字的发展与保护过程中需要诸多部门的配合，如文化部门、工商管理部门等，因而宜作此兜底规定。

**第二十条** 【具体保护措施】各级语言文字工作部门和民族事务主管部门应当加强少数民族语言文字资源数据库的建设，并会同教育、文化、工业和信息化等主管部门共同促进少数民族语言文字的规范化、标准化和信息化建设。

理由说明：首先少数民族语言文字资源数据库是当前少数民族语言工作所急需的，实践中少数民族语言文字资源库不完善，不利于其语言的使用与研究。其次，语言的规范化、标准化是语言推广的基本要求，目前我国许多少数民族语言文字还未实现标准化和规范化。信息化则是少数民族语言文字在信息时代发展的基本需求，而少数民族由于技术能力和使用范围的有限，通常难以通过自身完成语言的信息化，因而需要政府支持。

**第二十一条** 【语言教育保障】民族自治地方人民政府应当适当发展、扶持以少数民族语言文字为主的各级各类教育，培养少数民族语言与国家通用语言文字的双语或多语专业人才。

民族自治地方人民政府应当保障对少数民族语言文字教育的资金投入。

理由说明：随着我国社会变革及普通话的推广，使得少数民族地区少数民族语言空间缩小，少数民族越来越不能通过自身力量维持其语言教育，如此需要国家发展和扶持少数民族语言文字教育。

第二十二条 【少数民族语言教育内容】民族自治地方人民政府可以根据当地实际，在学前和义务教育阶段，对少数民族地区的学校开展少数民族语言文字和国家通用语言文字的双语教学。

民族自治地方教育行政主管部门应当会同自治地方民族事务主管部门制定少数民族语言文字和国家通用语言文字双语教师的培养培训规划。

提倡非自治地方人民政府及其教育行政部门为本行政区域内民族聚居地方的少数民族公民提供双语教育。

理由说明：款一，少数民族的语言文字教育既应坚持少数民族语言文字教育，也应当坚持通用语言文字的教育，故应进行双语教学。语言的教育主要在中小学，故应将其规定于立法之中；同时，本条款也是对《内蒙古自治区蒙古语言文字工作条例》第11条"汉语言文字授课的蒙古族中、小学校，应当设置蒙古语言文字课程"规定的吸收。

款二，语言教育不应仅停留在形式上，还应保证其质量，根据目前的实践，教师质量提高是重中之重。

款三，除了自治地方存在少数民族外，许多非自治地方也存在较多的少数民族，为此有必要鼓励这些地方的政府发展少数民族语言教育。

本条也是对《民族区域自治法》第36条"民族自治地方的自治机关根据国家的教育方针，依照法律规定，决定本地方的教育规划，各级各类学校的设置、学制、办学形式、教学内容、教学用语和招生办法"这一规定的吸收与补充。

第二十三条 【翻译服务】国家机关、人民团体和事业单位在公务活动中应当为少数民族公民提供语言文字翻译服务。

理由说明：语言翻译服务是少数民族语言文字权利的重要内容，也是现有诸多法律中所规定的权利，但是实践中却保障缺失，为此需要建立适当的翻译制度。

第二十四条 【服务行业语言使用】自治地方公共服务行业向使用少数民族语言文字的公民提供服务时，应当使用少数民族语言文字。

理由说明：本条是对《内蒙古自治区蒙古语言文字工作条例》第23

条"公共服务行业向使用蒙古语言文字的公民提供服务时，应当使用蒙古语言文字"规定的吸收。

**第二十五条** 【语言媒介】自治地方各级人民政府应当鼓励广播、电视、电影机构及相关文艺团体，编播和制作满足少数民族需要的少数民族语言文字节目和影视作品。

【语言学习资源】自治地方各级人民政府应当扶持少数民族语言文字教材、课外读物、报刊、网站等文化产品和通信设备的建设。

理由说明：广播、电视、电影是现代语言传播的重要途径，教材、课外读物、报刊、网站是语言文字学习的重要物质条件。同时，本条既是对少数民族语言文字的支持，也是对少数民族文化发展的支持。通过将文化权利与语言文字权利结合，实现二者的互动发展。

**第二十六条** 【语言保护预警机制】国家语言文字工作部门和民族事务工作部门共同建立全国范围内的少数民族语言文字监测与预警机制。

民族自治地方语言文字工作部门及民族事务工作部门建立本行政区域范围内的少数民族语言文字预警机制，对本行政区域内濒危少数民族语言文字开展抢救工作。

理由说明：同第二章方言预警机制。

## 第四章　手语和盲文

**第二十七条** 【手语、盲文语言地位】中国手语是我国聋人的通用语言，中国盲文是中国盲人的通用文字。

理由说明：手语、盲文是视听障碍者的语言文字，应从法律上予以肯定。本条是对《新西兰手语法案》第3条第1项的借鉴："新西兰手语是新西兰的一项官方语言"。

**第二十八条** 【聋人盲人的语言文字权利】聋人盲人有使用手语、盲文接收公共信息、参与政治与公共生活、参与法律程序、享受教育的权利。

政府应积极采取措施，保障聋人和盲人享有前款规定的权利。

理由说明：款一，根据宪法平等原则，类推得出聋人盲人的手语盲文权利。

款二，由于聋人盲人是残疾群体，自身无力发展其语言文字，故需要政府采取积极措施加以保障和落实。

**第二十九条** 【政府的手语盲文发展职能】政府负责组织编制、完善中国手语、中国盲文，负责手语、盲文的规范化和推广中国手语和中国盲文。

理由说明：中国手语盲文还存在诸多不完善之处，导致实践中使用不便，需要继续编制和完善中国手语、盲文，同时手语盲文也存在地域性特点，需要予以规范化和推广。这些工作视听障碍者无力自主进行，都有赖于政府组织。

**第三十条** 【手语盲文无障碍化的政府职责】政府应帮助聋人、盲人实现手语、盲文的无障碍信息交流。

政府应积极发展聋人、盲人所需的文化、娱乐设施和产品。

政府应积极建立满足聋人、盲人所需的图书馆、阅览室等公共设施。

理由说明：聋人盲人生活在视听健全者的社会里，沟通常存在障碍，需要实现手语盲文的无障碍，如此才能真正满足聋人盲人的自由发展。

本条是对国务院《无障碍环境建设条例》相关规定的吸收。

**第三十一条** 【手语翻译制度】国家应建立手语、盲文翻译制度。

理由说明：手语盲文翻译是视听障碍者手语盲文权利保障的重要手段，但目前手语盲文翻译服务存在较大困难和问题，需要通过制度化措施解决和保障。

**第三十二条** 【手语盲文公共服务】公共服务机构和公共场所应当为残疾人提供语音和文字提示、手语、盲文等信息交流服务，并定期对工作人员进行无障碍服务技能培训。

理由说明：视听障碍者作为社会的一分子，应享受到一定公共服务，而公共服务中的手语盲文服务会直接影响到视听障碍者服务的获得。因此，应规定公共服务机构和公共场所的手语盲文服务问题。本条也是对《无障碍环境建设条例》第 24 条规定的吸收。

**第三十三条** 【公共活动】举办听力残疾人集中参加的公共活动，举办单位应当提供字幕或者手语服务。

理由说明：听力残疾人同样有参加公共活动的需求，其需求的满足必须通过手语或字幕的服务才能实现。本条是对《无障碍环境建设条例》

第 24 条规定的吸收。

**第三十四条** 【垄断性服务行业】具有垄断性质的行业经营者提供社会服务的，应当为有需求的听力、言语残疾人提供文字信息服务，为有需求的视力残疾人提供语音信息服务。

具有垄断性质的社会产品制造者应当提供能够与无障碍信息交流服务相衔接的技术、产品。

理由说明：垄断性服务行业为公民提供了相应的特殊领域的服务，这些服务往往是公民不可或缺的。垄断性服务行业的垄断性决定了其有义务为所有公民提供服务，为了保障视听障碍者能有效地享受服务，需要垄断服务行业组织提供相关条件，进行相关研发。

**第三十五条** 【新技术研发的手语、盲文支持】政府应支持新兴技术领域中手语、盲文无障碍技术的开发，对积极开发手语、盲文无障碍产品的组织、个人予以表彰和奖励。

理由说明：现代社会是信息社会，是新兴技术不断发展的社会，视听障碍者有权利分享信息社会所带来的成果，因而政府需要支持和鼓励新兴技术领域中的手语盲文开发。

**第三十六条** 【手语盲文工作鼓励】政府应给予手语、盲文工作者一定的津贴和补助，提高手语、盲文工作者的待遇。

理由说明：手语盲文工作由于经济性低、公益性强，手语盲文工作者通常收入不高，为保障手语盲文从业者的生活，鼓励其认真工作，有必要为手语盲文工作者提供一定津贴和待遇。本条也是对 1984 年《民政部、劳动人事部、财政部、中国盲人聋哑人协会关于发给聋哑人手语教师和翻译干部 15% 特教津贴的联合通知》（民〔1984〕协 47 号）精神的承继。

**第三十七条** 【手语盲文的社会环境】鼓励视听健康的公众学习手语、盲文，政府应适当为视听健康公众创造机会学习手语、盲文。

理由说明：聋人盲人生活中朝夕所面对的基本上是视听健康者，因此真正实现手语盲文的无障碍，需要社会拥有适量的理解手语盲文的人，如此需要鼓励公众自愿学习一定的手语盲文，而政府应当为具有意愿学习的人提供学习机会。同时，手语盲文普及率已经成为衡量城市文明程度的标志之一。普及手语盲文也是提升我国城市文明的措施之一。

## 第五章　其他语言文字

**第三十八条**　【繁体字、异体字】国家语言文字工作部门负责与台湾、香港、澳门地区的相关行政部门就繁体字、异体字问题进行协调、交流。

理由说明：目前，我国港澳台地区仍然使用繁体汉字，为了交流的方便应当与这些地区进行协调、交流。

**第三十九条**　【外来语】外来语言文字在社会公共场所的使用应当坚持汉语汉字为第一语言、外语为第二语言的原则。专门的外语学术和交流活动除外。

理由说明：使用外来语是公民的语言文字自由，但是为了维护国家的语言文字主权，应当遵守以汉字为主、外语为辅的原则，以确保汉语的纯净和地位。这也是很多国家的通行做法，如法国杜彭法案。

**第四十条**　【外来语与汉语的翻译原则】外来语言文字与我国语言文字的互译，应遵守我国语言文字使用规律、符合我国文化特点，不得违背公序良俗。

理由说明：外来语的翻译既有可能影响汉语的发展，如许多汉语词汇是外来语翻译而来，也有可能影响汉语及中国文化的对外形象，如中国特有名词的翻译会影响中国文化的对外表达。

**第四十一条**　【翻译标准】对特有名词、专有名称的翻译，应制定统一的翻译标准。

理由说明：对外交流中对一些专有或专业名字的翻译和使用会影响到我国的语言文字主权及国家形象的展示，如我国地名、人名的翻译，会影响到我国的汉语汉字使用习惯，又如对中国特有文化事物的翻译应符合其内涵，才能把握我国文化对外的主动权，提升文化软实力。此外，专有名词翻译标准的制定还是公共双语用字准确使用的保障，也是对公众日常生活外来语行为的引导，能够促进对外经济文化交流。同时，专有名词具有唯一性，法律上也可控。因此，立法可规定由相关机关主持制定专有名词的双语对照标准。翻译标准的制定也可为《公共服务领域英文译写规范（第1部分：通则）》等文件及推广提供立法依据。

## 第六章　法律责任

**第四十二条**　【保障义务责任】行政机关不履行本法规定保障义务的，公民可以提出批评、建议或提出申诉；上级行政机关应责令其履行；逾期不改正的，对主管部门负责人或直接主管人员予以行政处分。

理由说明：通过公民批评、建议或申诉，由行政机关内部追责是法律责任承担的最基本最首要和成本最低的方式。

**第四十三条**　【违法限制权利的责任与救济】行政机关没有法律依据限制公民语言文字权利的，由上级行政机关责令改正；对直接主管人员予以行政处分；对公民造成损失的，应予以赔偿。

对公民权利造成侵害的，公民有权向法院提起诉讼。

理由说明：行政机关应当遵守法律保留原则，不得违法限制公民权利，侵害公民权利应当承担责任，同时为了防止行政机关内部不作为，有必要赋予公民以诉权。

**第四十四条**　【公共用语用字的法律责任】公民、组织的社会公共用语用字，违反本法规定义务的，由有关行政机关予以批评教育、责令限期改正；情节严重的，可采取强制履行或罚款等行政处罚措施。

理由说明：公民、组织的社会公共用语用字足以影响到不特定的人群，甚至能够大范围地产生语言文字使用的错误示范作用，从而改变现有的语言文字生态。因此，有必要规定一定法律责任以防止随意使用而影响语言文字的法律生态。

## 第七章　附则

**第四十五条**　本法自　年　月　日起施行。

# 附录 2 《中华人民共和国少数民族语言文字法（试拟稿）》

## 第一章 总则

**第一条** 【立法目的】为了保障少数民族语言文字的学习、使用和发展，保护语言文字的多样性，促进不同语言文字群体的平等、和谐关系和文化繁荣发展，根据《中华人民共和国宪法》《中华人民共和国民族区域自治法》的有关规定，制定本法。

理由说明：少数民族语言文字权利是宪法规定的基本权利之一，同时《民族区域自治法》亦是民族区域自治的基本法之一，因而少数民族语言文字立法应以宪法和该部法律为依据。与国家通用语言文字及其他语言文字相比，少数民族语言文字立法主要是保障少数民族语言文字的学习、使用和发展，鉴于少数民族语言文字对文化多样性的保持与发展具有不可或缺的作用，因此文化多样性亦应作为立法目的之一；此外，由于少数民族语言文字涉及不同语言文字群体之间的地位及和谐共处。因此，少数民族语言文字立法宜确立如上目标。

**第二条** 【鼓励发展与平等保护原则】国家鼓励和促进少数民族语言文字事业发展，平等保护和发展不同民族的语言文字，促进语言文字事业的和谐健康发展。

【不得违法禁止原则】任何组织和个人，不得违法限制或剥夺少数民族语言文字的使用权利。

【实质公正原则】国家在确有必要的情况下，可以采取特别保护方式对特定少数民族语言文字予以保护。

理由说明：款一，少数民族语言文字权利的积极权利属性决定了国家应采取鼓励和促进的发展原则,而宪法的平等原则要求国家平等保护各不同语言文字,避免相关语言文字处于不利地位,尤其是需要改变目前过于注重通用语言文字或人数较多的少数民族语言文字,而忽略少数民族语言文字尤其是人数较少的少数民族语言文字的状态。

款二,虽然目前诸多法律法规规定了少数民族的语言文字权利,但实践中少数民族语言文字权利的落实和保障并未依法进行,存在变相被限制和剥夺之嫌。

款三,少数民族语言文字,由于其本身缺少发展力量,仅对其平等保护,不足以抵消来自强势语言的冲击,如不加以特别保护,必然会逐渐消亡,因而有必要对其特别对待,从而实现一种实质的公正。

**第三条** 【基本权利】少数民族公民有权使用本民族语言文字参与国家政治生活、管理国家事务和社会事务。

少数民族公民有权使用本民族语言文字参与各类诉讼活动及法律程序。

自治地方少数民族公民有权以本民族语言文字接受公共服务。

理由说明:款一,少数民族的语言权利,最重要的是能在国家政治生活中使用其语言,这也是许多国家的通行做法,如新西兰《毛利语法案》就将毛利语确立为一种官方语言;同时,也是我国实践中的做法,如全国人大召开会议时用各种语言文字翻译报告等文件。此处是对实践中的通行做法加以立法确认。

款二,本款是对现有诉讼法等法中的少数民族语言权利之规定的吸收。

款三,少数民族语言文字权利应当包括以本民族语言接受公共服务,但是在我国大部分地区是以汉族公民为主,如果全国范围内都以少数民族的语言提供公共服务必然导致成本高昂也无必要,加之在非少数民族地区要求以少数民族语言提供公共服务缺少正当性,故应只赋予少数民族在自治地方有权以其母语接受公共服务。

**第四条** 【语言地位】民族自治地区在确立国家通用语言文字作为自治地方的通用语言文字之外,可以确定一种或多种少数民族语言文字作为自治地方的通用语言文字。

理由说明:本条是确立少数民族语言文字的地位问题。在民族自治地方,少数民族语言作为通用语言是民族自治的当然内容。《民族区域自治法》也有相关规定。

第五条 【经费保障】中央人民政府应安排少数民族语言文字发展、建设的专项经费。

自治地方各级人民政府应当将少数民族语言文字工作纳入国民经济和社会发展规划，结合财力情况安排专项经费，用于少数民族语言文字的发展和科学保护。

理由说明：少数民族语言文字的发展需要国家和地方予以物质保障。

第六条 【机构保障】国家语言文字工作部门协助民族事务工作部门，负责全国少数民族语言文字的规划、保护、指导和监督管理工作，支持少数民族语言文字的教学和科学研究，促进少数民族语言文字的规范、丰富和发展。

县级以上地方人民政府语言文字工作部门协助民族事务工作部门，负责本行政区域内少数民族语言文字的规划、保护、指导和监督管理工作，支持本行政区域内的少数民族语言文字的教学和科学研究，促进少数民族语言文字的规范、丰富和发展。

县级以上自治地方人民政府有关部门按照各自的职责，共同做好少数民族语言文字工作。

理由说明：款一、款二，语言文字工作需要具体到工作部门，语言文字工作部门作为专门的工作部门自然应当负责少数民族语言文字的工作，同时由于民族事务工作部门具有民族性，其对少数民族语言文字情况更为了解和熟悉，对其语言保护也更为专业，故语言文字工作部门是协助而民族事务部门则是主管少数民族语言文字工作的部门。

款三，语言文字的发展与保护过程中需要诸多部门的配合，如文化部门、工商管理部门等，因而宜作出兜底性规定以防遗漏。

第七条 【鼓励措施】国家奖励为少数民族语言文字事业做出突出贡献的组织和个人。

理由说明：为调动社会力量，国家可以通过奖励为包括少数民族语言文字事业做出突出贡献的组织和个人，以鼓励社会和民众的参与。

## 第二章 少数民族语言文字的使用

第八条 【少数民族语言文字的规范化】自治地区各级人民政府应当

推广其少数民族语言标准音和统一其少数民族文字标准写法。

理由说明：自治地方在确立少数民族通用语言时，应推广和统一少数民族语言通用标准。如此，既有利于本地区的沟通交流，又有利于少数民族语言文字的发展。

**第九条**　【国家机关执行职务的语言文字规定】自治地方各级国家机关执行职务时，应同时使用自治地方通用语言文字与国家通用语言文字；同时使用几种通用的语言文字履行职务的，可以以实行区域自治的民族的语言文字为主。

理由说明：本条是对《民族区域自治法》第 21 条 "民族自治地方的自治机关在执行职务的时候，依照本民族自治地方自治条例的规定，使用当地通用的一种或者几种语言文字；同时使用几种通用的语言文字执行职务的，可以以实行区域自治的民族的语言文字为主" 的吸收和补充。

**第十条**　【公共部门语言文字的使用原则】自治地方国家机关、团体和事业单位的公章、门牌、证件和印有单位名称的信封，以及自治地方区域内上报下发的各种公文、函件，都应同时使用规范的少数民族文字和汉字。发行的学习材料和宣传品应根据需要，使用当地通用的一种或几种文字。少数民族文字、汉字同时使用时，应当大小相称，用字规范，其排列顺序按照自治区人民政府有关规定执行。

理由说明：为方便自治地方少数民族能够便利地参与公共事务的管理，方便其了解各部门职能及办理各项事务，有必要对自治地方国家机关、团体和事业单位的相关名称、公文、函件及学习材料和宣传品以双语发布。

**第十一条**　【语言公共服务】自治地方国家机关、人民团体和事业单位应当合理配备兼通少数民族语言与汉语的工作人员。

理由说明：在公共服务机构中配备必要的双语工作人员是落实少数民族语言权利的内在要求，也是公共机构顺利开展各项工作的必要。本条也是对《内蒙古自治区蒙古语言文字工作条例》第 24 条 "各级国家机关、人民团体和事业单位应当合理配备蒙汉兼通的工作人员" 规定的吸收。

**第十二条**　【自治地方公职人员招考语言使用原则】机关、团体、企业和事业单位，在招生、招工、招干和技术考核、职称评定、晋级时，必须同时或分别使用当地通用的少数民族语言文字、汉语言文字，应考人员或参与人员可以自愿选用其中的一种语言文字。国家或自治区另有规定的除外。

理由说明：接受更高层级的教育、选择职业或就业等是任何公民的基本权利，在自治地方也是少数民族公民自我发展、参与社会管理的重要方式，因此，有必要为少数民族公民提供以其语言为方式的考试、考核、评定等。该条同时也是对目前实践的肯定。

**第十三条** 【社会公共用字双语原则】民族自治地方的公共场所用字，应当并用少数民族文字与汉字两种或多种文字。

社会市面用字的具体管理办法由自治地方人民政府制定。

理由说明：少数民族语言作为自治地方的通用语言之一，在公共场所与国家通用语言文字一同标志，是少数民族语言文字的基本权利，也是体现自治地方人文景观的重要措施；本条是对《内蒙古自治区蒙古语言文字工作条例》第22条"自治区行政区域内的社会市面用文应当并用蒙汉两种文字"规定的借鉴与吸收。

**第十四条** 【服务行业语言使用】自治地方公共服务行业向使用少数民族语言文字的公民提供服务时，应当同时使用少数民族语言文字。

理由说明：公共服务行业是任何公民都不可或缺的基本生活需求，自治地方公共服务行业使用少数民族语言文字提供服务是少数语言文字权利的基本体现。本条是对《内蒙古自治区蒙古语言文字工作条例》第23条"公共服务行业向使用蒙古语言文字的公民提供服务时，应当使用蒙古语言文字"规定的借鉴与吸收。

**第十五条** 【语言翻译服务】国家机关、人民团体和事业单位在公务活动中应当为少数民族公民提供语言文字翻译服务，确保少数民族使用其本民族语言文字参与公共活动、诉讼或其他法律程序的权利。

民族语言文字翻译工作者属于专业技术人员，按照国家有关规定评定专业技术职称，享受专业技术人员待遇。

理由说明：语言翻译服务是少数民族语言文字权利的重要内容，也是现有诸多法律中所规定的权利，但是实践中却保障缺失，为此需要建立适当的语言翻译服务制度。

## 第三章　少数民族语言文字的学习与教育

**第十六条** 【鼓励相互学习语言文字】各级人民政府应当鼓励各民族

互相学习各自的语言文字。汉族公务人员要学习当地少数民族的语言文字；少数民族公务人员在学习使用本民族语言文字的同时，要学习全国通用的汉语普通话和规范汉字。

理由说明：当前，掌握双语、多语是世界诸多国家的普遍做法。在我国，鼓励不同民族的公务人员相互学习对方语言，不仅有利于开展工作、方便群众办理事务，也有利于民族团结和交流。

**第十七条** 【语言教育】民族自治地方人民政府应当适当发展、扶持以少数民族语言文字为主的各级各类教育，培养少数民族语言与国家通用语言文字的双语或多语专业人才。

民族自治地方人民政府应当保障对少数民族语言文字教育的资金投入。

理由说明：随着我国社会变革及普通话的推广，使得少数民族地区少数民族语言空间缩小，少数民族越来越不能通过自身力量维持其语言教育，如此需要国家发展和扶持少数民族语言文字教育。

**第十八条** 【双语教育】民族自治地方人民政府可以根据当地实际，在学前和义务教育阶段，应当对少数民族地区的学校开展少数民族语言文字和国家通用语言文字的双语教学。

民族自治地方教育行政主管部门应当会同自治地方民族事务主管部门制定少数民族语言文字和国家通用语言文字双语教师的培养培训规划。

提倡非自治地方人民政府及其教育行政部门为本行政区域民族聚居地方的少数民族公民提供双语教育。

理由说明：款一，少数民族的语言文字教育既应坚持少数民族语言文字教育，也应当坚持通用语言文字的教育，故应进行双语教学。语言的教育和语言能力的培养主要在中小学阶段，故应将其规定于立法之中；同时，本款也是对《内蒙古自治区蒙古语言文字工作条例》第 11 条"汉语言文字授课的蒙古族中、小学校，应当设置蒙古语言文字课程"规定的借鉴与吸收。

款二，语言教育不应仅限于形式，还应保证其质量，根据目前的实践，双语教师的培养是语言教育质量提高的重中之重。

款三，除了自治地方存在少数民族外，许多非自治地方也存在较多的少数民族，为此有必要鼓励这些地方的政府发展少数民族语言教育。

本条也是对《民族区域自治法》第 36 条"民族自治地方的自治机关根据国家的教育方针,依照法律规定,决定本地方的教育规划,各级各类学校的设置、学制、办学形式、教学内容、教学用语和招生办法"规定的吸收、细化与补充。

第十九条 【人才培养】语言文字主管部门和教育部门应当采取多种形式和途径,积极培养少数民族语言文字的翻译、编辑、教学、科研人员和管理人才。

理由说明:少数民族语言文字教育不能仅仅是一种宣言而已,应该创作各种条件,采取各种形式或措施,以落实语言教育,培养多种少数民族语言文字人才。

第二十条 【语言教育计划、目标和标准】语言文字主管部门和教育部门应当制定少数民族语言文字教育计划、教育目标和教育标准。

理由说明:语言文字教育需要一定的计划、目标和标准,否则语言教育易被形式化。目前我国台湾、香港地区语言政策中都有类似的规定和做法,值得借鉴。

第二十一条 【语言学习资源】自治地方各级人民政府应当扶持少数民族语言文字教材、课外读物、报刊、网站等文化产品和通信设备的建设。

理由说明:广播、电视、电影是现代语言传播的重要途径,教材、课外读物、报刊、网站是语言文字学习的重要物质条件。同时,本条既是对少数民族语言文字的支持,也是对少数民族文化发展的支持。通过将文化权利与语言文字权利结合,实现二者的互动发展。

第二十二条 【语言等级测试】各自治区人民政府语言文字工作机构应当组织相应少数民族语言文字等级考试,对以少数民族语言文字为职业语言的在岗人员进行标准音的培训和测试。

理由说明:语言等级测试,有利于推动语言教育有序良性发展,同时也是保障语言教育和其他语言服务质量的重要措施。目前,国家通用语言文字形成了较为健全的等级考试制度,在少数民族语言文字能力的评价方面,也可借鉴和吸纳。

## 第四章 少数民族语言文字的研究和保护

第二十三条 【部门与工作职责】各级语言文字工作部门和民族事务

主管部门应当加强少数民族语言文字资源数据库的建设,并会同教育、文化、工业和信息化等主管部门共同促进少数民族语言文字的规范化、标准化和信息化建设。

理由说明:首先,少数民族语言文字资源数据库是当前少数民族文化建设所急需的,实践中少数民族语言文字资源库不完善,不利于语言使用、学习和研究。其次,语言的规范化、标准化是语言推广的基本要求,目前我国许多少数民族语言文字还未实现标准化和规范化。最后,信息化则是少数民族语言文字在信息时代发展的基本需求,而少数民族公民由于技术能力和语言使用范围的受限,仅依靠少数民族通过自身完成语言的信息化建设无疑具有相当的困难,因而需要政府支持。

第二十四条 【少数民族语言文字理论研究】语言文字主管部门应当加强少数民族语言文字的基础理论、应用理论和语言文字信息处理的科学研究,制定有关少数民族语言标准语、正字法、正音法等方面的规定。

各自治区民族语言名词术语规范审定委员会根据不同语种、不同学科、专业的特点和实际需要,分别成立专业组,开展少数民族语言名词术语的研究和规范审定工作。

理由说明:语言文字的理论研究有助于推动语言文字的发展。尤其是我国诸多少数民族语言文字目前尚不成熟,亟须要对其进行调查整理和研究。

第二十五条 【少数民族语言文字保护、抢救】各级人民政府应当加强对少数民族语言文字文化遗产的保护工作,做好少数民族语言文字古籍的抢救、搜集、整理、出版工作。

理由说明:目前,我国一些少数民族语言文字濒危,需要采取措施加强保护和抢救。

第二十六条 【语言保护预警机制】国家语言文字工作部门和民族事务工作部门共同建立全国范围内的少数民族语言文字监测与预警机制。

民族自治地方语言文字工作部门及民族事务工作部门建立本行政区域范围内的少数民族语言文字预警机制,对本行政区域内濒危少数民族语言文字开展抢救工作。

理由说明:语言生态与生物生态一样,需要随时保持观察并防止语言灭失。同时,从保护成本和保护实效来说需要在某种语言陷入极端恶劣处境之前就采取保护和抢救。因此，需要建立预警机制。

**第二十七条** 【语言媒介保障】自治地方各级人民政府应当鼓励广播、电视、电影机构和相关文艺团体，编播和制作满足少数民族需要的少数民族语言文字节目和影视作品。

理由说明：语言的生命在于传播与交流。发挥语言媒介的作用是保护语言文字的有效方式，能够使语言保持自觉的使用。

## 第五章 法律责任

**第二十八条** 【行政机关保障义务责任】行政机关不履行本法规定的保障义务的，公民可以提出批评、建议或提出申诉；上级行政机关应责令其履行；逾期不改正的，对主管部门负责人或直接主管人员予以行政处分。

理由说明：通过公民批评、建议或申诉，由行政机关内部追责是法律责任承担的最基本和成本最低的方式。

**第二十九条** 【公共团体的义务责任】违反本条例规定，机关、团体、事业单位的公章、门牌、证件和印有单位名称的信封，未同时使用规范的少数民族文字，以及其他未按有关规定执行的，由语言文字工作管理机构责令其限期改正；逾期不改的，予以通报批评，并可处以1000元以下的罚款。

理由说明：对于语言文字基本且清晰的责任，法律可以也有必要规定一定的制裁措施予以保障。

**第三十条** 【违法限制权利的责任与救济】行政机关没有法律依据限制少数民族公民语言文字权利的，由上级行政机关责令改正；对直接主管人员予以行政处分；对公民造成损失的，应予以赔偿。

对公民权利造成侵害的，公民有权向法院提起诉讼。

理由说明：行政机关应当遵守法律保留原则，不得违法限制公民权利，侵害公民权利应当承担责任，同时为了防止行政机关内部不作为，有必要赋予公民以诉权尤其是行政诉讼的权利。

**第三十一条** 【教育机构责任】学校等教育机构未按照法律要求进行少数民族语言文字教育和培训的，由教育行政部门责令其限期改正；逾期不改的，予以通报批评、降低评价等级，并可对相关责任人进行行政处分。

理由说明：语言教育是公民的基本权利，实践中，诸多原因导致学校等教育机构不重视少数民族语言教育，有必要规定相关责任，以保障少数民族语言文字教育权利。

**第三十二条** 【公共用语用字的法律责任】公民、组织的社会公共用语用字，违反本法规定义务的，由有关行政机关予以批评教育、责令限期改正；情节严重的，可采取强制履行或罚款等行政处罚措施。

理由说明：公民、组织的社会公共用语用字足以影响到不特定的人群，甚至能够大范围地产生语言文字使用的错误示范作用，从而改变现有的语言文字生态。因此，有必要规定一定法律责任以防止随意使用而影响语言文字生态。

## 第六章　附　　则

**第三十三条** 本法自　年　月　日实施。

# 附录3 《中华人民共和国手语和盲文使用法（试拟稿）》

## 第一章 总则

**第一条** 【立法目的】为了发展促进手语、盲文的发展，保障视听障碍者的语言文字权利，使其平等参与公共事务和社会生活，根据宪法，制定本法。

理由说明：手语盲文是视听障碍者的基本语言文字，也是其平等参与社会生活，实现生活无障碍化的重要保证。同时，宪法规定的语言文字权利，视听障碍者作为我国公民理应享有。故"根据宪法，制定本法"。

**第二条** 【定义】本法所称"手语"，是指由聋哑人互相交际和交流思想的一种手的语言。

本法所称"盲文"，是指为盲人设计、靠触觉感知的文字。

理由说明：这是目前学术界对手语盲文的通行定义。

**第三条** 【基本原则】国家应积极发展手语盲文。手语盲文的发展应当与视听障碍者的社会需求相适应，手语盲文的创制应遵循实用、易行、广泛受益的原则。

国家为视听障碍者学习和使用手语和盲文提供适当条件，并建立健全视听障碍者手语盲文权利保护机制。

国务院和地方各级人民政府及其有关部门应当采取措施，保护和落实视听障碍者手语盲文权利。

理由说明：款一：鉴于目前手语盲文的发展远不能满足手语盲人的需求，因而应强调手语盲文的发展应与需求相适应；同时，由于视听障碍者是残疾人，故手语盲文的创制应遵循实用、易行和广泛受益原则。

款二、三：手语盲文为弱势语言、残疾人语言，其权利具有积极权利性质，需要国家采取积极措施予以保障。

**第四条**【手语、盲文语言地位】中国手语是我国聋人的通用语言，中国盲文是中国盲人的通用文字。

理由说明：手语、盲文是视听障碍者的语言文字，应从法律上予以肯定。本条参考了《新西兰手语法案》第3条第1项的规定："新西兰手语是新西兰的一项官方语言"。

**第五条**【聋人盲人的语言文字权利】聋人盲人有使用手语、盲文接收公共信息、参与政治和公共生活、参与诉讼活动和其他法律程序、享受教育的权利。

理由说明：根据宪法平等原则，可类推得出聋人盲人应享有使用相应的手语盲文的权利。

**第六条**【经费保障】中央人民政府应安排手语盲文发展、建设的专项经费。

地方各级人民政府应当手语盲文工作纳入国民经济和社会发展规划，结合财力情况安排专项预算经费，用于手语盲文发展和手语盲文的无障碍化建设保护。

理由说明：手语盲文的发展需要国家和地方予以物质保障。

## 第二章　手语盲文的发展和教育

**第七条**【手语盲文发展和推广】语言文字工作部门负责组织编制、完善中国手语、中国盲文，负责手语、盲文的规范化和推广中国手语和中国盲文。

理由说明：中国手语盲文还存在诸多不完善之处，导致实践中使用不便，需要继续编制和完善中国手语、盲文，同时手语盲文也存在地域性特点，需要予以规范化和推广。这些工作视听障碍者是无力自主进行的，都有赖于政府及其语言文字工作部门的组织和安排。

**第八条**【手语盲文的学习和教育】教育行政主管部门应采取各种措施保障视听障碍者的手语盲文学习和教育。

教育部门应设立各类特殊学校为视听障碍者提供手语盲文的基础教育

和职业教育；根据情况在普通学校为视听障碍者提供手语盲文学习和教育条件。

理由说明：手语盲文的学习和教育是视听障碍者的基本权利，也是手语盲文发展的最基本要求；同时，手语盲文教育不同于其他教育，私人和家庭难以实施，必须由政府积极采取措施。

**第九条** 【手语盲文的教育规划】教育行政主管部门应制定手语盲文教育计划和标准，确定手语盲文基础课程及其课程标准，确立视听障碍学生的手语盲文等级测试标准并组织手语盲文等级测试。

理由说明：目前手语盲文教育十分不系统，需要进行有目标有计划的制度建设，课标、等级测验制度都有助于手语盲文的有序发展，能够对手语盲文教育形成推动力。

**第十条** 【手语盲文教育的资源保障】教育行政主管部门应当制定手语盲文教师的培养培训规划。

教育行政主管部门应当会同其他相关部门为手语盲文教育制定和提供教材、教辅等必要的条件和设施。

理由说明：款一，目前手语盲文的师资力量参差不齐，教育质量缺乏保障，亟须予以改善。款二，实践中手语盲文教育不系统、基础教育不够，导致视听障碍者手语盲文水平有限，因而需要予以强化并制度化。

## 第三章 手语盲文的无障碍化建设

**第十一条** 【手语盲文无障碍化的政府建设职能】政府应帮助聋人、盲人实现手语、盲文的无障碍信息交流。

国务院住房和城乡建设主管部门负责全国有关手语盲文无障碍设施工程建设活动的监督管理工作，会同国务院有关部门制定无障碍设施工程建设标准，并对无障碍设施工程建设的情况进行监督检查。

国务院工业和信息化主管部门等有关部门在各自职责范围内，做好有关手语盲文无障碍环境建设工作。

理由说明：聋人盲人生活在视听健全者的社会里，沟通常存在障碍，需要实现手语盲文的无障碍，如此才能真正满足聋人盲人的自由发展。同时，手语或盲文的载体具有有形性，需要体现在城市建筑、公共设施之上，因而需要住房和城市建设、工业和信息化部门的参与。本条是对国务院《无障碍环境建设条例》相关规定的吸收。

第十二条 【政府手语盲文无障碍化的主要内容】政府应积极发展视听障碍者所需的文化、娱乐设施和产品。

政府应积极建立满足聋人、盲人所需的图书馆、阅览室等公共设施。

理由说明：视听障碍者与普通公民一样，具有文化、娱乐及生活需求，其自身的残疾无法靠自身发展，因而需要政府发展文化、娱乐及相关产品，建立相关公共设施。唯有如此，才可以称得上是真正的无障碍化。

第十三条 【手语盲文公共服务】公共服务机构和公共场所应当为残疾人提供语音和文字提示、手语、盲文等信息交流服务，并定期对工作人员进行无障碍服务技能培训。

理由说明：视听障碍者作为社会的一分子，必然需要享受一定公共服务，而公共服务中的手语盲文服务会直接影响到视听障碍者服务的享有。因此，应规定公共服务机构和公共场所的手语盲文服务问题。本条也是对《无障碍环境建设条例》第 24 条规定的吸收。

第十四条 【手语翻译制度】国家应建立手语、盲文翻译制度。

理由说明：手语盲文翻译是视听障碍者手语盲文权利保障的重要手段，是实现手语盲文无障碍的重要方式，但目前手语盲文翻译服务存在较大问题，需要制度化保障。

## 第四章 手语盲文的社会共建

第十五条 【鼓励与支持】国家鼓励、支持采用手语盲文有关的无障碍通用设计的技术和产品，推进残疾人专用的无障碍技术和产品的开发、应用和推广。

理由说明：政府力量是有限的，不可能涉及各个方面，因而需要通过政府的采购等鼓励措施来支持社会发展无障碍技术和产品。如此，既是对社会发展力量的支持，又是对无障碍技术的推广。

第十六条 【垄断性服务行业】具有垄断性质的行业经营者提供社会服务的，应当为有需求的听力残疾人提供文字信息服务，为有需求的视力残疾人提供语音信息服务。

具有垄断性质的社会产品制造者应当提供能够与无障碍信息交流服务相衔接的技术、产品。

理由说明：垄断性服务行业是某些公共服务领域都不可或缺的，而其垄断性决定了其有义务为所有公民提供服务，为了保障视听障碍者能有效地享受服务，需要垄断服务行业组织提供相关条件，进行相关研发。

**第十七条**　【视听障碍者生活用品的语言文字要求】工商企业生产视听障碍者生活所需的药品、重要商品应当标注盲文。

工商行政管理部门负责工商产品的盲文使用情况监督。

理由说明：盲人要实现真正的无障碍化和生活独立，必须确保相关产品具有盲文，以便方便其使用。这在国外已经普遍实施，如德国、保加利亚的药品在包装上均附有盲文。我国盲人数量庞大，更应该积极借鉴。

**第十八条**　【特殊语言服务】举办听力残疾人集中参加的公共活动，举办单位应当提供字幕或者手语服务。

理由说明：听力残疾人同样有参加公共活动的需求，而听力障碍决定了必须提供手语或字幕。本条是对《无障碍环境建设条例》第 24 条规定的吸收。

**第十九条**　【新技术中手语、盲文支持】政府应支持新兴技术领域中手语、盲文无障碍技术的开发，对积极开发手语、盲文无障碍产品的组织或个人予以表彰和奖励。

理由说明：现代社会是信息社会，是新兴技术不断发展的社会，视听障碍者有权利分享信息社会所带来的成果，因而政府需要支持和鼓励新兴技术领域中的手语盲文开发。

**第二十条**　【手语盲文工作支持】政府应给予手语、盲文工作者给予一定的津贴和补助，提高手语、盲文工作者的待遇。

理由说明：手语盲文工作由于经济性低、公益性强，手语盲文工作者通常收入不高，为保障手语盲文从业者的生活，鼓励其认真工作，有必要为手语盲文工作者提供一定津贴和待遇。本条也是对 1984 年《民政部、劳动人事部、财政部、中国盲人聋哑人协会关于发给聋哑人手语教师和翻译干部 15% 特教津贴的联合通知》（民［1984］协 47 号）精神的吸收。

**第二十一条**　【电视广播】广播电视播放节目应当配制手语翻译。

国家全国级别的电视台应当设立手语专门频道，制作符合聋人需求的新闻、娱乐节目；省级电视台应当制作适量聋人需求的电视节目。

理由说明：聋人具有对社会新闻、文化娱乐的基本需求，现代社会电视成为人们获取新闻、休息娱乐的重要聚道，应当创造条件满足聋人需求。

第二十二条 【手语盲文的社会环境】鼓励视听健康的公众学习手语、盲文，政府应适当为视听健康公众创造机会学习手语、盲文。

理由说明：聋人盲人生活中朝夕所面对的基本上是视听健康者，因此真正实现手语盲文的无障碍，需要社会拥有适量的理解手语盲文的人，如此需要鼓励公众志愿学习一定的手语盲文，而政府应当为具有意愿学习的人提供学习机会。同时，手语盲文普及率已经成为衡量城市文明程度的标志之一。为此，这也是提升我国城市文明的措施之一。

第二十三条 【奖励鼓励措施】对在手语盲文发展建设作出显著成绩的单位和个人，按照国家有关规定给予表彰和奖励。

理由说明：鼓励社会单位个人自觉参与发展手语盲文的活动。

## 第五章　法律责任

第二十四条 【行政机关保障义务责任】行政机关不履行本法规定的保障义务的，公民可以提出批评、建议或提出申诉；上级行政机关应责令其履行；逾期不改正的，对主管部门负责人或直接主管人员予以行政处分。

理由说明：通过公民批评、建议或申诉，由行政机关内部追责是法律责任承担的最基本和成本最低的方式。

第二十五条 【教育机构责任】教育机构未按照法定要求，履行手语盲文教育责任或履行责任不达标准的，由教育行政部门责令其限期改正；逾期不改的，予以通报批评、降低评价等级，并可对相关责任人进行行政处分。

理由说明：手语盲文教育是公民的基本权利。实践中，手语盲文教育实效有限，有必要规定相关责任，以保障少数民族语言文字教育权利。

第二十六条 【工商企业的相关责任】工商企业应当在相关产品上标注盲文，但没有标注盲文的，由工商行政管理部门责令其限期改正；

逾期不改的，予以通报批评，并可处以 1000 元以下的罚款。

理由说明：对相关产品标注盲文是盲人生活的基本需求，有必要规定一定的硬性制裁措施予以保障。

**第二十七条**　【无障碍设施的公民责任】公民、组织故意破坏手语盲文无障碍公共设施的，由公安机关予以批评教育和警告，情节严重的可处 500 元以下罚款；情节特别严重的可处 5 日以下拘留。构成犯罪的，依法追究刑事责任。

理由说明：实践中大量公共场所的盲文设施被人为损坏，不仅可能给盲人带来不便，有时甚至给盲人带来危险。如公共场所盲文设施的破坏、盲道的任意更改等，都给盲人带来相当的不便和危险。同时，也是对公共财产的破坏。有必要规定行政处罚和刑事责任措施。

## 第六章　附　　则

第二十八条　本法自　　年　　月　　日实施。

# 附录4 《中华人民共和国汉语方言条例（行政法规试拟稿）》

**第一条** 【立法目的和依据】为保护公民的语言权利，保护我国语言及文化的多样性，依据《中华人民共和国宪法》和《中华人民共和国国家通用语言文字法》，制定本条例。

理由说明：公民讲方言也构成了其语言文字权利的重要组成部分，是公民的基本权利之一；与国家通用语言文字相比，方言对国家与社会的主要价值在于其对文化多样性的保持与发展具有不可或缺的作用。因此，方言立法宜确立如上目标。

**第二条** 【基本定义与权利】方言是公民在各自地区使用的国家非标准语言，公民有使用、学习、发展其自身方言的权利。

理由说明：本条是对方言的定义和权利的确认，与其他群体一样，各地方的公民也应享有宪法上的语言权利。

**第三条** 【不受非法限制原则】公民使用方言不受非法限制。

【比例原则】为发展通用语言文字确需对方言进行限制的，必须符合比例原则。

【合理保护原则】国家适当保护方言生存与发展，在确有必要的情况下，应采取特别保护方式对处于濒危中的方言予以保护。

理由说明：款一，就实践意义而言，由于实践中对汉语方言的限制较多，应强调汉语方言不受非法限制。

款二，为了保证人们生产生活与交流的便利、语言文字生态的和谐和健康发展，尤其是国家通用语言文字的发展，一定程度地限制方言必须是必要的，但这种限制必须采取最小损害的方式，即遵守比例原则。

款三，在跨区域、跨境和跨国乃至全球范围内交流日益频繁的今天，不适合鼓励方言的过度使用，但是方言正面临着通用语言文字的冲击，如不加以适当保护，必然会逐渐消亡，因而有必要对其合理保护。而对于已经处于濒危的方言必须加以特别保护。

**第四条** 【经费保障】国家和地方政府应当为方言的保护工作提供必要的经费保障，安排专项预算经费，用于濒危方言的发展和科学保护。

理由说明：虽然方言的经费支持不追求与通用语言文字、少数民族语言文字等的同样支持，但也应予以最基本的支持。同时，对于濒危方言必须予以专项保障。

**第五条** 【职能部门安排】国家语言文字工作部门，负责全国方言的总体工作，文化部门予以协助并可以提出工作建议。

地方各级人民政府语言文字工作部门，负责本行政区域内方言调查、规划、保护、指导和监督管理工作。

各级文化部门可以在其职责范围内开展相关方言保护工作。

理由说明：语言文字工作需要具体到工作部门，语言文字工作部门作为专门的工作部门自然应当负责方言的工作，同时由于方言与诸多非物质文化紧密联系，因而也应当将文化部门作为主管部门之一纳入其中。

**第六条** 【方言的使用范围】国家尊重汉语方言的使用，在满足沟通的基础上，不限制非公共场所的方言使用，倡导公民在家庭生活中使用方言。

理由说明：汉语方言作为公民的语言权利，应充分地尊重公民的使用自由。因此，在满足沟通的基础上，允许公民在任何非官方场合使用方言。同时，由于家庭是方言的主要学习和使用空间，为了方言的存续，应予以倡导使用。

**第七条** 【方言的广播电台使用】地方广播电台、电视台经国务院批准，可以设立专门的地方方言频道。

理由说明：在现代社会，广播电台电视是语言文字传播与保持影响力的重要资源和途径。从平等原则的角度来说，通用语言文字不应垄断这些资源，但为了尊重通用语言文字的通用地位，立法在允许全国性广播电台电视垄断资源的情况下，应当允许地方广播电台电视播放一定方言。

**第八条** 【方言的学校使用问题】地方学校及其他教育机构在遵守《国家通用语言文字法》的前提下，可以根据实际需要采取必要措施，开展方言教育。法律另有规定的除外。

理由说明：语言教育是语言权利的重要内容，公民的方言权利理应包括方言教育权。由于让位于国家整体的通用语言文字权利，汉语方言教育受到一定限制，但这种限制应当是合理和必要的。因此，在教育机构遵守《国家通用语言文字法》规定的通用语言文字教育的前提下，应当允许地方开展一定方言教育。

第九条 【方言非物质文化发展】国家支持方言的发展，促进以方言为载体的非物质文化发展和保护。

理由说明：发展和保护方言，既是为保护语言的多样性，也是为保护以方言为载体的非物质文化。同时，发展和保护以方言为载体的非物质文化又能反向起到保护方言的作用，还能增加方言保护的现实价值。

第十条 【鼓励方言文化产品】国家鼓励和指导社会发展以方言为形式的文化娱乐产品。

理由说明：方言的保护需要社会的参与和公民的语言自觉，而鼓励和指导社会发展以方言为形式的文化娱乐产品能够发挥社会的保护作用，也能使公民在享受娱乐产品的同时提升语言自觉。

第十一条 【濒危方言抢救】各级语言文字行政部门应负责濒危方言的保护工作，做好濒危方言的抢救、搜集、整理、出版工作。

理由说明：目前，我国一些地方的方言处于濒危之中，亟须加强保护和抢救。

第十二条 【方言语料库建设】地方各级人民政府负责方言语料库的建设和指导工作。

鼓励博物馆、档案馆充分利用自身优势建设方言语料库和发挥方言教育作用。

理由说明：方言语料库建设是方言保护的重要方式，是防止方言灭失和"塑料"化的重要手段。博物馆和档案馆是具有天然的收集和储藏功能，同时还能向公众进行展示，能够发挥教育作用。

第十三条 【预警机制】地方语言文字工作部门应当负责建立方言的监测与预警机制。

理由说明：语言生态与生物生态一样，需要随时保持观察并防止语言灭失。同时，从保护成本和保护实效来说需要在方言陷入极端恶劣处境之前就采取保护和抢救。因此，需要建立预警机制。

**第十四条** 【地方自主保护】地方各级人民政府及有关部门可以根据实际需要采取不同程度的必要措施，保护汉语方言的发展。

具有立法权的地方可以根据自身情况制定符合其自身的关于方言的地方性法规或规章。

理由说明：方言的保护需要一系列具体的措施，需要地方政府根据各自地方特点而自主作为，故作此概括性授权规定。

立法参考例：法国《关于法语和法国方言总署任务的决议》第 1 条第 2、3 款规定 "方言总署负责将法语及法国方言载入文化政策中，推动其践行，鼓励对其保护并推进其增值"，"总署负责将语言的掌握载入文化政策中，并为各项计划的部际实施提供专业意见，以加强社会各界对法语的掌握。"

**第十五条** 【行政机关保障义务责任】行政机关不履行本法规定的保障义务的，公民可以提出批评、建议或提出申诉；上级行政机关应责令其履行；逾期不改正的，对主管部门负责人或直接主管人员予以行政处分。

理由说明：通过公民批评、建议或申诉，由行政机关内部追责是法律责任承担的最基本和成本最低的有效方式。

**第十六条** 【行政机关违法限制权利的责任】行政机关没有法律依据限制公民方言权利的，由上级行政机关责令改正；对直接主管人员予以行政处分。

对公民权利造成侵害的，公民有权向法院提起诉讼。

理由说明：行政机关应当遵守法律保留原则，不得违法限制公民权利，同时为了防止行政机关内部不作为，有必要赋予公民以诉权。

**第十七条** 【其他主体责任】学校、企业团体等社会组织没有法律依据限制公民方言权利的，公民可以向语言文字行政部门投诉，由语言文字行政部门责令其限期改正；逾期不改的，予以通报批评，并可对单位 1000 元以下罚款，对直接责任人处 500 元以下罚款。

对违法限制公民权利，公民有权向法院提起诉讼。

理由说明：语言教育是公民的基本权利，实践中，诸多学校及用人单位禁止公民在其活动范围内使用方言，不仅侵犯公民权利也压缩方言的空间。为此，有必要规定相关责任，以保障方言的使用和生存。

**第十八条** 本条例自　年　月　日实施。

# 附录 5　汉语方言相关文件规定

## 1. 高等教育部、教育部关于汉语方言普查工作的指示

(1956 年 3 月 20 日)

1955 年 10 月的全国文字改革会议和现代汉语规范问题学术会议的决议，和 1956 年 2 月 6 日国务院关于推广普通话的指示，都要求各综合大学和高等师范学校负责在 1956 年至 1957 年完成全国每一个县汉语方言的初步调查工作。高等教育部、教育部和中国科学院语言研究所协议合作，务期方言普查工作胜利完成，并与推广普通话工作紧密结合，首先在各级学校的北京语音教学中发生作用。高等教育部、教育部特作联合指示如下：

（一）在 1956、1957 两年内把全国各地的汉语方言普查完毕。调查以市、县或相当于县的行政区域为单位，每一单位为一个调查点（以市、县人民委员会所在地的方言为调查对象）。

（二）这次方言普查以帮助推广普通话为目的，着重调查语音（声、韵、调的系统，音值跟北京语音的对比），同时调查一部分词汇和语法特点。这次调查还是初步的，详细深入的调查研究，待以后再做。

（三）调查方言的任务，主要由各地综合大学和高等师范学校的中国语言文学系分区负担；各地师范专科学校如有条件，也应该分担一部分工作（黑龙江省没有综合大学和高等师范学校，即由师范专科学校担任全部工作；新疆维吾尔自治区即由新疆学院师范部担任汉语方言调查工作）。

（四）各地综合大学中国语言文学系汉语言文学专业原设有汉语方言

学习课程，今后在讲授中应特别注重方言调查方法、整理方法和一些实际问题。师生即利用本课程的实习时间，分别调查本省某些县份的方言（可在校内记录本校某些县份的学生或员工的方音，或记录自己的方音。如本校缺少某几个县份的学生或员工，可利用寒暑假期约请各该县中学学生作补充调查）。

（五）各地高等师范学校中国语言文学系并无「汉语方言学」课程，应在1956年或1957年内成立有关方言调查工作的科学研究小组，把方言调查当作一项政治任务，动员中国语言文学系三、四年级学生及青年助教参加。小组由中国语言文学系语言组教师领导。有关方言、方音的知识，由教师择要讲述，指导研究时，特别注重实际调查与整理的方法。研究期限一学期，研究期末即由师生分别调查本省某些县份的方音（可在校内记录本校某些县份的学生或员工的方音，或记录自己的方音。如本校缺少某几个县份的学生或员工，可利用寒暑假期约请各该县中学学生作补充调查）。师范专科学校如有条件能担负调查方言的任务时，也应该成立这样的科学研究小组，进行工作。

（六）青海省现在没有高等师范学校，可以由该省教育厅与甘肃省教育厅联系；委托甘肃省综合大学或高等师范学校代作青海省的汉语方言调查。

（七）各地综合大学已开「汉语方言学」课程的，高等师范学校现有教师能够指导有关方言调查的科学研究小组的，即可在1956年开始进行调查工作。

（八）各地综合大学如目前不能开「汉语方言学」课程，可以先成立有关方言调查的科学研究小组，指定教师指导工作。各综合大学和高等师范学校的教师如果还不能担任指导工作，教育部与中国科学院语言研究所共同举办的普通话语音研究班可给予帮助。普通话语音研究班第一期将于1956年7月结业，各省所派学员即可回省工作。这些学员可以帮助担任方言调查工作的教师进行短期学习，使他们能自行指导有关方言调查的科学研究小组；如个别学校实在缺乏人力，也可直接由研究班结业学员暂时担任指导工作。各校也可自派教师参加普通话语音研究班第二期（1956年9月开学，学习半年）学习，等他们结业后，在1957年春季成立有关方言调查的科学研究小组，然后进行调查工作。

（九）调查所得材料，必须结合实际，应用于本地各级学校的普通话教学，并且要把方音和北京语音的对应规律及学习方法编写成书（如「某地人学习普通话手册」之类。这类调查报告手册，最好以第一项所说的调查点为单位）。这一项编写工作也由各地综合大学、高等师范学校负责。没有综合大学、高等师范学校的省份，全部地区或大部地区的调查工作既已委托邻省代办，所得该部分的材料的整理、编写工作也应委托邻省办理。这一项工作如不能在1956年完成，至迟须在1957年年底完成。方言调查的原材料应抄三份，送交高等教育部、教育部、中国科学院语言研究所各一份参考研究。整理编成的书稿等，可在本地出版，并应送交高等教育部、教育部、中国科学院语言研究所各一份。

（十）由中国科学院语言研究所编写「汉语方言调查简表」、「方言调查字音整理卡片」、「方言调查手册」（讲述调查方法和整理方法）、「古今字音对照手册」等，在1956年陆续出版，以供各地应用，并使调查方法取得一致。在「汉语方言调查简表」出版以前，可以先用已出版的「方言调查字表」和「方言调查词汇手册」进行调查（两书均由科学出版社出版，新华书店发行）。

（十一）各省、市教育厅、局与各地综合大学、高等师范学校及有条件的师范专科学校共同组成方言调查指导组。方言调查指导组的组成以省为单位（直辖市加入省内工作北京市、天津市加入河北省，上海市加入江苏省），各省教育厅负指导组的主要责任，划定各校分担的地区、县份，指导各校制定计划，指示调查和整理的方法，按时检查工作，负责组织编写本地人学习普通话手册及教材等工作，并总结经验。各省教育厅应将本省方言普查工作计划（河北省包括北京市、天津市，江苏省包括上海市）在4月底报告高等教育部、教育部。

## 2. 广电总局办公厅关于严格控制电视剧使用方言的通知

（2009年7月20日）

各省、自治区、直辖市广播影视局，新疆生产建设兵团广播电视局，中央电视台，中国教育电视台，解放军总政艺术局，中直有关单位：

广播电视是推广普通话最重要的传媒工具之一,有很强的示范作用。但近来大量使用方言拍摄电视剧的数量有所增加,其中一些剧目存在使用方言失度、过滥的现象,这种制作倾向不符合国家大力推广普通话的一贯精神,违反了广电总局的相关规定,在作品传播上也影响了广大观众的审美收视效果。为规范电视剧语言,广电总局特重申相关规定:

一、各省级广播影视行政管理部门和制作机构要严格贯彻执行《广电总局关于进一步重申电视剧使用规范语言的通知》(广发剧字〔2005〕560号)规定:"1.电视剧的语言(地方戏曲片除外)应以普通话为主,一般情况下不得使用方言和不标准的普通话。2.重大革命和历史题材电视剧、少儿题材电视剧以及宣传教育专题电视片等一律要使用普通话。3.电视剧中出现的领袖人物的语言要使用普通话。"

二、各省级广播影视行政管理部门要严格电视剧完成片的审查,投入制作的电视剧一般情况应以普通话为主。对电视剧中不该使用、大量使用、失度使用方言的情况要严格把关,及时纠正,不纠正者不得播出。

三、对于明显的方言电视剧和大量使用方言的电视剧,各级广播电视审查管理部门应视情况予以引导、纠正或制止,广电总局将视情况做出播出调控。

## 3. 教育部办公厅关于部署中国语言资源保护工程 2019 年度汉语方言调查及中国语言资源集编制工作的通知

(教语信厅函〔2019〕2号)

各省、自治区、直辖市教育厅(教委)、语委,有关高等学校:

中国语言资源保护工程(以下简称"语保工程")自 2015 年 5 月由教育部、国家语委启动以来,在参与建设各方共同努力下,进展顺利、社会反响良好,已经提前完成总体规划调查点的 99% 以上,并产生了一系列标志性成果。2018 年 9 月,中国政府会同联合国教科文组织在湖南长沙成功举办以"语言多样性对于构建人类命运共同体的作用"为主题的首届世界语言资源保护大会,并于 2019 年初正式发布大会的标志性成果《岳麓宣言》,作为联合国教科文组织重要永久性文件,向世界传递了中国声音，贡献了中国智慧和方案，体现出语保工程在国际上产生广泛影响。

2019年是全面建成小康社会、实现第一个百年奋斗目标的关键之年，也是语保工程一期收官之年。为确保语保工程汉语方言调查工作，以及《中国语言资源集（分省）》（以下简称"资源集"）编制工作的顺利开展，现将有关工作通知如下。

## 一 关于汉语方言调查点立项计划

我部结合各地总体规划进展、研究力量情况，特别考虑到保证本年度全部调查点能够按时保质收官完成，经研究制定了《中国语言资源保护工程汉语方言调查项目2019年立项计划》（简称2019年立项计划，见附件），共设立汉语方言调查点79个。

## 二 关于资源集编制工作

为推动语保工程调查获取的大量数据得到有效开发应用，打造标志性精品成果，工程于2018年在北京、上海等地启动了资源集编制试点工作。2019年，将在试点基础上，在全国范围内开展资源集编制工作。各地要根据《关于启动中国语言资源集（分省）编写出版试点工作的通知》和《中国语言资源集（分省）实施方案》（可在"语宝"网下载）要求，切实担负起本地资源集编制的管理职责，督促和推进资源集编制工作。

## 三 有关工作要求

（一）确保进度

承担本年度汉语方言调查任务的地方，特别是设点较多的省份，务必按照立项计划，抓紧部署，把握进度，全力推进，确保按时保质完成调查任务，同时规划好与本地资源集编制工作的衔接，为语保工程整体收官提供保证。

## （二）抓住重点

资源集编制工作于2019年在全国范围全面展开，各地特别是已经完成总体规划调查任务的省份，要将工作重点及时转移，按照《中国语言资源集（分省）实施方案》有关具体要求，组织成立本地资源集组委会和编委会，积极部署推进编制工作。

## （三）落实责任

各地语言文字管理部门是本地汉语方言调查和资源集编制项目的责任主体，要发挥好主体作用，充分调动专家队伍的积极性主动性，并积极筹措资源集出版资金。各地首席专家及专家团队要明确分工责任，特别是首席专家要执行好技术指导和把关职责。有关高校要为专家团队工作的开展提供必要的条件保障。

## （四）注重质量

各地要充分学习和借鉴工程实施过程中好的经验和做法，进一步加强管理，强化参与工程建设各方的规范意识和责任意识，以质量为核心，切实落实已制定的工程管理制度和技术规范。在资源集编制中要做好知识产权的保护工作，在资源集的内容、体例、形式等方面严守规范、力争将资源集打造成本地高质量的语言文化成果。

## （五）积极筹划

语保工程一期建设即将完成，各地要按照党的十九大明确的"推动中华优秀传统文化创造性转化、创新性发展"精神，在进一步推进语言资源保护，加强成果设计方面主动筹划，推动本地语言资源保护工作形成更多有益作法和标志性精品成果。

目前，本年度汉语方言调查及中国语言资源集编制申报立项工作正在进行，濒危汉语方言调查也由相关省份语言文字管理部门负责管理，具体部署由中国语言资源保护研究中心负责与各地联系。各地要按照语保工程管理办法和工作规范，根据语保中心具体要求，按期完成网上申报和纸质材料的报送。

附件：中国语言资源保护工程汉语方言调查项目2019年立项计划

教育部办公厅
2019年3月29日

附件　　中国语言资源保护工程汉语方言调查项目 2019 年立项计划

|   | 省（区市） | 规划点 | 2019 |    | 省（区市） | 规划点 | 2019 |
|---|---|---|---|---|---|---|---|
| 1 | 辽宁 | 10 | 5 | 7 | 湖南 | 80 | 6 |
| 2 | 浙江 | 77 | 9 | 8 | 广东 | 70 | 11 |
| 3 | 安徽 | 45 | 5 | 9 | 广西 | 57 | 8 |
| 4 | 江西 | 70 | 18 | 10 | 海南 | 10 | 1 |
| 5 | 山东 | 40 | 6 | 11 | 云南 | 20 | 5 |
| 6 | 河南 | 25 | 4 | 12 | 台湾 | 3 | 1 |
|   |   |   |   |   | 合计 | 507 | 79 |

说明：1. 语保工程汉语方言调查项目总体规划为 935 点，以上 12 个省规划点合计 507 点。

2. 以上规划调查点未包含濒危汉语方言调查点，其中广西 3 点、云南 4 点、海南 5 点，共计 12 点；未包含地方配套资金支持的调查点，其中浙江 10 点，湖南 20 点，共计 30 点。

# 附录6　少数民族语言文字法律法规及重要规范性文件规定

## 1. 中华人民共和国民族区域自治法（节选）

（1984年5月31日第六届全国人民代表大会第二次会议通过　根据2001年2月28日第九届全国人民代表大会常务委员会第二十次会议《关于修改〈中华人民共和国民族区域自治法〉的决定》修正）

### 第一章　总　　则

**第六条**　……

民族自治地方的自治机关根据本地方的情况，在不违背宪法和法律的原则下，有权采取特殊政策和灵活措施，加速民族自治地方经济、文化建设事业的发展。

**第十条**　民族自治地方的自治机关保障本地方各民族都有使用和发展自己的语言文字的自由，都有保持或者改革自己的风俗习惯的自由。

……

### 第三章　自治机关的自治权

**第二十一条**　民族自治地方的自治机关在执行职务的时候，依照本民族自治地方自治条例的规定，使用当地通用的一种或者几种语言文字；同时使用几种通用的语言文字执行职务的，可以以实行区域自治的民族的语言文字为主。

**第三十七条** 民族自治地方的自治机关自主地发展民族教育，扫除文盲，举办各类学校，普及九年义务教育，采取多种形式发展普通高级中等教育和中等职业技术教育，根据条件和需要发展高等教育，培养各少数民族专业人才。

民族自治地方的自治机关为少数民族牧区和经济困难、居住分散的少数民族山区，设立以寄宿为主和助学金为主的公办民族小学和民族中学，保障就读学生完成义务教育阶段的学业。办学经费和助学金由当地财政解决，当地财政困难的，上级财政应当给予补助。

招收少数民族学生为主的学校（班级）和其他教育机构，有条件的应当采用少数民族文字的课本，并用少数民族语言讲课；根据情况从小学低年级或者高年级起开设汉语文课程，推广全国通用的普通话和规范汉字。

各级人民政府要在财政方面扶持少数民族文字的教材和出版物的编译和出版工作。

## 第四章 民族自治地方的人民法院和人民检察院

**第四十七条** 民族自治地方的人民法院和人民检察院应当用当地通用的语言审理和检察案件，并合理配备通晓当地通用的少数民族语言文字的人员。对于不通晓当地通用的语言文字的诉讼参与人，应当为他们提供翻译。法律文书应当根据实际需要，使用当地通用的一种或者几种文字。保障各民族公民都有使用本民族语言文字进行诉讼的权利。

## 第五章 民族自治地方内的民族关系

**第四十九条** 民族自治地方的自治机关教育和鼓励各民族的干部互相学习语言文字。汉族干部要学习当地少数民族的语言文字，少数民族干部在学习、使用本民族语言文字的同时，也要学习全国通用的普通话和规范文字。

民族自治地方的国家工作人员，能够熟练使用两种以上当地通用的语言文字的，应当予以奖励。

第五十二条　民族自治地方的自治机关保障本地方内各民族公民都享有宪法规定的公民权利，并且教育他们履行公民应尽的义务。

第五十三条　民族自治地方的自治机关提倡爱祖国、爱人民、爱劳动、爱科学、爱社会主义的公德，对本地方内各民族公民进行爱国主义、共产主义和民族政策的教育。教育各民族的干部和群众互相信任，互相学习，互相帮助，互相尊重语言文字、风俗习惯和宗教信仰，共同维护国家的统一和各民族的团结。

## 2. 国务院批转国家民委关于进一步做好少数民族语言文字工作报告的通知

（1991年6月19日　国发［1991］32号）

各省、自治区、直辖市人民政府，国务院各部委、各直属机构：

国务院同意国家民委《关于进一步做好少数民族语言文字工作的报告》，现转发给你们，请遵照执行。

我国是统一的多民族的社会主义国家，做好少数民族语言文字工作，对坚持民族平等、团结和促进各民族的共同繁荣，具有重要意义。各地政府和有关部门要重视少数民族语言文字工作，加强领导，给予关心和支持，切实把这项工作做好。

## 关于进一步做好少数民族语言文字工作的报告

国务院：

一九八七年以来，我们对少数民族语言文字问题进行了广泛深入的调查研究，听取了中央、地方有关部门以及民族文工作者和有关专家学者的意见。最近，根据党中央、国务院关于民族工作的指示精神，对今后我国民族语文工作的指导方针、主要任务和措施又作了进一步研究。现报告如下：

## 一 我国民族语文工作的现状

我国是统一的多民族的社会主义国家,少数民族语种多、文种多。在五十五个少数民族中,五十三个民族有自己的语言(回、满两个民族通用汉语文);解放前,二十一个民族有自己的文字。五十年代,国家帮助十个少数民族创制了文字,帮助一些民族改革或改进了文字。目前,大多数少数民族的多数人以本民族语言为主要交际工具。

党和国家历来重视民族语文工作,根据马克思主义关于民族语言文字平等的原则,制定了一系列关于民族语文的方针、政策和法律,明确规定:各民族都有使用和发展自己语言文字的自由;民族自治地方的自治机关在执行职务的时候,使用当地通用的一种或者几种语言文字;自治机关同时使用几种通用的语言文字执行职务的,可以以实行区域自治的民族的语言文字为主;人民政府帮助少数民族发展使用本民族语言文字的文化教育事业;提倡各民族干部群众互相学习语言文字,在少数民族地区工作的汉族干部要学习当地少数民族的语言文字;少数民族干部在学习、使用本民族语言文字的同时,要学习汉语文;对熟练使用两种以上当地通用语言文字的国家工作人员,应当予以奖励,等等。这些内容分别载诸《中华人民共和国宪法》《中华人民共和国民族区域自治法》和其他有关的政策、法规。

四十多年来,民族语文工作在党中央、国务院的正确领导下,在地方各级党委和政府的领导以及各有关部门的积极支持配合下,认真贯彻执行了党和国家的民族语文政策,取得了显著成绩,特别是党的十一届三中全会以来,民族语文工作认真贯彻实事求是的思想路线,在逐步恢复的基础上有了新的发展:少数民族使用和发展本民族语言文字的自由进一步得到尊重和保障;历来通用的少数民族语言文字得到更加广泛的使用;民族语文的规范化、标准化和信息处理有了可喜的进展;五十年代创制和改进的民族文字的试行和推行工作取得一定成效;民族语文的翻译、出版、教育、新闻、广播、影视、古籍整理和学术研究取得了很大成绩,特别是应用科学研究取得了多方面的成果;民族语文教育事业得到了加强,双语文教学体制在部分民族地区开始形成;民族语文工作机构得到恢复和加强,各类民族语文专业人才不断成长,形成了一支具有一定规模的民族语文工作者队伍;建立了一些跨省区的民族语文协作机构,并积极开展了活动;各民族互相学习语言文字的活动更加广泛地开展起来,少数民族在已有更多的人掌握了双语文。民族语文工作为发展少数民族地区政治、经济和文化事业,增强民族团结,维护社会稳定,促进改革开放和四化建设发挥了积极作用。

但是,现在民族语文工作中还存在着一些问题,主要是:对民族语文工作的指导方针认识还不够明确,贯彻不够得力,有忽视民族语言工作的现象;对民族语文工作缺乏有效管理,在文字的创制和使用等方面存在着各行其是的情况;同时,人员编制和经费人足,也影响了这项工作的顺利开展。

## 二 我国民族语文工作的方针、任务和措施

我国民族语文工作的实践充分证明,做好民族语文工作,对处理好民族问题,维护和促进民族平等、民族团结和各民族共同繁荣,维护民族地区的稳定,具有重要意义。为此,提出如下意见:

(一)新时期民族语文工作的指导思想和基本方针是:坚持马克思主义语言文字平等原则,保障少数民族使用和发展自己语言文字的自由,从有利于各民族团结、进步和共同繁荣出发,实事求是,分类指导,积极、慎重、稳妥地开展民族语文工作,为推动少数民族地区政治、经济和文化事业的全面发展,促进国家的社会主义现代化建设服务。

(二)新时期民族语文工作的主要任务是:贯彻党和国家的民族语文政策;加强民族语文法制建设;进行马克思主义民族语文理论、政策的宣传;搞好民族语文的规范化、标准化和信息处理;促进民族语言的翻译、出版、教育、新闻、广播、影视、古籍整理事业;推进民族语文的学术研究、协作交流和人才培养;鼓励各民族互相学习语言文字。

(三)贯彻落实民族语文工作的方针和任务的主要措施是:

第一,从实际出发,分类指导,切实做好少数民族文字的使用和推行工作:

对于沿用至今的通用民族文字,要继续做好学习、使用和发展的工

作，切实保障在本民族自治地方的政治、经济、文化各个领域的使用，并促进文字的规范化和标准化，使之日臻完善。

对五十年代创制和改进的民族文字，试行效果好、受多数群众欢迎的，按规定程序上报批准推行；效果不够理想的，要认真总结，改进完善；效果不好、多数群众不欢迎的，应尊重群众的意愿，不要勉强试行。

提倡没有文字或没有通用文字的民族选择一种现有的适用的文字；已选用汉文或其他民族文字的，应尊重本民族的意愿，予以肯定。

对一九八○年以来各地自行设计的一些民族文字方案，应进一步调查研究和科学论证，严格按照《国务院关于各少数民族创立和改革文字方案的批准程序和实验推选分工的通知》（［56］国总族毅字第10号）的规定办理审批手续。

对没有文字的民族是否创制文字的问题，既要尊重各民族使用和发展自己语言文字的自由，又要考虑有利于民族之间的交往和该民族政治、经济、文化的繁荣发展，慎重、妥善地处理。

对少数民族文字的改革和改进，应遵循语言本身的发展规律，尊重本民族多数群众的意愿，慎重、稳妥地进行。

第二，鼓励各民族互相学习语言文字。在少数民族地区工作的汉族干部，要积极学习当地少数民族的语言文字。少数民族干部在学习、使用本民族语言文字的同时，也要积极学习全国通用的普通话和汉文。能够熟练使用两种以上当地通用的语言文字的，应当予以奖励。

第三，按照《中华人民共和国民族区域自治法》规定的精神，以招收少数民族学生为主的学校，有条件的应当采用少数民族文字的课本，并用少数民族语言授课，在适当年级增设汉语文课程，实行双语文教学，推广全国通用的普通话。

要采取有效措施，多渠道、多层次培养民族语文和双语文教师、翻译、编辑和研究人员；增加民族文字的教材和各种读物的数量，提高质量。

要加强民族语文的基础理论、应用理论和民族文字信息处理的科学研究，积极推广和普及研究成果。

第四，加强领导。各级政府要重视民族语文工作，加强对这项工作的领导，从各方面给予关心和支持，帮助解决工作中的具体困难和问题。国家民委要与国家教委、广播影视部、新闻出版署、国家语委、中国社会科学院以及地方有关部门密切合作，互相协调，共同做好少数民族语文工作。要适时组织省、区之间民族语文工作的协作和交流。

以上报告如无不妥，请批转各地遵照执行。

国家民族事务委员会<br>
一九九一年四月三十日

## 3. 教育部办公厅、国家民委办公厅关于部署中国语言资源保护工程 2019 年度少数民族语言调查的通知

（教语信厅函〔2019〕3 号）

各省、自治区、直辖市教育厅（教委），有关省、自治区民委、民语委，中央民族大学：

中国语言资源保护工程（以下简称语保工程）自 2015 年 5 月由教育部、国家语委启动以来，在各方共同努力下进展顺利，社会反响良好。作为语保工程的重要标志性成果，2018 年 9 月，中国政府会同联合国教科文组织在湖南长沙成功举办以"语言多样性对于构建人类命运共同体的作用"为主题的首届世界语言资源保护大会，并于 2019 年初正式发布《岳麓宣言》，作为联合国教科文组织重要永久性文件，向世界传递了中国声音，贡献了中国智慧和方案，体现出语保工程在国际上产生广泛影响。

少数民族语言调查项目是语保工程的重要组成部分，其中 2018 年度立项的 80 个少数民族语言调查点任务已按计划完成，质量达到验收标准。2019 年是语保工程一期收官之年。教育部、国家语委和国家民委高度重视，根据各地专家技术力量和上年度完成情况，制定了《中国语言资源保护工程少数民族语言调查 2019 年立项计划》（见附件），共设立少数民族语言调查点 81 个。为切实落实 2019 年立项计划，推动少数民族语言调查任务按时保质完成，现提出如下要求。

一、保证进度，确保一期顺利收官。2019年少数民族语言调查任务依然繁重，中央民族大学及承担任务的有关高校和科研单位要根据工程总体规划和2019年立项计划，以质量为核心全力推进调查工作开展，为2019年全部调查任务完成提供保障。各地要将协助开展语保工程在本地区的调查列入年度工作任务，在调查团队遴选发音合作人、开展田野调查、落实摄录场地等方面继续予以积极协助。

二、严格管理，落实各项制度规范。中央民族大学及承担任务的有关高校和科研单位要强化规范意识和责任意识，相互学习和借鉴工程实施过程中好的经验和做法，进一步加强管理。一是进一步严把调查团队负责人资质，提升责任意识。二是加大培训力度，加强专业指导，提供调查团队业务水平。三是各调查团队要严格遵守工程各项规范和工作流程，保证各个工作环节质量控制措施落实到位。四是严格执行巡检、中期检查、验收等制度，精心组织实施。

三、打造成果，展现语言资源保护成效。在各方的努力下，《中国濒危语言志》系列丛书等标志性成果已进入审核出版阶段，中央民族大学以及承担任务的有关高校和科研单位要加强协作，全力推动出版工作的顺利实施，打造标志性精品成果。

四、积极筹划，推动工程的深化拓展。语保工程一期建设即将完成，中央民族大学作为少数民族语言调查项目牵头单位，要按照党的十九大明确的"推动中华优秀传统文化创造性转化、创新性发展"精神，与有关高校和科研单位密切协作，在进一步推进语言资源保护，加强成果设计等方面积极筹划，推动语保工程的拓展深化。

中央民族大学及承担任务的有关高校、科研单位和专家团队要根据2019年立项计划，按期完成网上申报和纸质材料的报送。

附件：中国语言资源保护工程少数民族语言调查2019年立项计划

教育部办公厅

国家民委办公厅

2019年4月23日

**附件　中国语言资源保护工程少数民族语言调查 2019 年立项计划**

| 语系 | 语族（语种数） | 规划调查点 || 2019 年 ||
|---|---|---|---|---|---|
| | | 一般 | 濒危 | 一般 | 濒危 |
| 汉藏 | 藏缅（49） | 310 | 110 | 43 | 8 |
| | 侗台（17） | | | 12 | 1 |
| | 苗瑶（9） | | | 10 | 1 |
| 阿尔泰 | 突厥（14） | | | | |
| | 蒙古（7） | | | 1 | |
| | 满通古斯（5） | | | | 1 |
| 南亚 | 孟高棉（13） | | | 2 | 1 |
| 南岛 | 台湾语群（17） | | | | |
| | 回辉话（1） | | | | |
| 印欧 | 俄罗斯、塔吉克（2） | | | | |
| 其他 | 朝鲜语（1） | | | | |
| 混合语 | 6 | | | | 1 |
| 总计 | | 310 | 110 | 68 | 13 |

# 附录 7　盲文手语相关法律法规规定

## 1. 中华人民共和国残疾人保障法（节选）

（1990年12月28日第七届全国人民代表大会常务委员会第十七次会议通过　2008年4月24日第十一届全国人民代表大会常务委员会第二次会议修订　根据2018年10月26日第十三届全国人民代表大会常务委员会第六次会议《关于修改〈中华人民共和国野生动物保护法〉等十五部法律的决定》修正）

## 目　录

第一章　总　　则

第二章　康　　复

第三章　教　　育

第四章　劳动就业

第五章　文化生活

第六章　社会保障

第七章　无障碍环境

第八章　法律责任

第九章　附　　则

# 第一章 总 则

**第一条** 为了维护残疾人的合法权益,发展残疾人事业,保障残疾人平等地充分参与社会生活,共享社会物质文化成果,根据宪法,制定本法。

**第二条** 残疾人是指在心理、生理、人体结构上,某种组织、功能丧失或者不正常,全部或者部分丧失以正常方式从事某种活动能力的人。

残疾人包括视力残疾、听力残疾、言语残疾、肢体残疾、智力残疾、精神残疾、多重残疾和其他残疾的人。

残疾标准由国务院规定。

**第三条** 残疾人在政治、经济、文化、社会和家庭生活等方面享有同其他公民平等的权利。

残疾人的公民权利和人格尊严受法律保护。

禁止基于残疾的歧视。禁止侮辱、侵害残疾人。禁止通过大众传播媒介或者其他方式贬低损害残疾人人格。

**第四条** 国家采取辅助方法和扶持措施,对残疾人给予特别扶助,减轻或者消除残疾影响和外界障碍,保障残疾人权利的实现。

**第五条** 县级以上人民政府应当将残疾人事业纳入国民经济和社会发展规划,加强领导,综合协调,并将残疾人事业经费列入财政预算,建立稳定的经费保障机制。

国务院制定中国残疾人事业发展纲要,县级以上地方人民政府根据中国残疾人事业发展纲要,制定本行政区域的残疾人事业发展规划和年度计划,使残疾人事业与经济、社会协调发展。

县级以上人民政府负责残疾人工作的机构,负责组织、协调、指导、督促有关部门做好残疾人事业的工作。

各级人民政府和有关部门,应当密切联系残疾人,听取残疾人的意见,按照各自的职责,做好残疾人工作。

**第六条** 国家采取措施,保障残疾人依照法律规定,通过各种途径和形式,管理国家事务,管理经济和文化事业,管理社会事务。

制定法律、法规、规章和公共政策,对涉及残疾人权益和残疾人事业的重大问题,应当听取残疾人和残疾人组织的意见。

残疾人和残疾人组织有权向各级国家机关提出残疾人权益保障、残疾人事业发展等方面的意见和建议。

……

## 第三章 教 育

**第二十一条** 国家保障残疾人享有平等接受教育的权利。

各级人民政府应当将残疾人教育作为国家教育事业的组成部分,统一规划,加强领导,为残疾人接受教育创造条件。

……

**第二十二条** 残疾人教育,实行普及与提高相结合、以普及为重点的方针,保障义务教育,着重发展职业教育,积极开展学前教育,逐步发展高级中等以上教育。

**第二十三条** 残疾人教育应当根据残疾人的身心特性和需要,按照下列要求实施:

(一) 在进行思想教育、文化教育的同时,加强身心补偿和职业教育;

(二) 依据残疾类别和接受能力,采取普通教育方式或者特殊教育方式;

(三) 特殊教育的课程设置、教材、教学方法、入学和在校年龄,可以有适度弹性。

……

**第二十五条** 普通教育机构对具有接受普通教育能力的残疾人实施教育,并为其学习提供便利和帮助。

普通小学、初级中等学校,必须招收能适应其学习生活的残疾儿童、少年入学;普通高级中等学校、中等职业学校和高等学校,必须招收符合国家规定的录取要求的残疾考生入学,不得因其残疾而拒绝招收;拒绝招收的,当事人或者其亲属、监护人可以要求有关部门处理,有关部门应当责令该学校招收。

普通幼儿教育机构应当接收能适应其生活的残疾幼儿。

**第二十六条** 残疾幼儿教育机构、普通幼儿教育机构附设的残疾儿童班、特殊教育机构的学前班、残疾儿童福利机构、残疾儿童家庭，对残疾儿童实施学前教育。

初级中等以下特殊教育机构和普通教育机构附设的特殊教育班，对不具有接受普通教育能力的残疾儿童、少年实施义务教育。

高级中等以上特殊教育机构、普通教育机构附设的特殊教育班和残疾人职业教育机构，对符合条件的残疾人实施高级中等以上文化教育、职业教育。

提供特殊教育的机构应当具备适合残疾人学习、康复、生活特点的场所和设施。

**第二十七条** 政府有关部门、残疾人所在单位和有关社会组织应当对残疾人开展扫除文盲、职业培训、创业培训和其他成人教育，鼓励残疾人自学成才。

**第二十八条** 国家有计划地举办各级各类特殊教育师范院校、专业，在普通师范院校附设特殊教育班，培养、培训特殊教育师资。普通师范院校开设特殊教育课程或者讲授有关内容，使普通教师掌握必要的特殊教育知识。

特殊教育教师和手语翻译，享受特殊教育津贴。

**第二十九条** 政府有关部门应当组织和扶持盲文、手语的研究和应用，特殊教育教材的编写和出版，特殊教育教学用具及其他辅助用品的研制、生产和供应。

……

# 第五章 文化生活

**第四十一条** 国家保障残疾人享有平等参与文化生活的权利。

各级人民政府和有关部门鼓励、帮助残疾人参加各种文化、体育、娱乐活动，积极创造条件，丰富残疾人精神文化生活。

**第四十二条** 残疾人文化、体育、娱乐活动应当面向基层，融于社会公共文化生活，适应各类残疾人的不同特点和需要，使残疾人广泛参与。

**第四十三条** 政府和社会采取下列措施，丰富残疾人的精神文化

生活:

(一)通过广播、电影、电视、报刊、图书、网络等形式,及时宣传报道残疾人的工作、生活等情况,为残疾人服务;

(二)组织和扶持盲文读物、盲人有声读物及其他残疾人读物的编写和出版,根据盲人的实际需要,在公共图书馆设立盲文读物、盲人有声读物图书室;

(三)开办电视手语节目,开办残疾人专题广播栏目,推进电视栏目、影视作品加配字幕、解说;

(四)组织和扶持残疾人开展群众性文化、体育、娱乐活动,举办特殊艺术演出和残疾人体育运动会,参加国际性比赛和交流;

(五)文化、体育、娱乐和其他公共活动场所,为残疾人提供方便和照顾。有计划地兴办残疾人活动场所。

**第四十四条** 政府和社会鼓励、帮助残疾人从事文学、艺术、教育、科学、技术和其他有益于人民的创造性劳动。

……

## 第七章　无障碍环境

**第五十二条** 国家和社会应当采取措施,逐步完善无障碍设施,推进信息交流无障碍,为残疾人平等参与社会生活创造无障碍环境。

各级人民政府应当对无障碍环境建设进行统筹规划,综合协调,加强监督管理。

……

**第五十四条** 国家采取措施,为残疾人信息交流无障碍创造条件。

各级人民政府和有关部门应当采取措施,为残疾人获取公共信息提供便利。

国家和社会研制、开发适合残疾人使用的信息交流技术和产品。

国家举办的各类升学考试、职业资格考试和任职考试,有盲人参加的,应当为盲人提供盲文试卷、电子试卷或者由专门的工作人员予以协助。

**第五十五条** 公共服务机构和公共场所应当创造条件,为残疾人提供语音和文字提示、手语、盲文等信息交流服务，并提供优先服务和辅助性服务。

公共交通工具应当逐步达到无障碍设施的要求。有条件的公共停车场应当为残疾人设置专用停车位。

**第五十六条** 组织选举的部门应当为残疾人参加选举提供便利；有条件的，应当为盲人提供盲文选票。

**第五十七条** 国家鼓励和扶持无障碍辅助设备、无障碍交通工具的研制和开发。

……

## 第八章　法律责任

……

**第六十六条** 违反本法规定，新建、改建和扩建建筑物、道路、交通设施，不符合国家有关无障碍设施工程建设标准，或者对无障碍设施未进行及时维修和保护造成后果的，由有关主管部门依法处理。

……

## 2. 残疾人教育条例

（1994年8月23日中华人民共和国国务院令第161号发布
根据2011年1月8日《国务院关于废止和修改部分行政法规的决定》修订
2017年1月11日国务院第161次常
务会议修订通过）

## 第一章　总　　则

**第一条** 为了保障残疾人受教育的权利，发展残疾人教育事业，根据《中华人民共和国教育法》和《中华人民共和国残疾人保障法》，制定本条例。

**第二条** 国家保障残疾人享有平等接受教育的权利，禁止任何基于残疾的教育歧视。

残疾人教育应当贯彻国家的教育方针，并根据残疾人的身心特性和需要，全面提高其素质，为残疾人平等地参与社会生活创造条件。

**第三条** 残疾人教育是国家教育事业的组成部分。

发展残疾人教育事业，实行普及与提高相结合、以普及为重点的方针，保障义务教育，着重发展职业教育，积极开展学前教育，逐步发展高级中等以上教育。

残疾人教育应当提高教育质量，积极推进融合教育，根据残疾人的残疾类别和接受能力，采取普通教育方式或者特殊教育方式，优先采取普通教育方式。

**第四条** 县级以上人民政府应当加强对残疾人教育事业的领导，将残疾人教育纳入教育事业发展规划，统筹安排实施，合理配置资源，保障残疾人教育经费投入，改善办学条件。

**第五条** 国务院教育行政部门主管全国的残疾人教育工作，统筹规划、协调管理全国的残疾人教育事业；国务院其他有关部门在国务院规定的职责范围内负责有关的残疾人教育工作。

县级以上地方人民政府教育行政部门主管本行政区域内的残疾人教育工作；县级以上地方人民政府其他有关部门在各自的职责范围内负责有关的残疾人教育工作。

**第六条** 中国残疾人联合会及其地方组织应当积极促进和开展残疾人教育工作，协助相关部门实施残疾人教育，为残疾人接受教育提供支持和帮助。

**第七条** 学前教育机构、各级各类学校及其他教育机构应当依照本条例以及国家有关法律、法规的规定，实施残疾人教育；对符合法律、法规规定条件的残疾人申请入学，不得拒绝招收。

**第八条** 残疾人家庭应当帮助残疾人接受教育。

残疾儿童、少年的父母或者其他监护人应当尊重和保障残疾儿童、少年接受教育的权利，积极开展家庭教育，使残疾儿童、少年及时接受康复训练和教育，并协助、参与有关教育机构的教育教学活动，为残疾儿童、少年接受教育提供支持。

**第九条** 社会各界应当关心和支持残疾人教育事业。残疾人所在社区、相关社会组织和企事业单位，应当支持和帮助残疾人平等接受教育、融入社会。

**第十条** 国家对为残疾人教育事业作出突出贡献的组织和个人，按照有关规定给予表彰、奖励。

**第十一条** 县级以上人民政府负责教育督导的机构应当将残疾人教育实施情况纳入督导范围，并可以就执行残疾人教育法律法规情况、残疾人教育教学质量以及经费管理和使用情况等实施专项督导。

## 第二章　义务教育

**第十二条** 各级人民政府应当依法履行职责，保障适龄残疾儿童、少年接受义务教育的权利。

县级以上人民政府对实施义务教育的工作进行监督、指导、检查，应当包括对残疾儿童、少年实施义务教育工作的监督、指导、检查。

**第十三条** 适龄残疾儿童、少年的父母或者其他监护人，应当依法保证其残疾子女或者被监护人入学接受并完成义务教育。

**第十四条** 残疾儿童、少年接受义务教育的入学年龄和年限，应当与当地儿童、少年接受义务教育的入学年龄和年限相同；必要时，其入学年龄和在校年龄可以适当提高。

**第十五条** 县级人民政府教育行政部门应当会同卫生行政部门、民政部门、残疾人联合会，根据新生儿疾病筛查和学龄前儿童残疾筛查、残疾人统计等信息，对义务教育适龄残疾儿童、少年进行入学前登记，全面掌握本行政区域内义务教育适龄残疾儿童、少年的数量和残疾情况。

**第十六条** 县级人民政府应当根据本行政区域内残疾儿童、少年的数量、类别和分布情况，统筹规划，优先在部分普通学校中建立特殊教育资源教室，配备必要的设备和专门从事残疾人教育的教师及专业人员，指定其招收残疾儿童、少年接受义务教育；并支持其他普通学校根据需要建立特殊教育资源教室，或者安排具备相应资源、条件的学校为招收残疾学生的其他普通学校提供必要的支持。

县级人民政府应当为实施义务教育的特殊教育学校配备必要的残疾人

教育教学、康复评估和康复训练等仪器设备，并加强九年一贯制义务教育特殊教育学校建设。

**第十七条** 适龄残疾儿童、少年能够适应普通学校学习生活、接受普通教育的，依照《中华人民共和国义务教育法》的规定就近到普通学校入学接受义务教育。

适龄残疾儿童、少年能够接受普通教育，但是学习生活需要特别支持的，根据身体状况就近到县级人民政府教育行政部门在一定区域内指定的具备相应资源、条件的普通学校入学接受义务教育。

适龄残疾儿童、少年不能接受普通教育的，由县级人民政府教育行政部门统筹安排进入特殊教育学校接受义务教育。

适龄残疾儿童、少年需要专人护理，不能到学校就读的，由县级人民政府教育行政部门统筹安排，通过提供送教上门或者远程教育等方式实施义务教育，并纳入学籍管理。

**第十八条** 在特殊教育学校学习的残疾儿童、少年，经教育、康复训练，能够接受普通教育的，学校可以建议残疾儿童、少年的父母或者其他监护人将其转入或者升入普通学校接受义务教育。

在普通学校学习的残疾儿童、少年，难以适应普通学校学习生活的，学校可以建议残疾儿童、少年的父母或者其他监护人将其转入指定的普通学校或者特殊教育学校接受义务教育。

**第十九条** 适龄残疾儿童、少年接受教育的能力和适应学校学习生活的能力应当根据其残疾类别、残疾程度、补偿程度以及学校办学条件等因素判断。

**第二十条** 县级人民政府教育行政部门应当会同卫生行政部门、民政部门、残疾人联合会，建立由教育、心理、康复、社会工作等方面专家组成的残疾人教育专家委员会。

残疾人教育专家委员会可以接受教育行政部门的委托，对适龄残疾儿童、少年的身体状况、接受教育的能力和适应学校学习生活的能力进行评估，提出入学、转学建议；对残疾人义务教育问题提供咨询，提出建议。

依照前款规定作出的评估结果属于残疾儿童、少年的隐私，仅可被用于对残疾儿童、少年实施教育、康复。教育行政部门、残疾人教育专家委员会、学校及其工作人员对在工作中了解的残疾儿童、少年评估结果及其他个人信息负有保密义务。

**第二十一条** 残疾儿童、少年的父母或者其他监护人与学校就入学、转学安排发生争议的，可以申请县级人民政府教育行政部门处理。

接到申请的县级人民政府教育行政部门应当委托残疾人教育专家委员会对残疾儿童、少年的身体状况、接受教育的能力和适应学校学习生活的能力进行评估并提出入学、转学建议，并根据残疾人教育专家委员会的评估结果和提出的入学、转学建议，综合考虑学校的办学条件和残疾儿童、少年及其父母或者其他监护人的意愿，对残疾儿童、少年的入学、转学安排作出决定。

**第二十二条** 招收残疾学生的普通学校应当将残疾学生合理编入班级；残疾学生较多的，可以设置专门的特殊教育班级。

招收残疾学生的普通学校应当安排专门从事残疾人教育的教师或者经验丰富的教师承担随班就读或者特殊教育班级的教育教学工作，并适当缩减班级学生数额，为残疾学生入学后的学习、生活提供便利和条件，保障残疾学生平等参与教育教学和学校组织的各项活动。

**第二十三条** 在普通学校随班就读残疾学生的义务教育，可以适用普通义务教育的课程设置方案、课程标准和教材，但是对其学习要求可以有适度弹性。

**第二十四条** 残疾儿童、少年特殊教育学校（班）应当坚持思想教育、文化教育、劳动技能教育与身心补偿相结合，并根据学生残疾状况和补偿程度，实施分类教学；必要时，应当听取残疾学生父母或者其他监护人的意见，制定符合残疾学生身心特性和需要的个别化教育计划，实施个别教学。

**第二十五条** 残疾儿童、少年特殊教育学校（班）的课程设置方案、课程标准和教材，应当适合残疾儿童、少年的身心特性和需要。

残疾儿童、少年特殊教育学校（班）的课程设置方案、课程标准由国务院教育行政部门制订；教材由省级以上人民政府教育行政部门按照国家有关规定审定。

**第二十六条** 县级人民政府教育行政部门应当加强对本行政区域内的残疾儿童、少年实施义务教育工作的指导。

县级以上地方人民政府教育行政部门应当统筹安排支持特殊教育学校

建立特殊教育资源中心,在一定区域内提供特殊教育指导和支持服务。特殊教育资源中心可以受教育行政部门的委托承担以下工作:

(一)指导、评价区域内的随班就读工作;

(二)为区域内承担随班就读教育教学任务的教师提供培训;

(三)派出教师和相关专业服务人员支持随班就读,为接受送教上门和远程教育的残疾儿童、少年提供辅导和支持;

(四)为残疾学生父母或者其他监护人提供咨询;

(五)其他特殊教育相关工作。

## 第三章　职业教育

**第二十七条**　残疾人职业教育应当大力发展中等职业教育,加快发展高等职业教育,积极开展以实用技术为主的中期、短期培训,以提高就业能力为主,培养技术技能人才,并加强对残疾学生的就业指导。

**第二十八条**　残疾人职业教育由普通职业教育机构和特殊职业教育机构实施,以普通职业教育机构为主。

县级以上地方人民政府应当根据需要,合理设置特殊职业教育机构,改善办学条件,扩大残疾人中等职业学校招生规模。

**第二十九条**　普通职业学校不得拒绝招收符合国家规定的录取标准的残疾人入学,普通职业培训机构应当积极招收残疾人入学。

县级以上地方人民政府应当采取措施,鼓励和支持普通职业教育机构积极招收残疾学生。

**第三十条**　实施残疾人职业教育的学校和培训机构,应当根据社会需要和残疾人的身心特性合理设置专业,并与企业合作设立实习实训基地,或者根据教学需要和条件办好实习基地。

## 第四章　学前教育

**第三十一条**　各级人民政府应当积极采取措施,逐步提高残疾幼儿接受学前教育的比例。

县级人民政府及其教育行政部门、民政部门等有关部门应当支持普通幼儿园创造条件招收残疾幼儿；支持特殊教育学校和具备办学条件的残疾儿童福利机构、残疾儿童康复机构等实施学前教育。

第三十二条　残疾幼儿的教育应当与保育、康复结合实施。

招收残疾幼儿的学前教育机构应当根据自身条件配备必要的康复设施、设备和专业康复人员，或者与其他具有康复设施、设备和专业康复人员的特殊教育机构、康复机构合作对残疾幼儿实施康复训练。

第三十三条　卫生保健机构、残疾幼儿的学前教育机构、儿童福利机构和家庭，应当注重对残疾幼儿的早期发现、早期康复和早期教育。

卫生保健机构、残疾幼儿的学前教育机构、残疾儿童康复机构应当就残疾幼儿的早期发现、早期康复和早期教育为残疾幼儿家庭提供咨询、指导。

## 第五章　普通高级中等以上教育及继续教育

第三十四条　普通高级中等学校、高等学校、继续教育机构应当招收符合国家规定的录取标准的残疾考生入学，不得因其残疾而拒绝招收。

第三十五条　设区的市级以上地方人民政府可以根据实际情况举办实施高级中等以上教育的特殊教育学校，支持高等学校设置特殊教育学院或者相关专业，提高残疾人的受教育水平。

第三十六条　县级以上人民政府教育行政部门以及其他有关部门、学校应当充分利用现代信息技术，以远程教育等方式为残疾人接受成人高等教育、高等教育自学考试等提供便利和帮助，根据实际情况开设适合残疾人学习的专业、课程，采取灵活开放的教学和管理模式，支持残疾人顺利完成学业。

第三十七条　残疾人所在单位应当对本单位的残疾人开展文化知识教育和技术培训。

第三十八条　扫除文盲教育应当包括对年满15周岁以上的未丧失学习能力的文盲、半文盲残疾人实施的扫盲教育。

第三十九条　国家、社会鼓励和帮助残疾人自学成才。

## 第六章 教 师

**第四十条** 县级以上人民政府应当重视从事残疾人教育的教师培养、培训工作，并采取措施逐步提高他们的地位和待遇，改善他们的工作环境和条件，鼓励教师终身从事残疾人教育事业。

县级以上人民政府可以采取免费教育、学费减免、助学贷款代偿等措施，鼓励具备条件的高等学校毕业生到特殊教育学校或者其他特殊教育机构任教。

**第四十一条** 从事残疾人教育的教师，应当热爱残疾人教育事业，具有社会主义的人道主义精神，尊重和关爱残疾学生，并掌握残疾人教育的专业知识和技能。

**第四十二条** 专门从事残疾人教育工作的教师（以下称特殊教育教师）应当符合下列条件：

（一）依照《中华人民共和国教师法》的规定取得教师资格；

（二）特殊教育专业毕业或者经省、自治区、直辖市人民政府教育行政部门组织的特殊教育专业培训并考核合格。

从事听力残疾人教育的特殊教育教师应当达到国家规定的手语等级标准，从事视力残疾人教育的特殊教育教师应当达到国家规定的盲文等级标准。

**第四十三条** 省、自治区、直辖市人民政府可以根据残疾人教育发展的需求，结合当地实际为特殊教育学校和指定招收残疾学生的普通学校制定教职工编制标准。

县级以上地方人民政府教育行政部门应当会同其他有关部门，在核定的编制总额内，为特殊教育学校配备承担教学、康复等工作的特殊教育教师和相关专业人员；在指定招收残疾学生的普通学校设置特殊教育教师等专职岗位。

**第四十四条** 国务院教育行政部门和省、自治区、直辖市人民政府应当根据残疾人教育发展的需要有计划地举办特殊教育师范院校，支持普通师范院校和综合性院校设置相关院系或者专业，培养特殊教育教师。

普通师范院校和综合性院校的师范专业应当设置特殊教育课程，使学生掌握必要的特殊教育的基本知识和技能，以适应对随班就读的残疾学生的教育教学需要。

**第四十五条** 县级以上地方人民政府教育行政部门应当将特殊教育教师的培训纳入教师培训计划，以多种形式组织在职特殊教育教师进修提高专业水平；在普通教师培训中增加一定比例的特殊教育内容和相关知识，提高普通教师的特殊教育能力。

**第四十六条** 特殊教育教师和其他从事特殊教育的相关专业人员根据国家有关规定享受特殊岗位补助津贴及其他待遇；普通学校的教师承担残疾学生随班就读教学、管理工作的，应当将其承担的残疾学生教学、管理工作纳入其绩效考核内容，并作为核定工资待遇和职务评聘的重要依据。

县级以上人民政府教育行政部门、人力资源社会保障部门在职务评聘、培训进修、表彰奖励等方面，应当为特殊教育教师制定优惠政策、提供专门机会。

## 第七章 条件保障

**第四十七条** 省、自治区、直辖市人民政府应当根据残疾人教育的特殊情况，依据国务院有关行政主管部门的指导性标准，制定本行政区域内特殊教育学校的建设标准、经费开支标准、教学仪器设备配备标准等。

义务教育阶段普通学校招收残疾学生，县级人民政府财政部门及教育行政部门应当按照特殊教育学校生均预算内公用经费标准足额拨付费用。

**第四十八条** 各级人民政府应当按照有关规定安排残疾人教育经费，并将所需经费纳入本级政府预算。

县级以上人民政府根据需要可以设立专项补助款，用于发展残疾人教育。

地方各级人民政府用于义务教育的财政拨款和征收的教育费附加，应当有一定比例用于发展残疾儿童、少年义务教育。

地方各级人民政府可以按照有关规定将依法征收的残疾人就业保障金

用于特殊教育学校开展各种残疾人职业教育。

第四十九条 县级以上地方人民政府应当根据残疾人教育发展的需要统筹规划、合理布局，设置特殊教育学校，并按照国家有关规定配备必要的残疾人教育教学、康复评估和康复训练等仪器设备。

特殊教育学校的设置，由教育行政部门按照国家有关规定审批。

第五十条 新建、改建、扩建各级各类学校应当符合《无障碍环境建设条例》的要求。

县级以上地方人民政府及其教育行政部门应当逐步推进各级各类学校无障碍校园环境建设。

第五十一条 招收残疾学生的学校对经济困难的残疾学生，应当按照国家有关规定减免学费和其他费用，并按照国家资助政策优先给予补助。

国家鼓励有条件的地方优先为经济困难的残疾学生提供免费的学前教育和高中教育，逐步实施残疾学生高中阶段免费教育。

第五十二条 残疾人参加国家教育考试，需要提供必要支持条件和合理便利的，可以提出申请。教育考试机构、学校应当按照国家有关规定予以提供。

第五十三条 国家鼓励社会力量举办特殊教育机构或者捐资助学；鼓励和支持民办学校或者其他教育机构招收残疾学生。

县级以上地方人民政府及其有关部门对民办特殊教育机构、招收残疾学生的民办学校，应当按照国家有关规定予以支持。

第五十四条 国家鼓励开展残疾人教育的科学研究，组织和扶持盲文、手语的研究和应用，支持特殊教育教材的编写和出版。

第五十五条 县级以上人民政府及其有关部门应当采取优惠政策和措施，支持研究、生产残疾人教育教学专用仪器设备、教具、学具、软件及其他辅助用品，扶持特殊教育机构兴办和发展福利企业和辅助性就业机构。

# 第八章 法律责任

第五十六条 地方各级人民政府及其有关部门违反本条例规定，未履行残疾人教育相关职责的,由上一级人民政府或者其有关部门责令限期改正;情节严重的,予以通报批评,并对直接负责的主管人员和其他直接责任人员依法给予处分。

第五十七条 学前教育机构、学校、其他教育机构及其工作人员违反本条例规定,有下列情形之一的,由其主管行政部门责令改正,对直接负责的主管人员和其他直接责任人员依法给予处分;构成违反治安管理行为的,由公安机关依法给予治安管理处罚;构成犯罪的,依法追究刑事责任:

(一)拒绝招收符合法律、法规规定条件的残疾学生入学的;

(二)歧视、侮辱、体罚残疾学生,或者放任对残疾学生的歧视言行,对残疾学生造成身心伤害的;

(三)未按照国家有关规定对经济困难的残疾学生减免学费或者其他费用的。

# 第九章 附 则

第五十八条 本条例下列用语的含义:

融合教育是指将对残疾学生的教育最大程度地融入普通教育。

特殊教育资源教室是指在普通学校设置的装备有特殊教育和康复训练设施设备的专用教室。

第五十九条 本条例自2017年5月1日起施行。

# 3. 中华人民共和国国务院令

(第622号)

《无障碍环境建设条例》已经2012年6月13日国务院第208次常务会议通过,现予公布,自2012年8月1日起施行。

总理 温家宝

二〇一二年六月二十八日

# 无障碍环境建设条例

## 第一章 总 则

**第一条** 为了创造无障碍环境，保障残疾人等社会成员平等参与社会生活，制定本条例。

**第二条** 本条例所称无障碍环境建设，是指为便于残疾人等社会成员自主安全地通行道路、出入相关建筑物、搭乘公共交通工具、交流信息、获得社区服务所进行的建设活动。

**第三条** 无障碍环境建设应当与经济和社会发展水平相适应，遵循实用、易行、广泛受益的原则。

**第四条** 县级以上人民政府负责组织编制无障碍环境建设发展规划并组织实施。

编制无障碍环境建设发展规划，应当征求残疾人组织等社会组织的意见。

无障碍环境建设发展规划应当纳入国民经济和社会发展规划以及城乡规划。

**第五条** 国务院住房和城乡建设主管部门负责全国无障碍设施工程建设活动的监督管理工作，会同国务院有关部门制定无障碍设施工程建设标准，并对无障碍设施工程建设的情况进行监督检查。

国务院工业和信息化主管部门等有关部门在各自职责范围内，做好无障碍环境建设工作。

**第六条** 国家鼓励、支持采用无障碍通用设计的技术和产品，推进残疾人专用的无障碍技术和产品的开发、应用和推广。

**第七条** 国家倡导无障碍环境建设理念，鼓励公民、法人和其他组织为无障碍环境建设提供捐助和志愿服务。

**第八条** 对在无障碍环境建设工作中作出显著成绩的单位和个人，按照国家有关规定给予表彰和奖励。

## 第二章　无障碍设施建设

**第九条**　城镇新建、改建、扩建道路、公共建筑、公共交通设施、居住建筑、居住区，应当符合无障碍设施工程建设标准。

乡、村庄的建设和发展，应当逐步达到无障碍设施工程建设标准。

**第十条**　无障碍设施工程应当与主体工程同步设计、同步施工、同步验收投入使用。新建的无障碍设施应当与周边的无障碍设施相衔接。

**第十一条**　对城镇已建成的不符合无障碍设施工程建设标准的道路、公共建筑、公共交通设施、居住建筑、居住区，县级以上人民政府应当制定无障碍设施改造计划并组织实施。

无障碍设施改造由所有权人或者管理人负责。

**第十二条**　县级以上人民政府应当优先推进下列机构、场所的无障碍设施改造：

（一）特殊教育、康复、社会福利等机构；

（二）国家机关的公共服务场所；

（三）文化、体育、医疗卫生等单位的公共服务场所；

（四）交通运输、金融、邮政、商业、旅游等公共服务场所。

**第十三条**　城市的主要道路、主要商业区和大型居住区的人行天桥和人行地下通道，应当按照无障碍设施工程建设标准配备无障碍设施，人行道交通信号设施应当逐步完善无障碍服务功能，适应残疾人等社会成员通行的需要。

**第十四条**　城市的大中型公共场所的公共停车场和大型居住区的停车场，应当按照无障碍设施工程建设标准设置并标明无障碍停车位。

无障碍停车位为肢体残疾人驾驶或者乘坐的机动车专用。

**第十五条**　民用航空器、客运列车、客运船舶、公共汽车、城市轨道交通车辆等公共交通工具应当逐步达到无障碍设施的要求。有关主管部门应当制定公共交通工具的无障碍技术标准并确定达标期限。

**第十六条**　视力残疾人携带导盲犬出入公共场所，应当遵守国家有关规定，公共场所的工作人员应当按照国家有关规定提供无障碍服务。

**第十七条**　无障碍设施的所有权人和管理人，应当对无障碍设施进行保护，有损毁或者故障及时进行维修，确保无障碍设施正常使用。

## 第三章　无障碍信息交流

**第十八条**　县级以上人民政府应当将无障碍信息交流建设纳入信息化建设规划，并采取措施推进信息交流无障碍建设。

**第十九条**　县级以上人民政府及其有关部门发布重要政府信息和与残疾人相关的信息，应当创造条件为残疾人提供语音和文字提示等信息交流服务。

**第二十条**　国家举办的升学考试、职业资格考试和任职考试，有视力残疾人参加的，应当为视力残疾人提供盲文试卷、电子试卷，或者由工作人员予以协助。

**第二十一条**　设区的市级以上人民政府设立的电视台应当创造条件，在播出电视节目时配备字幕，每周播放至少一次配播手语的新闻节目。

公开出版发行的影视类录像制品应当配备字幕。

**第二十二条**　设区的市级以上人民政府设立的公共图书馆应当开设视力残疾人阅览室，提供盲文读物、有声读物，其他图书馆应当逐步开设视力残疾人阅览室。

**第二十三条**　残疾人组织的网站应当达到无障碍网站设计标准，设区的市级以上人民政府网站、政府公益活动网站，应当逐步达到无障碍网站设计标准。

**第二十四条**　公共服务机构和公共场所应当创造条件为残疾人提供语音和文字提示、手语、盲文等信息交流服务，并对工作人员进行无障碍服务技能培训。

**第二十五条**　举办听力残疾人集中参加的公共活动，举办单位应当提供字幕或者手语服务。

**第二十六条**　电信业务经营者提供电信服务，应当创造条件为有需求的听力、言语残疾人提供文字信息服务，为有需求的视力残疾人提供语音信息服务。

电信终端设备制造者应当提供能够与无障碍信息交流服务相衔接的技术、产品。

## 第四章  无障碍社区服务

**第二十七条**  社区公共服务设施应当逐步完善无障碍服务功能，为残疾人等社会成员参与社区生活提供便利。

**第二十八条**  地方各级人民政府应当逐步完善报警、医疗急救等紧急呼叫系统，方便残疾人等社会成员报警、呼救。

**第二十九条**  对需要进行无障碍设施改造的贫困家庭，县级以上地方人民政府可以给予适当补助。

**第三十条**  组织选举的部门应当为残疾人参加选举提供便利，为视力残疾人提供盲文选票。

## 第五章  法律责任

**第三十一条**  城镇新建、改建、扩建道路、公共建筑、公共交通设施、居住建筑、居住区，不符合无障碍设施工程建设标准的，由住房和城乡建设主管部门责令改正，依法给予处罚。

**第三十二条**  肢体残疾人驾驶或者乘坐的机动车以外的机动车占用无障碍停车位，影响肢体残疾人使用的，由公安机关交通管理部门责令改正，依法给予处罚。

**第三十三条**  无障碍设施的所有权人或者管理人对无障碍设施未进行保护或者及时维修，导致无法正常使用的，由有关主管部门责令限期维修；造成使用人人身、财产损害的，无障碍设施的所有权人或者管理人应当承担赔偿责任。

**第三十四条**  无障碍环境建设主管部门工作人员滥用职权、玩忽职守、徇私舞弊的，依法给予处分；构成犯罪的，依法追究刑事责任。

## 第六章  附  则

**第三十五条**  本条例自 2012 年 8 月 1 日起施行。

# 附录 8　外来语现行规定

## 1. 国务院办公厅关于同意调整外语中文译写规范部际联席会议制度的函

（国办函〔2014〕92 号）

教育部：

你部《关于调整外语中文译写规范部际联席会议名称、职能及成员单位的请示》（教语信〔2014〕5 号）收悉。经国务院同意，现函复如下：

国务院同意调整外语中文译写规范部际联席会议制度。

（一）将外语中文译写规范部际联席会议名称调整为外语中文译写规范和中华思想文化术语传播部际联席会议。

（二）调整联席会议主要职能，增加以下内容：统筹协调中华思想文化术语传播工作，制定中华思想文化术语遴选与译写规则和标准，组织中华思想文化术语遴选与译写工作，发布译写成果及规范应用，组织中华思想文化术语传播活动。

（三）增加中国外文局、文化部、社科院为成员单位。

附件：外语中文译写规范和中华思想文化术语传播部际联席会议制度

国务院办公厅
2014 年 11 月 8 日

附件

# 外语中文译写规范和中华思想文化术语传播部际联席会议制度

为加强外语专有名词翻译规范工作，促进中华思想文化术语传播，强化部门间协调配合，经国务院同意，建立外语中文译写规范和中华思想文化术语传播部际联席会议（以下简称联席会议）制度。

## 一　主要职能

统筹协调外国人名、地名和事物名称等专有名词的翻译工作。组织制定译写规范，规范已有外语词中文译写及其简称，审定新出现的外语词中文译写及其简称。统筹协调中华思想文化术语传播工作，制定中华思想文化术语遴选与译写规则和标准，组织中华思想文化术语遴选与译写工作，发布译写成果及规范应用，组织中华思想文化术语传播活动。

## 二　成员单位

联席会议由国家语委、中央编译局、中国外文局、外交部、教育部、民政部、文化部、新闻出版广电总局、新闻办、新华社、中科院、社科院组成，国家语委为牵头单位。联席会议由国家语委主任担任召集人，各成员单位有关负责同志为联席会议成员。联席会议成员因工作变动需要调整的，由所在单位提出，联席会议确定。联席会议办公室设在国家语委，承担联席会议日常工作，办公室主任由国家语委副主任、教育部语言文字应用管理司司长担任。联席会议设联络员，由联席会议成员单位有关司局级负责同志担任。

## 三　工作规则

联席会议原则上每年召开一次全体会议，由召集人主持，以会议纪要形式明确会议议定事项,经与会单位同意后印发有关方面,同时抄报国务院。根据工作需要,可临时召开全体会议或部分成员单位会议,也可邀请其他部门参加会议,研究相关工作。

按照分工负责的原则,联席会议成员单位在各自职责范围内,做好本单位外语专有名词译写和中华思想文化术语选译、传播日常工作。

### 四 工作要求

联席会议成员单位要积极参加联席会议,加强沟通,密切配合,互相支持,形成合力,充分发挥联席会议的作用。联席会议办公室要向各成员单位及时通报有关工作进展情况。

外语中文译写规范和中华思想文化术语传播部际联席会议成员名单

| 召集人:李卫红 | 教育部副部长、国家语委主任 |
| 成　员:柴方国 | 中央编译局副局长 |
| 周明伟 | 中国外文局局长 |
| 张　明 | 外交部副部长 |
| 宫蒲光 | 民政部副部长 |
| 丁　伟 | 文化部副部长 |
| 吴尚之 | 新闻出版广电总局副局长 |
| 崔玉英 | 新闻办副主任 |
| 彭树杰 | 新华社副总编辑 |
| 李静海 | 中科院副院长 |
| 李　扬 | 社科院副院长 |

## 2. 上海市公共场所外国文字使用规定

(2014年9月17日上海市人民政府令第22号公布)

**第一条**　(目的和依据)

为了规范公共场所外国文字的使用,促进对外交流,制定本规定。

**第二条**　(适用范围)

本市行政区域内公共场所的标牌、设施上使用外国文字标示名称、提供信息的活动及其相关服务、管理，适用本规定。

前款所称的标牌包括名称牌、招牌、告示牌、标志牌等。

**第三条** （基本原则）

公共场所使用外国文字应当与规范汉字同时使用、意思一致，符合译写规范，尊重公序良俗。

**第四条** （政府职责）

各级人民政府应当将公共场所外国文字使用管理工作纳入城市管理和精神文明建设的内容。

市和区、县人民政府应当对公共场所外国文字使用管理工作所需人员和经费予以保证。

**第五条** （工作职责）

市和区、县语言文字工作委员会负责公共场所外国文字使用工作的协调、指导和监督，为公共场所使用外国文字提供服务。语言文字工作委员会的办事机构设在同级教育行政部门。

工商行政管理、民政、交通、绿化市容、旅游、卫生计生、商业、金融等部门在同级语言文字工作委员会的协调、指导下，按照各自职责对本行业公共场所外国文字使用进行管理和监督。

**第六条** （使用场所）

下列公共场所的标牌上使用规范汉字标示名称或者提供警示警告、提示说明等信息的，应当同时使用外国文字标注：

（一）机场、火车站、客运码头、长途汽车站、轨道交通站点；

（二）民防工程、应急避难场所；

（三）公共环卫设施、公共停车场（库）。

旅游景点、公共文化体育场所、商业服务场所、医疗卫生机构的服务场所以及金融、邮政、电信机构的营业场所和其他提供公共服务的办事场所等公共场所，可以根据服务需要在标牌上同时使用规范汉字和外国文字。

**第七条** （禁止性要求）

国家机关的名称牌禁止使用外国文字，国家另有规定的除外。

公共场所的招牌、告示牌、标志牌等禁止单独使用外国文字，根据国家和本市相关标准使用公共信息图形标志的除外。

**第八条** （使用要求）

企业事业单位和其他组织的名称牌中同时使用规范汉字和外国文字的，规范汉字应当显示清晰、位置适当。

公共场所的标牌、设施上有广告内容且同时使用规范汉字和外国文字的，应当以规范汉字为主、外国文字为辅，不得在同一广告语句中夹杂使用外国文字，国家另有规定的除外。

**第九条** （译写要求）

公共场所的标牌、设施上使用外国文字的，应当与同时使用的规范汉字表达相同含义和内容。

公共场所的标牌、设施上使用外国文字的，应当符合国家和本市颁布的外国文字译写规范；没有相关译写规范的，应当符合外国文字的使用习惯和国际惯例。

**第十条** （制定译写规范）

市语言文字工作委员会（以下简称市语委）应当组织拟订本市公共场所外国文字译写规范，由市标准化行政管理部门依法立项、审定和发布。

**第十一条** （告知服务）

市语委应当组织市工商局、市民政局等部门编制企业、社会组织等单位名称的外国文字使用指南。

工商行政管理、民政等部门在办理企业和社会组织注册登记时，应当主动告知外国文字使用的规范要求。

**第十二条** （专家咨询服务）

市语委设立的外国文字译写专家委员会应当为交通、旅游、医疗卫生、文化、体育等行业的相关单位，提供外国文字译写方面的专家意见。

**第十三条** （网络信息服务平台）

市语委应当设立网络信息服务平台，公布外国文字译写规范，提供相关咨询服务，接受公众的投诉、举报。

**第十四条** （社会监督）

鼓励公众对公共场所外国文字使用情况进行监督。对违反本规定的情况，公众可以通过12345市民服务热线、网络信息服务平台进行投诉、举报或者提出意见、建议。

鼓励和支持志愿者组织对公共场所外国文字使用情况进行监督。

**第十五条**　（通报）

对公众和志愿者反映的违反本规定的情况，市语委应当进行核查，并根据需要听取专家意见。经查证属实的，可以通过新闻媒体、网络信息服务平台予以通报。

**第十六条**　（日常监测）

区、县语言文字工作委员会（以下简称区、县语委）应当组织对本行政区域内的公共场所外国文字使用情况进行日常监测，监测意见通报相关执法部门，由相关部门依法处理。

**第十七条**　（法律责任）

公共场所的标牌、设施上使用外国文字违反本规定第六条第一款、第七条、第八条第一款、第九条的，由城市管理行政执法部门根据区、县语委的监测意见责令改正；拒不改正的，予以警告，并督促其限期改正。

公共场所的标牌、设施上使用外国文字违反本规定第八条第二款规定的，由工商行政管理部门依据广告管理的相关规定处理。

**第十八条**　（名词解释）

本规定所称的规范汉字，是指国务院颁布的《通用规范汉字表》中收录的汉字。

**第十九条**　（实施日期）

本规定自 2015 年 1 月 1 日起施行。

# 参考文献

## 一 论文类

白瑞霞：《关注手语电视新闻，共促社会和谐发展》，《中州大学学报》2013年第3期。

班弨：《濒危语言抢救的紧迫性和可行措施》，《暨南学报》（哲学社会科学版）2006年第5期。

曹志耘：《方言濒危、文化碎片和方言学者的使命》，《中国语言学报》2014年第16期。

陈仁涛：《宪政民主：一种理想的政制——一种基于宪政与民主关系的分析视角》，《中国石油大学学报》（社会科学版）2006年第6期。

陈茭：《盲人的眼睛——广州地区公共图书馆盲人服务实践与发展对策研究》，《图书馆建设》2008年第10期。

陈章太：《〈国家通用语言文字法〉的成就与发展》，《语言文字应用》2010年第3期。

陈征：《基本权利的国家保护义务功能》，《法学研究》2008年第1期。

丹尼尔·西蒙斯：《对言论自由的可允许限制》，《国际新闻界》2005年第4期。

邓建宏：《论法律责任》，《广西大学学报》（哲学社会科学版）1988年第5期。

冯杰：《从粤语受到的冲击看社会与语言的共变及方言的保护问题》，《语文学刊》2011年第2期。

冯蔚宁：《网络广告语言的语法与语用特征》，《河南科技大学学报》

（社会科学版）2010 年第 6 期。

付义荣：《论汉语方言的萎缩——以安徽无为县傅村为例》，《集美大学学报》（哲学社会科学版）2012 年第 3 期。

高欢、丁见民：《从国家统一到语言权利：加拿大语言政策的历史考察》，《贵州社会科学》2018 年第 3 期。

高原：《听障人士公共电视服务研究》，《东南传播》2014 年第 5 期。

高志明：《法律的人文关怀与法制的现代化——一种人文主义的维度》，《社会科学辑刊》2005 年第 6 期。

耿延宏、潘桂娟：《物质文化遗产视阈下方言保护的思考——以河北为例》，《燕山大学学报》（哲学社会科学版）2013 年第 1 期。

耿焰：《地域方言权：从习惯权利到宪法权利》，《政法论坛》2017 年第 1 期。

顾定倩：《加快手语、盲文规范化进程构建无障碍沟通环境》，《语言文字应用》2013 年第 1 期。

管琰琰：《语用视角下的网络广告语言的语体探讨》，《语文建设》2014 年第 29 期。

胡洁人：《繁体字复兴之争》，《检察风云》2014 年第 3 期。

胡蓉、蒋于花：《对怀化市鹤城区中小学学生语言使用状况的调查与思考》，《怀化学院学报》2008 年第 6 期。

胡肖华、徐靖：《论基本权利限制的正当性与限制原则》，《法学评论》2005 年第 6 期。

黄涛：《语言文化遗产的特性、价值与保护策略》，《中国人民大学学报》2008 年第 4 期。

江小英：《对〈中国手语〉修订意见的调查报告》，《中国特殊教育》2003 年第 3 期。

靳燕凌：《论建国初期我国少数民族文化教育事业的发展》，《改革与开放》2015 年第 11 期。

鞠宏磊、王宇婷：《改写广告业的"实时"与"竞价"——实时竞价（RTB）广告的产业链流程和运行机制研究》，《编辑之友》2015 年第 4 期。

孔维荣：《中国盲文出版物的现状及问题》，《青年记者》2010 年第

23 期。

李翠云：《语言的经济价值》，《金融经济》2014 年第 8 期。

李桂南：《新西兰少数民族语言政策介绍》，《当代语言学》2012 年第 1 期。

李海峰：《网络广告语言探析》，《江汉大学学报》（人文社科版）2004 年第 3 期。

李凯：《聋人高等教育课堂教学中手语规范化研究》，《教育与职业》2013 年第 8 期。

李凯、张书珍、袁甜甜：《中国手语数据库建设的构想》，《绥化学院学报》2014 年第 4 期。

李克勇：《法国保护法语的政策与立法》，《法国研究》2006 年第 3 期。

李莉：《少数民族语言保护现状及对策研究——以纳西语为例》，《江苏第二师范学院学报》（社会科学版）2014 年第 7 期。

李薇薇：《论国际人权法中的平等与不歧视》，《环球法律评论》2004 年第 2 期。

李晓东：《我国视障者的媒介使用及大众媒介的无障碍供给研究》，《浙江传媒学院学报》2014 年第 4 期。

李旭练：《少数民族语言类型使用现状调查分析》，《民族翻译》2013 年第 1 期。

刘飞宇、石俊：《语言权的限制与保护——从地方方言译制片被禁说起》，《法学论坛》2005 年第 6 期。

刘红臻：《人权的制度表达》，《法制与社会发展》2004 年第 1 期。

刘修明、吴乾兑：《封建中央集权制和中国——读中国政治制度史札记》，《社会科学》1980 年第 5 期。

罗昕如：《湖南文学作品中的方言现象》，《中国文学研究》2004 年第 1 期。

孟繁玲、关雪松、王俊珍：《基于实践的手语翻译问题与解决途径——关于第七届世界手语大会手语翻译问题的反思》，《现代特殊教育》2015 年第 4 期。

孟万春：《贾平凹文学作品中的商洛方言及其写作意义》，《作家》

2011 年第 22 期。

彭飞扬：《手语翻译员职业技能培训与专业人才培养的思考》，《新课程学习·下旬》2015 年第 9 期。

沈玉林：《手语多样性、标准化及手语语言建设的问题与思考——从荷兰 CLSLR2 会议看中国手语规范化工作》，《中国特殊教育》2008 年第 6 期。

沈玉林：《台湾与大陆电视手语新闻的比较》，《传媒观察》2015 年第 5 期。

舒国滢：《战后德国法哲学的发展路向》，《比较法研究》1995 年第 4 期。

苏金智：《语言权保护在中国》，《人权》2003 年第 3 期。

覃涛、王寰：《民族语言权利保护与民族文化传承——托弗·坎加斯的民族语言权利观分析》，《兴义民族师范学院学报》2015 年第 6 期。

王东：《自然手语与规约手语之研究》，《中国特殊教育》2003 年第 3 期。

王磊：《各民族公民有权使用本民族语言文字进行诉讼原则之思考》，《新疆社会科学》2010 年第 6 期。

王莉：《博物馆的社会使命与服务内涵》，《人民论坛》2011 年第 17 期。

王隆文：《我国少数民族语言庭审翻译服务制度构建之探讨》，《中国翻译》2014 年第 3 期。

王晴晴：《从"文本"看"历史心性"下"炎黄子孙"的形成》，《读天下》2006 年第 11 期。

王素芳：《从物理环境无障碍到信息服务无障碍：我国公共图书馆为残疾群体服务现状调研及问题、对策分析》，《图书馆建设》2010 年第 11 期。

王祥：《语言共同化背景下的方言保护》，《济宁学院学报》2014 年第 5 期。

魏丹：《语言文字立法过程中提出的一些问题及其思考》，《语文研究》2003 年第 1 期。

魏建国：《民主与宪政关系的历史检视——以英美与法德之间的比较

为线索》,《环球法律评论》2011 年第 1 期。

温端政:《论方言的特征和特点——兼论用"综合判断法"观察晋语的归属问题》,《语文研究》2003 年第 1 期。

翁金箱:《当前中国语言权立法状况之分析——以近年来的语言事件为契机》,《政法论坛》2011 年第 2 期。

乌兰那日苏:《我国少数民族语言文字法律保护现状及立法探讨》,《理论研究》2007 年第 3 期。

肖建飞:《语言权利产生的背景及其法定化》,《法制与社会发展》2010 年第 1 期。

徐国利:《论民主与宪政》,《江汉论坛》2003 年第 9 期。

杨解君:《行政法平等原则的局限及其克服》,《江海学刊》2004 年第 5 期。

杨解君、蒋都都:《我国非通用语言文字立法的宪治考量》,《中国地质大学学报》(社会科学版) 2017 年第 4 期。

杨解君、姚志伟:《论网络广告语言文字的法律规制》,《中国地质大学学报》(社会科学版) 2019 年第 2 期。

杨永和、陈英红:《语码混用现象的社会语用学解读》,《外语学刊》2014 年第 3 期。

殷啸虎:《积极宪政与当代中国宪政发展的路径选择》,《法学》2009 年第 5 期。

余人、高乔:《新〈广告法〉中互联网广告规定的更新与实践》,《中国出版》2016 年第 3 期。

余晓婷、贺荟中:《国内手语研究综述》,《中国特殊教育》2009 年第 4 期。

袁子凌、许之所:《网络语言的特点及其文化意义》,《武汉理工大学学报》(社会科学版) 2008 年第 4 期。

占美柏:《有限政府之合法性论说》,《暨南学报》(哲学社会科学版) 2005 年第 3 期。

张慰:《普通话推广的祛魅化——以国家新闻出版广电总局的通知为研究对象》,《人大法律评论》2015 年卷第 2 辑。

张慰:《宪法中语言问题的规范内涵——简论中国宪法第 19 条第 5 款

的解决方案》,《华东政法大学学报》2013 年第 6 期。

张翔:《基本权利的受益权功能与国家的给付义务——从基本权利分析框架的革新开始》,《中国法学》2006 年第 1 期。

张晓苏:《当代网络语言的特点及流行的文化原因》,《学术探索》2012 年第 5 期。

张叶青:《论语言生态观视野下的普通话推广与方言保护》,《文学教育》(上) 2014 年第 1 期。

张震:《"方言学校"事件评析——以我国宪法文本中普通话条款的规范分析为路径》,《山东社会科学》2007 年第 5 期。

郑璇:《中国手语的语言地位》,《听力学及言语疾病杂志》2009 年第 6 期。

钟经华:《简写是汉语盲文升级的必由之路》,《中国特殊教育》2005 年第 11 期。

钟经华:《盲文应用的现实困境与思考》,《现代特殊教育》2016 年第 13 期。

钟经华、肖航、张海丛等:《基于盲文语料库的现行盲文标调研究》,《中国特殊教育》2015 年第 6 期。

周克庸:《网络不是〈国家通用语言文字法〉的"治外法权"区》,《浙江传媒学院学报》2010 年第 1 期。

庄初升:《濒危汉语方言与中国非物质文化遗产保护》,《方言》2017 年第 2 期。

庄汉、侯苪芮:《少数民族语言文字在司法中的地位及其实现——以诉权保障为视角》,《法治论坛》2017 年第 3 期。

左卫民、朱桐辉:《公民诉讼权:宪法与司法保障研究》,《法学》2001 年第 4 期。

左秀兰、吕雯钰:《关于方言使用及态度的调查研究——以威海地区胶东方言为例》,《北京第二外国语学院学报》2016 年第 1 期。

## 二 著作类

[美] 爱德华·萨丕尔:《语言论》,陆卓远译,商务印书馆 1985

年版。

[俄] B. A. 依琳斯特：《文字的产生和发展》，左少兴译，北京大学出版社 2002 年版。

陈培爱编著：《广告学原理》，复旦大学出版社 2014 年版。

费孝通：《乡土中国》，北京三联书店 1985 年版。

黄景湖：《汉语方言学》，厦门大学出版社 1987 年版。

教育部语言文字信息管理司组编辑：《中国语言生活状况报告（2015）》，商务印书馆 2015 年版。

[德] 考夫曼著：《法律哲学》，刘幸义译，法律出版社 2004 年版。

[美] 劳伦斯·莱斯格：《代码 2.0：网络空间的法律》，李旭、沈伟伟译，清华大学出版社 2009 年版。

李建良：《宪法理论与实践》（一），台北学林文化实业有限公司 1999 年版。

刘敏：《诉权保障研究——宪法与民事诉讼法视角的考察》，中国人民公安大学出版社 2014 年版。

莫纪宏：《实践中的宪法学原理》，中国人民大学出版社 2007 年版。

施正锋、张学谦：《语言政策及制定"语言公平法"之研究》，前卫出版公司 2003 年版。

[日] 市桥克哉等：《日本现行行政法》，田林等译，法律出版社 2017 年版。

[英] 苏·赖特：《语言政策与语言规划——从民族主义到全球化》，陈新仁译，商务印书馆 2012 年版。

苏新春：《台湾语言文字问题对策研究》，厦门大学出版社 2016 年版。

孙国华、朱景文主编：《法理学》（第三版），中国人民大学出版社 2010 年版。

[日] 田口守一：《刑事诉讼法》，张凌、于秀峰译，中国政法大学出版社 2010 年版。

田鹏：《集体认同视角下的欧盟语言政策研究》，北京大学出版社 2015 年版。

汪习根：《法制社会的基本人权——发展权法律制度研究》，中国人民公安大学出版社 2002 年版。

王四新：《网络空间的表达自由》，社会科学文献出版社 2007 年版。

吴庚：《宪法的解释与适用》，台北三民书局 2003 年版。

相庆梅：《从逻辑到经验——民事诉权的一种分析框架》，法律出版社 2008 年版。

张千帆：《宪法学导论：原理与应用》，法律出版社 2008 年版。

赵世举：《语言与国家》，商务印书馆 2015 年版。

甄树青：《论表达自由》，社会科学文献出版社 2000 年版。

周庆生、王杰、苏金智：《语言与法律研究的新视野》，法律出版社 2003 年版。

周叶中：《宪法》，高等教育出版社、北京大学出版社 2008 年版。

周有光：《世界文字发展史》，上海教育出版社 2003 年版。

[美] 朱迪·弗里曼：《合作治理与新行政法》，毕洪海、陈标冲译，商务印书馆 2010 年版。

祝华新、单学刚：《2009 中国互联网舆情分析报告》，社会科学文献出版社 2009 年版。

左为民：《诉讼权研究》，法律出版社 2003 年版。

## 三 报刊、电子文献类

单磊：《网络出版新规下，自媒体到底要不要"办证"》，http://www.tmtpost.com/1510341.html。

飞兵、爱心：《勤学手语，服务聋人》，《中国残疾人》2001 年第 9 期。

国家工商局广告司：《第二十讲 关于〈广告语言文字管理暂行规定〉的适用》，《工商行政管理》1998 年第 10 期。

黄维震、曹志玲：《浅析跨境电商职业打假诉讼的现状、原因及对策》，《中国国门时报》2016 年 9 月 29 日。

李国斌、王桂芳：《看汪涵的方言保护行动》，《人民周刊》2016 年第 2 期。

李凌清、易敏：《成都在西南率先推出银行手语服务》，《成都日报》

2009年8月14日。

李卫红：《依法全面推进语言文字工作》，http：//kszy.jnjyw.edu.cn/yywz/201405/2461.html。

李兆琪：《中国盲文出版社研制开发"阳光"系列软件》，《中国新闻出版报》2002年11月21日。

刘兴祥：《全省少数民族语言文字工作会召开》，《贵州民族报》2011年12月19日。

柳雁军、杨乐、彭宏洁等：《平台时代反思：互联网平台行政义务之缘起、流变及四大问题》，http：//mp.weixin.qq.com/s?src=3&timestamp=1479114018&ver=1&signature=O-YYIk5edU5fPL-uCwc16gaxkC*6V*JZsPzfCop-YCw4Wipae379wFGlFFpu6LI5Ezk9k6gMlU3X6Y0eVZQT2jkPTiLU-x6Y*i3UgJwXa59lBKL2pHzW1c1Hh5vO7Y*626wNIIocZc0PmyliqoT4f2ceZe-T4D6nr9it1mo8zx0z4=。

马中江：《亚文化符号：网络语言文字》，《中国青年报》2014年11月24日。

裴钰：《解读"世界濒危语言地图"》，《社会科学报》2009年4月23日。

彭玮：《汪涵接受专访谈自掏465万守护方言：自己能干，何必求人》，澎湃新闻，http：//www.thepaper.cn/newsDetail_forward_1350896.

人民网舆情监测室：《网络低俗语言调查报告》，http：//yuqing.people.com.cn/n/2015/0603/c364391-27098350-2.html。

太原：《手语翻译少，聋人生活多不便》，《中国残疾人》2013年第6期。

天笑：《盲生读书缺盲文纸，谁能帮一把?》，《苏州日报》2012年3月8日。

汪家镠：《关于〈中华人民共和国国家通用语言文字法（草案）〉的说明》，http：//www.npc.gov.cn/wxzl/gongbao/2000-07/03/content_1481430.htm。

王凯：《警方微博追逃 逃犯投案自首》，《江淮晨报》2011年12月。

王伟健：《保护方言，该怎样发力》，《人民日报》2013年7月12日。

王欣：《达茂旗：开展蒙汉双语诉讼》，《人民法院报》2015年10月

25日。

王秀旺、吴崇九：《贵州少数民族语言文字工作亟需有法可依——云南省颁布实施〈少数民族语言文字工作条例〉的启示》，《贵州民族报》2013年5月27日。

武守哲：《人大代表李光宇：建议高考取消英语科目，必修改选修》，观察者网，http://www.guancha.cn/Education/2017_03_05_397281。

夏金彪：《"魏泽西事件"拷问互联网医疗广告监管》，《中国经济时报》2016年5月5日。

向楠、许锦妹：《64.2%受访者认为当下网络流行语入侵汉语现象严重》，《中国青年报》2015年2月5日。

肖成：《粤语的影响力》，中国网，http://www.china.com.cn/culture/2010-07/25/content_20569568.htm。

许小颖：《方言保护：留住乡音里的乡愁》，《光明日报》2016年3月26日。

严运涛：《盲文图书馆遇冷》，《湖北日报》2004年7月2日。

颜云霞：《方言保护，不只是语言问题》，《新华日报》2012年12月6日。

杨桦：《我国少数民族语言文字工作成就展开幕》，《人民政协报》2007年11月26日。

尹琨：《总局解读〈网络出版服务管理规定〉热点问题》，http://www.gapp.gov.cn/news/1656/277316.shtml。

张铁鹰：《药品包装印盲文不算难》，《健康报》2007年5月29日。

张文华：《公交车站设置盲文站牌》，汉江网，http://www.hj.cn/html/201012/18/1812286812.shtml。

章庭杰、夏声朝：《"中国盲文之父"黄乃传奇》，《湘潮》（上半月）2013年第7期。

中国互联网络信息中心：《第34次中国互联网络发展状况统计报告》，http://www.cnnic.net.cn。

中国互联网信息中心：《2015年中国青少年上网行为研究报告》，http://www.cnnic.net.cn/hlwfzyj/hlwxzbg/qsnbg/201608/P020160812393489128332.pdf。

《成都"淘宝体"交通提示牌引发热议》，http：//scnews. newssc. org/system/2011/08/05/013259479. shtml。

《惊天逆转：成都被打女司机如何从舆论天堂掉入地狱?》，http：// news. sina. com. cn/c/zg/jpm/2015-05-05/18211000. html。

《让盲人"看见"世界——中国盲文图书馆见闻，新华网》，http：// news. xinhuanet. com/2012-05/10/c_ 123110043_ 3. htm。

## 四 学位论文类

郭友旭：《语言权利和少数民族语言权利保障研究》，博士学位论文，中央民族大学，2009年。

李思思：《论网络语言中的语言污染》，硕士学位论文，中南民族大学，2011年。

翟秀霞：《汉语网络语言的变异的认知研究》，硕士学位论文，汕头大学，2005年。